LANOO (Christian Anders)

Die Botschaft des wahren Gottes - NIRVĀṆA

IMPRESSUM
Übersetzung aus dem Englischen
Originaltitel: DIVINE MESSAGE FROM
THE TRUE GOD
Übersetzung: Elke Straube
Schriftsatz und Gestaltung: Elke Straube
Grafik Backcover: Design Vladan Popovic; Foto Kerstin Broll
Covergestaltung: Verlag Elke Straube

ISBN: 978-3-937699-13-4
Herstellung: Books on Demand GmbH

DIE BOTSCHAFT

DES WAHREN GOTTES

NIRVĀṆA

BUDDHISMUS

WIE ER SEIN SOLLTE

LANOO (Christian Anders)

Ich widme dieses Buch

Dr. Georg Grimm

(1868 – 1945)

Mein besonderer Dank gilt

Rabbi Baruch Hecht
und
Michael Lewis

für die

Übersetzung aus dem

Hebräischen

DIE JAGD NACH DEM GLÜCK

Die Verfassungen der freien Staaten der Welt garantieren den Menschen die Möglichkeit, nach Glück zu streben. Die Menschen hatten nun viele Jahre Zeit, dem Glück nachzujagen. Haben sie es gefunden? Ich denke nicht. Warum fanden die Menschen das wahre Glück nicht? Weil sie es am falschen Ort suchten und suchen, nämlich in der Welt draußen, wo es nicht ist. Wo ist dann das wahre Glück? Es ist tief, tief in dir, wo dein wahres, zeitlos-ewiges, unsterbliches Wesen ist. Wenn du die Welt da draußen nicht loslässt und ihr weiter anhaftest, wirst du das wahre Glück niemals erfahren. Kennst du den Namen für dieses Glück? Es heißt NIRVĀṆA. Jede Gesellschaft, die nicht NIRVĀṆA zum höchsten Ziel hat, ist zum Scheitern verurteilt.

LANOO (Christian Anders)

1. November 1996, Los Angeles, Kalifornien

DAS ALLERHÖCHSTE PRINZIP

Der Zweck dieses Buches ist es, das ALLERHÖCHSTE PRINZIP in dir wiederzuerwecken bzw. das, was Leben für Leben überdauert, Tod für Tod, bis hin zu deiner nächsten Reinkarnation. Dieses ALLERHÖCHSTE PRINZIP ist wahrhaftig unsterblich, was bedeutet, dass es niemals geboren wurde. Demzufolge kann es niemals sterben. Es hat keinen Anfang und kein Ende. Es war immer da und wird immer da sein. **DAS** ist dein wahres Selbst. Wie kannst du es finden? Wie kannst du dieses ALLERHÖCHSTE PRINZIP finden – das, was Leben für Leben überdauert, Tod für Tod, Reinkarnation für Reinkarnation? Wie kannst du dieses alles Überlebende finden, also das, was du wirklich bist? Die Antwort: Löse dich mehr und mehr von dem, was nicht überlebt und was du demzufolge nicht bist. Löse dich Schritt für Schritt von dem, was nicht überlebt, und dann wirst du unvermeidlich das **ALLERHÖCHSTE PRINZIP** erreichen und werden. Jeder Tod ist nichts anderes als eine erzwungene Löslösung in Richtung ALLERHÖCHSTES PRINZIP.

Was ist das, das nach dem Tode überlebt? Was ist das ALLERHÖCHSTE PRINZIP? Es ist das, was bleibt, nachdem du jegliche Wahrnehmung und Empfindung abgelegt hast. Und da dieser Zustand des Seins von fast allem, das lebt, gefürchtet wird, sollte er nur von wirklich Weisen gesucht und erfahren werden. **OM.** Was geschieht, ist folgendes: Das, was überlebt, klammert sich an das, was nicht überlebt. Wenn der Tod kommt, ist der überlebende Teil gezwungen, den nicht überlebenden, sterblichen, vergänglichen Teil loszulassen. Nicht in der Lage, das auszuhalten oder von seiner ewigen Natur zu WISSEN, DÜRSTET der überlebende Teil, gefüllt mit Verlangen nach Bewusstsein, nach dem Nichtüberlebenden, verlässt seine ewige Behausung und wechselt über „auf die andere Seite des Ufers" in die vergängliche Welt und umgibt sich wieder mit Körper, Gefühl, Denken, Seele und Geist. Das macht er, indem er Mūlaprakriti benutzt, den ewigen Urstoff, der sich um die Wesenheit herum anordnet (dem Verlangenszustand der Wesenheit entsprechend), was später in der illusionären Erscheinung von Körper, Gefühl, Denken, Seele und Geist resultiert. Wie können wir dieses Verlangen loslassen, ohne uns selbst zu zerstören? Das passiert während der Meditation. Die Lösung des Problems ist Folgende: **Du bist** das ALLERHÖCHSTE PRINZIP. Lass alles los, was nicht überlebt. Dieses Buch wird dir helfen, das Ziel zu erreichen. Dann wirst du die Wahrheit und wahre Unsterblichkeit in NIRVĀṆA gefunden haben. Das ist der Sinn deines Lebens.

E N T S A G E !

Das ist eine friedliche Kriegserklärung an alle sozialen, politischen, wissenschaftlichen, pädagogischen, philosophischen und religiösen Systeme hier auf der Erde und überall sonst im Universum:

WER AUCH IMMER DAS LIEST:

Gib deinen gegenwärtigen Bewusstseins- und Verlangenszustand auf. Entsage ihm und erreiche NIRVĀṆA: Die Abwesenheit ALLEN Verlangens und die Verwirklichung der wahren Unsterblichkeit. OM.

LANOO (Christian Anders)

28. November 1999,
Los Angeles, Kalifornien

Alle Religionen in der Welt werden
bei der zweiten Wiederkunft Christi
wiedervereint werden.

Christus ist keine Person,
sondern eine Botschaft –

die

BOTSCHAFT DES WAHREN GOTTES.

„Christus kann sich nicht manifestieren. Es ist die **LEHRE**, die sich manifestiert."

Jiddu Krishnamurti
जिद्दु कृष्णमुर्ति

DIE GEWALTIGEN WIDERSPRÜCHE IN DER RELIGION

Wer nach diesen Worten von Dr. Georg Grimm und nachdem er dieses Buch gelesen hat, immer noch an einen Gott im Sinne der heutigen Religion glaubt, wird nicht mit Weisheit, sondern durch Leiden geläutert werden. **OM.**

„Die christliche Lehre des persönlichen Weiterlebens nach dem Tode in einem ewigen Himmel oder einer ewigen Hölle setzt den Glauben an einen personifizierten Gott voraus und führt zusammen mit dieser Lehre zu gewaltigen Widersprüchen: Wie kann der menschliche Verstand den Gedanken an einen Gott hervorbringen, der die Summe von unendlicher Güte, Weisheit und Macht sein müsste und doch Wesen erschafft, von denen er weiß, dass die überwältigende Mehrheit zu ewiger Verdammnis in einer Hölle verurteilt ist, denn „... viele sind berufen, aber nur wenige werden auserwählt". Gewiss, diese Wesen wählen ihr grausiges Schicksal selbst, denn ihr Wille ist frei. Aber wie kann der gütigste Gott so ein schreckliches Geschenk machen, wenn er aufgrund seiner Allwissenheit im voraus weiß, wie furchtbar es missbraucht werden wird! Was würden wir von einem Vater denken, der sein Kind in die Welt schicken oder auch nur eins zeugen würde, mit Bestimmtheit wissend, dass es später „freiwillig" ein Verbrechen begehen würde, folglich eine lebenslängliche Gefängnisstrafe bekäme und deshalb den Rest seine Lebens in tiefster Verzweiflung wäre! Aber was wäre solch eine Tat im Vergleich zu einer anderen: Ein Wesen zu erschaffen, und das ist eigentlich die weitaus größere Mehrheit aller Wesen, und diese Wesen, nämlich die Tiere, die keinen freien Willen haben und deshalb ohne Schuld sind, müssen immer in Angst* und Schrecken leben ohne Aussicht auf Kompensation (weil, laut der christlichen Lehre) Tiere nicht unsterblich sind, während die anderen, die Menschen also,

---

* Wie viel mehr Sinn macht es doch im Falle des *BUCHES DES LICHTS*, welches lehrt, dass alle Tiere von den Menschen abstammen und dazu bestimmt sind, Menschen zu werden und so deren Karma zu teilen. LANOO

infolge dieses ihres freien Willens zu ewiger Hölle verdammt sind, vorausgesehen von ihrem Schöpfer und als Konsequenz ihres freien Willens, den **er** ihnen gab! Muss nicht der Intellekt erst geboren werden, der solch einen Gedanken hervorbringt? Ist es nicht außerdem ein Widerspruch zu jedem Gesetz der Logik, dass der Fehler einer armen endlichen Kreatur, die von daher natürlich begrenzt und sterblich sein muss, durch endlose Bestrafung gerächt werden soll? Ist es vorstellbar, dass derselbe Gott, der den Menschen befiehlt, über jedes Vergehen hinwegzusehen und zu vergeben, selbst ganz anders handelt, indem er ewige Bestrafung in der Hölle verhängt, für den Fall, dass ich nicht glaube, dass diese Lehre positiv auf meine eigene Person gewirkt hat, während er mir andererseits die Kraft des Verstandes gegeben hat, welcher mich einfach an so ein Dogma nicht glauben lassen will, weil es im Widerspruch zu jeglicher Vernunft steht.
Es ist sicherlich nicht zuviel, zu behaupten, dass eine Hypothese, die solche Konsequenzen und Widersprüche beinhaltet, möglicherweise einem gedanklichen Gerichtstag unseres Intellekts nicht standhalten kann und demzufolge ohne viel Aufhebens zurückgewiesen werden muss.“
Aus diesem Grunde bezeichnet und verkauft sich Religion selbst als GLAUBENS-System und nicht als Wissen. Religion fordert tatsächlich von dir, dass du glaubst, obgleich du genau weißt, dass nichts von dem, was sie behaupten, dem sachlichen oder historischen Test bzw. wirklichen Beweisen standhalten würde. So wollen sie also, dass du es glaubst, und sie argumentieren, das Gottes Wille jenseits des gesunden Menschenverstandes ist, was nichtsdestoweniger brauchbar genug erscheint, die Unfassbarkeit Gottes zu betonen. Und doch sage ich, dass alle Religionen dieselbe Wahrheit lehren, **wenn** wir die wahre esoterische Bedeutung hinter ihren SYMBOLISCHEN Botschaften verstehen. Aber indem sie behauptet, wahr zu sein, erhofft sich die Religion (und irgendwie gelingt ihr das auch), dem Test der Logik und des gesunden Menschenverstandes zu entfliehen und sich so bequem und, wie ich hinzufügen möchte, profitabel auf dem Kissen von Glaube und Aberglaube auszuruhen, statt wirkliche Weisheit und Wissen zu verkünden.

LANOO

„Welchen Profit hat uns doch das Märchen von Christus gebracht!“

Papst Leo X.

INHALTSVERZEICHNIS

BOOK ONE

BOOK TWO

APPENDIX – ANHANG

EINFÜHRUNG

DAS BUCH DES LICHTS lehrt und **beweist** auch, dass der Begriff „Gott“ eine absichtliche Falschübersetzung ist, um den „einen und einzigen“ männlichen Schöpfer zu etablieren, wo keiner ist. Der Name, der in der hebräischen Bibel dem Höchsten gegeben wird, ist ‚Elohīm’. Wollen wir diesen Begriff analysieren. Elohīm ist ein hebräisches Wort, eine normale Pluralform und bedeutet „GÖTTER“.

‚El’ - „Gott“, ‚elôh’ - „Göttin“, ‚īm’ - maskuliner Plural. Das enthüllt die männlich-weibliche (oder androgyne) Natur des höchsten bzw. eines **jeden** geistigen Prinzips.

אלהים יתבֵּא ראשׁ בּ

Oder: ‚be - rēsh yithbārē elohīm’ wird richtig übersetzt: „Durch Mehrzahl (oder Mehrheit oder Vielheit) formten sich die Götter selbst (in die Himmel und die Erde usw.)“.

Diese „Mehrzahl“ ist die Mehrzahl der GÖTTER (7 + ihre Subemanationen), durch die die verschiedenen Nationen und Rassen auf Erden emanierten, was die unterschiedlichen Religionen hervor brachte. Den Beweis finden wir in der Bibel selbst. Da heißt es: **„Die Götter sollst du nicht verächtlich machen“.** Es war GOTT selbst, **„der sie aufgeteilt hat in die Nationen“** Ex.xxii, 28. Deut.iv, 19.

So steht es in der alten King James Bibel. Die neue Herderbibel bringt die Fehlübersetzung, indem sie schreibt: „Du sollst Gott nicht verächtlich machen und den Fürsten deines Landes nicht fluchen“.

Damit sie nun ihren Gott zu dem „einen und einzigen“ Gott erheben konnten, änderten oder „übersetzten“ sie ‚Elohīm’ als den einen männlichen Gott mit hauptsächlich Männern oder Priestern als **„seine“** Stellvertreter. Aber die Wahrheit ist, dass alle Götter und Sub-Götter (Jehovah, Allah usw.) und Religionen periodisch aus der EINEN Quelle, dem einen und einzigen Gott, emanieren. Die folgende Illustration zeigt es:

GOTT
Erste Emanation

Nationen, Religionen und ihre Götter

Ursprünglich stammt der Begriff „Gott“ vom Hebräischen י = YOD, einem hebräischen Buchstaben und männlichen Phallussymbol.
Wer ist nun dieser wahre Gott, Ursprung aller anderen Götter oder Elohīm und ihrer Sub-Götter? Die Antwort darauf wird in diesem Buch gegeben.

ALLE HIMMEL ALLER RELIGIONEN SIND VERGÄNGLICH. WAHRHEIT IST NUR IN NIRVĀṆA

Warte nicht auf ewigen Frieden im Himmel. Den gibt es nicht. Sogar die Himmel sind nicht ewig; sie werden zerstört und müssen reinkarnieren, mit allem darin. Eure eigenen heiligen Schriften enthüllen es euch:
Jesaja, 34, 4 und Neues Testament, Offenbarung 6, 14:
„Und wird alles Heer des Himmels verfaulen, und der Himmel wird zusammengerollt werden wie ein Buch.“
„Und der Himmel entwich wie ein zusammengerolltes Buch.“

Der Heilige Koran, S. 461, Kap. 104, Sura XXI, Anbiyaa:

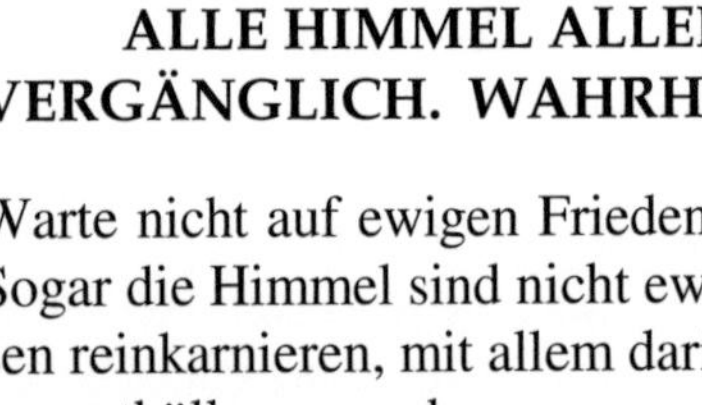

„Der Tag, an dem wir den Himmel aufrollen, wie eine (Buch)-rolle, aufgerollt buchfertig (komplett), - wie wir sogar die erste Schöpfung produzierten, so werden wir eine neue produzieren; dies ist ein Versprechen, das wir gegeben haben. Wahrlich werden wir es erfüllen.“

DIE DREI REALITÄTEN

Es gibt drei Realitäten:

1. **NIRVĀṆA**
2. **ALLE WESENHEITEN**
3. **DIE URMATERIE**

Diese drei sind UNERSCHAFFEN, zeitlos-ewig und sie interagieren periodisch. Wenn dies geschieht, dann verlassen alle Wesenheiten, vom höchsten Gott bis zum niedersten Atom, NIRVĀṆA und kleiden sich in die Urmaterie, welche die Archetypen aller Formen enthält. Die Urmaterie ist in Essenz ewig, doch in der Form veränderlich. Während einer Weltenperiode kosmischer Manifestation unterliegen alle Wesenheiten dem Gesetz von Karma und Wiedergeburt, bis alles wieder in NIRVĀṆA absorbiert wird. Nach einer kosmischen Ruhepause erwachen alle noch unerlösten Wesenheiten wieder zu neuem Verlangen und stürzen sich aufs Neue in die Urmaterie.

Es gibt keinen Anfang und kein Ende dieser Perioden kosmischen Wiedererwachens und kosmischer Ruhe.

EHRE DEM BUDDHA

Wollen wir nun die
Botschaft des wahren Gottes
vernehmen.

DIE BOTSCHAFT DES WAHREN GOTTES

Ich bin gekommen, dich aus der Dunkelheit deiner Versklavung in das Licht der Freiheit zu führen. Du bist nicht dein Körper, du bist nicht deine Gefühle, du bist nicht dein Denken, du bist nicht deine Seele und du bist auch nicht dein Geist. Das sind nichts anderes als Verlangenszustände. Gib sie alle auf. Löse dich von ihnen in der Meditation. Entsage all deinen Leidenschaften, deinem Verlangen nach weltlichen, ja sogar nach himmlischen Vergnügungen. Etwas Größeres, Erhabeneres, Reineres wartet auf dich. Folge dem einen und einzigen Gott in dir, der ABWESENHEIT ALLEN VERLANGENS. ICH BIN die Abwesenheit allen Verlangens. Wenn du etwas willst, baust du eine Wand auf zwischen dir und Gott. Frage: „Was ist, wenn ich Gott will?“ Antwort: „Du kannst nicht etwas wollen, das du schon hast, das du schon **BIST**.“

Frage: „Wenn ich Gott **bin**, warum bin ich mir dessen nicht bewusst?“ Antwort: „Jede Wesenheit ist am Anfang von Verlangen erfüllt, das ausgelebt werden muss, Leben für Leben, bis die Abwesenheit des Verlangens erreicht ist. Sie nennen es NIRVĀṆA निर्वाण und das bin ich, DEIN WAHRER GOTT. NIRVĀṆA bedeutet „ausgelöscht, vernichtet“. Aber ausgelöscht bzw. vernichtet wird nur das, was du **nicht** bist... nämlich dein Verlangen. Du bist nicht dein Verlangen. Bevor du dich mir nähern kannst, musst du von deinem Verlangen „gereinigt“ werden, musst du es überwinden, musst du JEGLICHEM Verlangen entsagen, ganz egal, wie viele Leben das dauern wird. Dann kannst du sein, was ICH BIN, dein wahrer Gott, die Abwesenheit allen Verlangens. Ich bin keiner der verschiedenen Götter der verschiedenen Religionen. Diese Götter (Jehova, Allah usw.) sind nichts als Stammesgötter, Sub-Emanationen meiner ERSTEN Emanation, welche das Christus-Prinzip ist, das in allem und in allen existiert. Christus, meine erste Emanation, wird aber noch für lange Zeit und für die Mehrzahl aller Lebens- und Verlangensformen die einzige Verbindung zu meiner wahren Natur sein, welche da ist: TODLOSIGKEIT, die Abwesenheit allen Verlangens. Aber ehe du das erreichst, bevor du MICH „verstehen“ kannst, musst du dich zuerst lösen von allem, was du **nicht** bist, und du bist nicht dein Körper, deine Gefühle, dein Denken, deine Seele und dein Geist. Das sind nur Werkzeuge, die du benutzt, um dir bewusst zu werden, was du **wirklich** bist, nämlich die Abwesenheit allen Verlangens. Viele waren erfolgreich in diesem Loslösungsprozess, aber vom letzten Anhaften, von der letzten Illusion, dem Geist, konnten sie sich oft noch nicht lösen. Diese Unfähigkeit, die letzte große Illusion zu überwinden, verursachte eine Geist-Energie-Ansammlung an der Schwelle meiner Wesenheit und damit die Götter der Religionen. Nur wenige erreichten in den letzten 2000 Jahren einen höheren Bewusstseinsstand, nur wenige wurden ICH, der ICH BIN, die Abwesenheit allen Verlangens. OM. Zwei dieser Erleuchteten waren der Buddha und Jesus. Sie lehrten NIRVĀṆA, die Abwesenheit allen Verlangens. Sie haben überwunden und du kannst das auch. Ich bin jenseits der Götter aller Religionen. Ich bin DAS aus dem Christus (alle Verlangenseinheiten beinhaltend) Emanierte. Ich bin DAS, wohin er wieder absorbiert werden wird, zusammen mit allen Sub-Emanationen oder Verlangenseinheiten, einschließlich aller Götter der Religionen. Christus, meine erste Emanation, ist das „Nadelöhr“, durch welches du mich erreichen kannst, wenn du dich einmal von ALLEN Verlangenszuständen gelöst hast, von den niedersten (physischen) bis zu den feinsten (Geist). Christus ist der Vater, ich jedoch bin höher und du solltest es auch sein. Weshalb Jesus, der eins mit dem Vater ist und somit von gleichem Status, im Johannesevangelium 14, 12 verspricht, aber auch dazu ermutigt, „Größeres“ zu tun als er, Jesus, jemals vollbrachte. Du beleidigst mich, wenn du Jesus oder Christus oder eine der Subemanationen verehrst. Aber die größte Beleidigung wäre es, MICH zu verehren. Ich BIN die Abwesenheit allen Verlangens, der wahre Heilige der Heiligen. Du kannst mich nur erreichen, wenn du jeglichem Verlangen entsagst. **Dann** gesellt sich Gleiches zu Gleichem, Verlangenslosigkeit verschmilzt wieder mit Verlangenslosigkeit. Der Sinn des Lebens ist es, dem Leben zu entsagen. Das kannst du in einem oder auch in vielen Leben - Schritt für Schritt auf dem Mittelweg - erlangen. Die Belohnung ist ewiges Leben oder NIRVĀṆA.

Eure eigenen Schriften enthüllen es im Johannesevangelium 12, 15: **„Wer sein (weltliches) Leben liebt, der wird es verlieren, und wer sein (weltliches) Leben hasst, der wird es behalten im ewigen Leben (NIRVĀṆA)“.**

Alle Religionen lehren im Kern WELTENTSAGUNG. Jesus lehrte NIRVĀṆA, die Abwesenheit allen Verlangens, aber du hast ihn nicht verstanden, deshalb schreibe und spreche ich zu dir durch einen von euch, und nicht mehr in Gleichnissen, so dass du die Wahrheit auch verstehen kannst, welche da lautet: VOLLSTÄNDIGE UND ABSOLUTE VERLANGENSLOSIGKEIT. Oder: Entsage allem irdischen und himmlischen Verlangen auf einmal oder stufenweise Leben für Leben und erfahre stattdessen wahre Unsterblichkeit, welche da ist: Die Abwesenheit allen Verlangens. DAS ist die einzige Energie und der einzige Zustand, der nicht zerstört werden kann. Der Rest zerfällt in Stücke, denn er ist vergänglich, zusammengesetzt und so also Subjekt des Auslöschens oder vielmehr der Absorption in mich, der ich die Abwesenheit allen Verlangens bin. Diese Energien oder Bewusstseinszustände ändern sich immer wieder bei jeder Reinkarnation eines menschlichen Wesens oder auch eines Planeten, Sonnensystems oder des ganzen Universums. Aber der Sucher nach der Wahrheit wird sich mit nichts Vergänglichem mehr zufrieden geben, auch nicht, wenn es Millionen Jahre und länger existieren sollte. Sogar der Anblick eines Gottes kann ihn nicht mehr befriedigen, denn er sucht sein WAHRES Wesen, den WAHREN GOTT, NIRVĀṆA, wo kein Verlangen überleben kann, denn NIRVĀṆA ist die **Abwesenheit** allen Verlangens, ist Existenz frei von jeglicher Form. Du kannst mich, der ich DIESER GOTT bin, nur erreichen, wenn du nicht mehr nach den Freuden von Himmel und Erde suchst, sondern eher nach deren Abwesenheit. DANN hast du mich gefunden, deinen wahren Gott, die Abwesenheit des Verlangens und den Sinn des Lebens. DAS ist der wahre Kern der Lehre aller großen Meister von Buddha bis Jesus.

Warum verhüllte Jesus seine Lehre in Gleichnissen? Weil der Zustand des Verlangens und des Unwissens unter den Menschen vor 2000 Jahren zu groß war, um anders als in Gleichnissen zu ihnen sprechen zu können. Eine geschickte Priester-

schaft nutzte diese Schwäche aus und missinterpretierte und verfälschte die Botschaft der Weltentsagung völlig. Diese verfälschte Version der Wahrheit degenerierte zu den Religionen von heute und ist die Hauptursache für alles Leiden auf der Welt.
Jesus sagte niemals: „Ich bin der Weg, die Wahrheit und das Leben. Niemand kommt zum Vater denn durch mich". Die Hauptlehre des orthodoxen Christentums, die sagt, dass du nur durch Jesus erlöst bzw. gerettet werden kannst, entbehrt jeder Grundlage.* Ich, dein wahrer Gott, enthülle dir, dass NIEMAND dich erlösen kann. Du kannst dich nur selbst erlösen. DU bist der Weg, die Wahrheit und das Leben. Und nur, indem du bewusst diesem Leben entsagst, kannst du mich erreichen, der ich jenseits von Leben und Tod bin, was beides nichts anderes ist als das Resultat des Verlangens, am Vergänglichen festzuhalten.

Höre die Botschaft des wahren Gottes. Du bist nicht dein Körper, du bist nicht deine Gefühle, du bist nicht deine Gedanken, du bist nicht deine Seele und du bist nicht einmal dein Geist. Darum löse dich von alledem. Löse dich von diesen Verlangenszuständen und dem Anhaften daran, von dem Durst danach. Ich meine damit jedoch nicht, dass du dich umbringen sollst. Selbstmord verursacht Reinkarnation, und Selbstmord wird immer von Verlangen verursacht – von dem Verlangen, einer unerwünschten Situation zu entfliehen. Wie kannst du mich erreichen, der ich dein WIRKLICHES Selbst bin, wenn du etwas verlangst? Mich, der ich TIEF in dir bin, kannst du nur SEIN, wenn du NICHTS mehr willst, wenn du ERKENNST, dass NICHTS es wirklich wert ist, erkannt und wahrgenommen zu werden, da ja alles Erkennbare und Wahrgenommene nicht dein Selbst ist. Darum mache nicht den Fehler, MICH zu wollen. Ich werde dich wieder fortschicken, denn ich bin die Abwesenheit allen Verlangens.

---

* Das wurde nach 6 Jahren intensiver Studien vom „Jesus-Seminar" von 200 Bibel-Gelehrten und Laien 1991 in New York bestätigt. Das Jesus-Seminar entdeckte auch, dass Jesus nur ca. 20% aller rot markierten Äußerungen, die ihm laut Bibel zugeschrieben werden, tatsächlich so gemacht hat. Der Rest ist reine Erfindung.

Du wirst anklopfen, aber ich werde nicht öffnen. Du kannst mich nicht wollen, denn du besitzt mich schon. Alles, was du zu tun hast, ist LOSZULASSEN, dich zu lösen von deinem Verlangen, sei es physisch, emotional, mental oder sogar geistig. Sei wieder einfach, rein und unschuldig, gebe deinem Verlangen nicht mehr nach, vor allem, während du noch in deinem physischen Körper weilst. Dann wirst du über alle Welten herrschen, seien sie sichtbar oder unsichtbar und über deren Bewohner, seien sie Engel, Heilige, Meister, Menschen oder Dämonen von dieser oder einer anderen Galaxie. Du wirst diese Welten und ihre Lebensformen sehen, während du noch in deinem physischen Körper verweilst, den du dann bewusst verlassen und in den du dann genauso bewusst wieder zurückkehren kannst. Oh, Lanoo, wahre Macht ist, sich freizumachen von dem, was man dann beherrscht. Wenn du dann NIRVĀṆA erlangst, was Seligkeit ist, unabhängig von Personen und Dingen, frei von allem Verlangen, wirst du wahre Unsterblichkeit erleben und deine wahre Natur wird enthüllt werden, welche da ist: anupapādaka अनुपपादक oder elternlos, unerschaffen, ungeboren, zeitlos, eben: unsterblich. Du warst und bist immer da. Niemand hat dich erschaffen. Getrieben von Verlangen und Unwissenheit reinkarnierst du Leben für Leben, um dein physisches, emotionales, mentales und geistiges Verlangen auszuleben. Wenn du das Schöpfung nennen möchtest, sei's drum. Von diesem Standpunkt aus gesehen hast du erschaffen, was du NICHT bist, und genauso gut kannst du diese vergängliche, sterbliche Schöpfung wieder zerstören, indem du dich von ihr löst. Du warst und bist immer, du weißt es nur nicht, du hast es vergessen, denn die Herren des Karma warfen einen gnädigen Schleier des Vergessens über dich nach jeder Reinkarnation bzw. **vor** jeder neuen Reinkarnation. Du musst erst von der verbotenen Frucht des Vergänglichen kosten, bevor du dir deiner ewigen, unerschaffenen und elternlosen Natur gewahr wirst. Nur wenn du die Welt betrittst, brauchst du die geistigen, seelischen, mentalen, emotionalen und physischen Vehikel, die dir bei jeder neuen Geburt von Engeln und physischen Eltern neu mitgegeben werden, entsprechend dem Verlangen aus deinem eigenen letzten Leben. Es ist immer das Kind, das die Eltern wählt. Also mache nicht deine Eltern oder sogar mich verantwortlich für eine Krankheit oder andere unglückliche Umstände, mit denen du geboren wurdest. Das ist alles selbst erzeugte Energie oder Karma von einem vergangenen Leben, das dich nun einholt. Akzeptiere es und schaffe kein neues Karma für dein nächstes Leben. „Geh hin und sündige nicht mehr!" Das sagte Jesus und das ist alles, was du tun kannst.

Du, das wahre Selbst, wurdest nie geboren und du kannst folglich auch nicht sterben. Warte nicht auf die „ewige Ruhe" im Himmel, denn nicht einmal der Himmel ist für immer, wie wir in Jesaja 34,4 erfahren: **„Und wird alles Heer des Himmels verfaulen, und der Himmel wird zusammengerollt werden wie ein Buch".** Und im Neuen Testament, Offenbarung 6, 14 lesen wir: **„Und der Himmel entwich wie ein zusammengerolltes Buch".** Wahre Unsterblichkeit muss erreicht werden, während man noch im physischen Körper verweilt, andernfalls wird man wieder reinkarnieren. NIRVĀṆA ist höher als alle Himmel der Religionen. NIRVĀṆA ist die EINZIGE Wahrheit, nämlich die absolute Verlangenslosigkeit. Deshalb sagt auch der Buddha, der, noch im physischen Körper verweilend, NIRVĀṆA erreicht hat, im Majjhīma Nikāya, 12. Diskurs: **„Und sollte ich sogar unter den höchsten Göttern wiedergeboren werden, ich mag nicht in diese Welt zurückkehren!"** Was noch einmal klarstellt, dass eine Rückkehr in den Körper sogar in der höchsten himmlischen Lichtwelt nichts anderes ist als Ausdruck und Resultat eines – wenn auch sehr feinen – Durstes oder Verlangens und somit ein Schleier, der dich von NIRVĀṆA trennt, von NIRVĀṆA, der Abwesenheit JEGLICHEN Durstes oder Verlangens nach Manifestation, sei es als Dämon, Stein, Pflanze, Tier, Mensch, Engel oder sogar als Gott. Denke an eine Zwiebel. Wie kannst du ihr Innerstes finden? Du schälst Schicht für Schicht ab, bis du ins Innere vordringst. Was hast du gemacht? Du hast alles von der Zwiebel entfernt, was NICHT ihr Innerstes ist. Und genauso verfährst du mit dir selbst, um zu erfahren, wer du **wirklich** bist. Du „schälst" bzw. löst dich von allem, was du NICHT bist. Was bist du nicht? Du bist nicht dein Körper, du bist nicht deine Gefühle, du bist nicht dein Denken, du bist nicht deine Seele, du bist nicht einmal dein Geist. Also „schäle" das alles ab. Löse dich davon, bis das verbleibt, was du bist, und das ist: Die Abwesenheit des Verlangens. OM. Oh Lanoo, löse dich von jeglichem Verlangen und entsage der Welt! Du musst nicht nach Indien gehen und dich unter einen Baum setzen, damit das möglich wird. Indien ist in dir. Alles, was du brauchst, ist der Entschluss zu studieren und zu meditieren und dieses Buch zu LEBEN, und ich werde dir den Pfad ebnen, der dich zu mir führt. Dann werden wir eins sein. Ich, dein wahrer Gott, und du. Wenn du mich dann wieder verlässt, dann nur, um andere zu erleuchten. Kein Verlangen wird mehr die Ursache dafür sein, sondern eine unpersönliche Entscheidung, die dich zum gütigen Herrscher machen wird über alle Welten, sichtbar oder unsichtbar, in diesem oder einem anderen Universum. Einige mögen einwenden, dass die ganze Welt verschwinden würde, wenn jeder der Welt entsagen würde. Das wird nie geschehen, denn: Es gibt endlos viele Verlangenseinheiten, aber nur endlich (obwohl fast unzählbar) viele, die sich in Manifestation befinden, weshalb das ganze Universum wieder und wieder zerstört wird und wieder erscheint, um die endlos vielen Verlangenseinheiten oder Monaden zu ermutigen, ihr Verlangen nach Manifestation auszuleben (und sich schließlich davon zu lösen). Wenn du den Pfad der Entsagung wandelst, werden die Siddhis सिद्धि erscheinen.

Siddhis sind übernatürliche Kräfte, die es dir ermöglichen, durch Wände zu gehen, auf dem Wasser zu laufen, ganze Universen zu durchqueren und dabei mit allen Lebensformen zu kommunizieren, und das alles in deinem astro-mentalen Körper. Du wirst auch in der Lage sein, NIRVĀṆA zu nehmen oder mir zu entsagen, doch selbst dann wirst du mit mir in Verbindung bleiben. Den Tod hast du überwunden. Du gleitest von der Welt der Verlangenslosigkeit in die Welt des Verlangens. Hast du einmal die Verlangenslosigkeit erreicht, wirst du alle Ebenen des Verlangens beherrschen. Das ist kosmisches Gesetz.

Die Zeit, deine Zeit, ist gekommen. Sei ICH, damit du, wenn du es so entscheidest, mich wieder verlassen kannst, um anderen zu helfen, ICH zu werden, der ich der eine und einzige Gott bin, NIRVĀṆA, die Abwesenheit allen Verlangens, die wahre Unsterblichkeit und der Sinn des Lebens. Oh, Lanoo, gesegnet sei der, der NIRVĀṆA entsagt, anstatt es zu nehmen. Aber um entsagen zu können, muss man erst diesen Zustand erreicht haben, welcher da wäre: Wunschlosigkeit, kein Durst mehr nach dieser oder irgendeiner anderen Welt. Dann wirst du während der kosmischen Ruheperiode (Pralaya) bzw. der vollständigen kosmischen Zerstörung SEIN. Du wirst SEIN, wenn diejenigen, die NIRVĀṆA nicht erreicht haben, diese Phase unbewusst erleben werden. Du wirst SEIN, zusammen mit all denen, die auch schon NIRVĀṆA erreicht haben. Die Abwesenheit allen Verlangens **vor** Pralaya, also vor der Periode kosmischer Zerstörung, macht es möglich.

Wenn du diese Worte liest, sei dir dessen bewusst, dass du auserwählt bist, dass du ein Vorläufer der Rasse der Kinder des Lichts bist, die Unsterblichkeit durch **Wunschlosigkeit** erlangen wird. Wahrlich, ich sage euch, ihr, die ihr NICHTS mehr wollt, werdet die unsterblichen Regenten aller Welten des Verlangens sein, und für euch werden sich die nötigen Umstände ergeben, die es euch ermöglichen, diesen Pfad zu wandeln. Ist das nicht ein Ziel, für das es sich lohnt zu arbeiten? Es spielt keine Rolle, ob du arm bist oder reich, im Gefängnis oder frei (vielleicht auch nur von deinem Verlangen gefesselt...). Folge mir einfach und die Wahrheit wird dein sein. Damit meine ich, dass du voll bewusst BIST, und zwar mit UND ohne Körper, Gefühle, Denken, Seele und Geist. Aber erst musst du die Mauer deines Verlangens durchbrechen. Werde „Herr der Ringe" (deines Verlangens), so dass du anderen den Ausweg aus diesem Elend von Leben und Tod, selbst aus dem Elend der Reinkarnation, hin zum Licht des wahren ewigen Lebens zeigen kannst. OM. Wehe denen, die im Schwarzmagisch-Okkulten experimentieren, die spirituelle Lehren und Meditation missbrauchen, um weltliche Ziele zu erreichen. Karma wird sich um sie kümmern. Sorge dich nicht um die sogenannte Ungerechtigkeit auf der Welt. Alles wird bald umgekehrt sein. Karma ist ein gnadenloser Richter. Sollen die anderen ihr Karma ausleben. Wandle unbeirrt den Pfad nach NIRVĀṆA. Löse dich von deinem Verlangen. Das Buch wird dir zeigen wie, aber erst musst du die Notwendigkeit einsehen. Jedoch: Diejenigen, die bereit sind für den Pfad, brauchen nicht viel Ermutigung. Sie WISSEN, dass es nun Zeit ist für die Wahrheit, dass es an der Zeit ist, der Welt bewusst zu entsagen und das Vergängliche gegen das Ewige einzutauschen. Aber seit wir uns einem wichtigen neuen Yuga युग bzw. Zeitalter kosmospiritueller Ent-

wicklung nähern, gibt es viele Wesen, die in ihrem Leben einen Scheideweg erreicht haben, an dem sie sich selbst fragen: „Lebe ich weiterhin eine Lüge oder ist es an der Zeit, der Wahrheit ins Gesicht zu sehen?“ Dieses Buch kann den Entscheidungsprozess für alle diejenigen erleichtern, deren Tür zum NIRVĀṆA-Weg noch offen ist, jedoch nicht für immer...
Wenn sie zu lange zögern, werden sie vielleicht in eine neue Serie schmerzlicher Reinkarnationen zurückgeworfen, bevor sie wieder die Möglichkeit haben werden, den NIRVĀṆA-Weg zu wählen.

Noch einmal sage ich, entsage der Welt und ich werde dir die Welt zu Füßen legen. Du wirst in der Lage sein, mit und ohne deinen physischen, emotionalen, mentalen, seelischen und geistigen Körper zu existieren. Im Moment des „Todes“ wirst du diesen Körper abstreifen und noch **sein**, während andere in einen traumähnlichen Zustand geworfen werden, Opfer ihres Verlangens, eines Verlangens, das du dann überwunden haben wirst. Ungehindert wirst du durch Galaxien und Universen reisen, mit nichts anderem als deinem wahren Selbst, während andere ihre Raumschiffe benutzen müssen. Ein befreiter Gottesfunken, eine Monade oder Pukka, die sich bewusst und frei durch Raum und Zeit bewegt und dabei jede Form und jeden Bewusstseinszustand annehmen kann, wirst du sein. Der Buddha hatte solch einen Zustand der Erlösung erreicht, weshalb man ihn zu Recht „Lehrer der Menschen **und** Götter“ nannte, denn selbst ein Gott der Religion befindet sich in einem Verlangenszustand, von welchem er sich schließlich selbst lösen muss. Indem du dein Verlangen überwindest und absolute Verlangenslosigkeit erreichst, wirst du zum Lehrer all jener, die noch anhaften, die noch ihrem Verlangen erliegen, sei es auf der Erde oder anderswo im Weltenraum. DAS ist wahre Kraft, DAS ist wirkliche Weisheit, und das ist wahres Wissen, und es wird erreicht durch und bezeichnet als ABWESENHEIT DES VERLANGENS.

So löse dich von allen Begierden und beginne – wenn du in diesem Leben noch Erlösung in Nirvāṇa erlangen willst - mit den geschlechtlichen. Sie sind die stärksten Fesseln. Sie brachten dich zurück in diese Welt, entweder als Mann oder als Frau.

Aber du bist weder männlich noch weiblich, du bist nicht einmal geschlechtslos, denn das ist auch ein Zustand des Verlangens. Du bist die **Abwesenheit** des Verlangens, und wenn du diesen Bewusstseinszustand wiedererlangt hast, kann dich weder Himmel, Erde noch Hölle länger binden. Du bist frei, schwebst durch Raum und Zeit, strahlst in kosmischem Glanz, berührst die Sonne. Aber du wirst niemals dazu in der Lage sein, wenn du nicht zuerst deine sexuellen Lüste besiegst. Erreiche moralische Reinheit, wenn du IRGEND EINEN Fortschritt erzielen willst. Stelle alle sexuellen Aktivitäten ein und erfahre Erlösung in NIRVĀṆA. Warum betone ich die sexuelle Begierde so? Weil dieselbe Energie, die dich bis jetzt fesselte, dich befreien wird. Alles, was du tun musst, ist, sie umzukehren. Kehre deine sexuelle Energie um, indem du wunschlos wirst. Besiege deine sexuellen Lüste. Moralische Reinheit und Keuschheit sind die ersten Bedingungen zur Befeiung deiner selbst und zur Erlangung wahrer Unsterblichkeit. Also beende alle sexuellen Aktivitäten, Schritt für Schritt oder auf einmal. An dieser Stelle lassen viele Menschen bereits den Ball fallen und geben auf.

Nun siehst du, warum der NIRVĀṆA-Pfad nicht für jeden ist. Aber DU bist bereit dafür. Dieses Buch wird der Führer zu deinem wahren Selbst, der **Verlangenslosigkeit**, sein. Und wenn du deine sexuellen Lüste und Leidenschaften einmal überwunden hast, dann wird umgekehrte sexuelle Energie in deinem Rückgrat aufsteigen, deine Chakren öffnen, die das Fenster zur Ewigkeit sind, und du wirst schließlich in der Lage sein, deinen Körper bewusst zu verlassen und Gütiges für die Welt zu tun, während andere noch ihre Begierden befriedigen. Oh Leser, ich habe dir gerade den Schlüssel zu wahrer Kraft und Unsterblichkeit gegeben. Er ist jenseits weltlicher Bildung und dieser weit überlegen. Er macht dich auf positive Art jedem weltlichen oder religiösen Führer überlegen, denn gerade sie sind oft die größten Sklaven ihres Verlangens. Den Schlüssel zu wahrer Kraft habe ich dir nun gegeben, und er heißt: TRANSFORMIERTE SEXUELLE ENERGIE. Transformiert, nicht unterdrückt, verleugnet oder missbraucht, wie es während dieser verdorbenen Tantra-Techniken der Fall ist, die nur mehr Anhaften verursachen, das wiederum zur Reinkarnation führt. Wie kehren wir die abwärts fließende sexuelle Energie um? Indem wir sie beobachten, ihr nicht mehr nachgeben, indem wir das Verlangen, wenn wir es spüren, ganz einfach nur beobachten, bis es, abwärts fließend, ganz verschwindet und dann schließlich aufsteigen kann, das Gehirn von innen berührt, um dich so zu erleuchten. OM. Das ist wahre Glückseligkeit. Diese umgekehrte sexuelle Energie, diese aufsteigende Kraft, ist der wahre Christus in dir, und niemals war etwas anderes damit gemeint; mit Sicherheit nicht jemand, der an ein Kreuz genagelt wurde. „Christus“ ist abgeleitet vom griechischen ‚Chrism’, was soviel bedeutet wie ‚Samen’. Der aufsteigende Christus ist also in Wahrheit die aufsteigende Samenflüssigkeit des keuschen Kandidaten, der nach NIRVĀṆA strebt. ‚Chrism’ ist also Kundalinī. Geh den Mittelweg, doch wenn du bereits in diesem Leben wahre Unsterblichkeit erlangen willst, dann tue folgendes: Lass Kundalinī steigen, indem du dich aller sexuellen Aktivitäten enthältst und ein reines Leben als Vegetarier führst wie in diesem Buch vorgeschlagen. Entsage jeglichem sexuellen Verlangen und lebe dein Leben ohne Drogen, Alkohol, Kaffee, Tabak und Tierprodukten. Die Belohnung wird groß sein. Du wirst MICH fühlen, deinen wahren Gott, wie er in dir erwacht, wie er in dir aufsteigt und dir ewiges Leben und EWIGEN FRIEDEN gibt, nicht dieses vergängliche „Ruhe-in-Frieden“, das dir die so oft umgeschriebenen und gefälschten „Heiligen Schriften“ versprechen. Ewiges Leben jenseits von Raum und Zeit wird dein sein, wenn du mir folgst, deinem wahren Gott. Und du musst buchstäblich nichts dafür tun. Die Welt sagt dir, dass du dies oder jenes tun musst, um Weisheit, Wissen oder Kraft zu erreichen. Sie lügen. Sie schlagen einfach ihren Vorteil aus deinem Verlangenszustand. Sie sind die Blinden, die die Blinden führen. Dein Wissen ist in dir. Du weißt bereits alles. Du hast es nur vergessen, und ich erinnere dich wieder daran. Du bist überhaupt nicht mehr blind. Ich habe deine Augen für die Wahrheit geöffnet. Nun geh den Pfad. Alle Weisheit des Universums ist in deiner Kundalinī aufbewahrt. Lass’ sie aufsteigen, indem du deinem sexuellen Verlangen nicht mehr nachgibst. Lass’ sie in deinem Rückgrat aufsteigen und all deine Chakren öffnen, so dass sie dein Gehirn von innen berühren und dich so erleuchten kann. Du wirst Allwissenheit erlangen. Was du zuallererst brauchst, ist **moralische Reinheit**. Moralische Reinheit ist der wichtigste

Schritt zur Befreiung von dieser oder einer anderen Welt. Folge den Instruktionen, die du in diesem Buch erhältst, und du wirst kein weiteres Buch mehr brauchen.

Ich wiederhole noch einmal: Um MICH zu werden (was deiner wahren Natur entspricht), musst du allen sexuellen Aktivitäten entsagen bzw. dich darin mäßigen (sogar wenn du entscheidest, der Welt nicht zu entsagen). Iss nur einmal am Tage ein leichtes vegetarisches Mittagessen. Kein Frühstück, kein Abendessen, und trinke nur Wasser. Lies dieses Buch wieder und wieder und LEBE seine Botschaft. Wenn du Lanoo triffst, wird er deine Kundalinī zum Steigen bringen und wird dich lehren, wie du die Kundalinī anderer zum Steigen bringst. Siehst du nun, verstehst du nun, was wahre Kraft, wahre Liebe ist? Du bist nicht dein Verlangen und deine Bedürfnisse. Was **bist** du? Du bist die ABWESENHEIT allen Verlangens, aller Bedürfnisse, Emotionen, Gedanken und spirituellen Ziele. Du bist die Abwesenheit des Verlangens. In dem gleichen Maße, wie du sie festgehalten hast, dich mit ihnen identifiziert hast, kannst du sie nun auch wieder loslassen, ohne im mindesten in deinem wahren Wesen von ihnen beeinflusst oder beeinträchtigt worden zu sein. Zweimal geboren oder wiedergeboren zu werden bedeutet, wiedergeboren zu werden **ohne** die Bürde des Körpers, der Gefühle, des Denkens, der Seele und des Geistes. Du bist Pudgala पुद्गल, du bist der **Träger** der Bürde. Wirst du weniger, wenn du die Bürde loslässt? Nein! Du wirst mehr. Du bist von der Bürde befreit. Frei, endlich frei!
Dann, wenn du dich von deiner Bürde befreit hast, kannst du sie wieder aufnehmen, falls du dich so entscheidest. Aber diesmal nicht mehr, weil es dich danach drängt, nein, es ist ein unpersönlicher Entschluss, einer leidenden Menschheit oder irgendeiner Lebensform oder Verlangenseinheit hier auf der Erde oder irgendwo anders im Universum zu helfen.

Wenn du nichts willst, werde ich dir alles geben. Entsage allen weltlichen Lehren. Sie sind falsch. Sie machen dich zum Sklaven. Wenn du die Wahrheit über den Ursprung von Mensch und Universum wissen willst, studiere *DAS BUCH DES LICHTS*, welches Lanoo von einer meiner höchsten Emanationen, dem Maha-Chohan, diktiert wurde. Dann lass' auch das los.

Alles kommt vom Geist und kehrt auch dorthin zurück, um auf einer höheren Bewusstseinsebene wiederzuerscheinen. Aber NIRVĀṆA ist immer da, mit oder ohne Universum, mit oder ohne Erde, Himmel und Hölle. NIRVĀṆA ist der sichere Hafen und der wahre Himmel. Höre nicht auf die Welt. Erlange **Befreiung** von dieser. Während der Weltling an seinem letzten Atemzug erstickt, nur um schließlich und unvermeidlich wieder zu reinkarnieren in die selbst verursachte Hölle seines nächsten Lebens, wird der Nirvāṇee da sein, um ihm und anderen zu helfen, während er, der Nirvāṇee, niemals sein NIRVĀṆA-Bewusstsein verliert, sei es mit oder ohne Körper, da er ja nicht mehr an das gefesselt ist, was den Weltling noch fesselt: das VERLANGEN.

Werde wunschlos. Werde wieder wunschlos und damit wunschlos **glücklich**. Größte Weisheit wird durch Verlangenslosigkeit und durch Wunschlosigkeit erlangt; und die größte Liebe und Leidenschaft, die man sich vorstellen kann, besteht darin, andere zu lehren, wie man sich vom Verlangen befreit, wie man diese Bürde niederlegt, wie man wunschlos wird. Hilf also Lanoo, die NIRVĀṆA-Lehre zu verbreiten. Auch wenn du sie selbst noch nicht leben kannst, sie aber unterstützt, wirst du mit dem positivsten Karma gesegnet, das du dir vorstellen kannst. Doch wenn du bereit bist, der Welt zu entsagen, dann gib alles auf und ich werde dich belohnen mit dem Überfluss deines wahren Selbst, welches ewiger Friede und wahre Unsterblichkeit ist, befreit von Körper, Gefühl, Denken, Seele und sogar vom Geist. Die Wahrheit ist einfach. Sei wieder rein, einfach und unschuldig. Ich warte auf dich. Alles, was du tun musst, ist, die Bürde abzulegen, loszulassen, was du nicht bist, womit du dich bisher identifiziert hast, was dich so lange zurückhielt. Lass dein Verlangen, deine Hoffnungen und Träume los. Warum willst du unbedingt dieses oder jenes erreichen oder werden? Damit ich es dir wieder wegnehme und du wieder danach greifst? Es gibt nichts zu erreichen. Dieser Planet wird wie jeder andere im Universum von mir zerstört werden, wenn sein Verlangensmomentum abgelaufen ist. Und dann? Wo sind all deine Errungenschaften dann? Wo werden dann all die Kontinente, Rassen und ihre großen Kulturen sein; wo ihre Führer, Könige und Königinnen und ihre so genannten Zivilisationen?

Ertrunken in den Fluten, zerstört vom Feuer, Staub unter meinem Atem. Was auch immer du erreichst, ich nehme es dir doch wieder weg, damit du erkennst, dass es nichts zu erreichen gibt. Wahrer Fortschritt bedeutet, sich zu lösen von den Fesseln des Verlangens, die jedes Wesen vom relativen Beginn an in Schach halten, bis das wahre Selbst davon befreit wird. Warum möchtest du irgendetwas werden? Der Sinn des Lebens ist LOSZULASSEN. Warum möchtest du eine Familie haben, ein weltlicher Lehrer sein, ein Prediger, Politiker, Konstrukteur, Künstler, Pilot, Fleischer, Sportler, Bauer, Wissenschaftler, Geschäftsmann oder Geschäftsfrau, dieses oder jenes? Das sind nichts anderes als Zustände des Verlangens und so also der Unwissenheit. Was haben all diese Leute oder vielmehr Verlangenseinheiten erreicht? Nichts. Sie haben aus dieser Welt ein globales, verschmutztes Irrenhaus gemacht, in der die Bösen über die Schwachen herrschen und die Korrupten über die Leichtgläubigen. Wenn Familie die Antwort wäre auf alle Probleme, warum zerfallen dann mehr und mehr Familien? Warum steigt die Zahl der Ehescheidungen? Wenn Kinder haben die Antwort wäre, warum hassen dann mehr und mehr Kinder ihre Eltern, Lehrer und schließlich sich selbst? Warum bilden die Kinder Gangs und bringen sich gegenseitig um? Wenn Politiker die Antwort wären, warum erschüttern dann gerade jetzt über 100 Kriege den Planeten? Was ist mit Wissenschaft und Religion? Sie sind nicht die Lösung, sie sind das **Problem**. Und die Gurus? Die meisten von ihnen richten mehr Schaden an als Gutes. Die Medien belügen dich 24 Stunden am Tag, und die Unterhaltungsindustrie, die im Besitz der Illuminati ist, lullt dich mit ihren Shows ein, damit du dumm bleibst und ein Sklave deiner Sinne. Und was ist mit den so genannten erfolgreichen Leuten? Diejenigen, die im Leben am meistem erreicht haben, haben in Wirklichkeit nichts erreicht. Mit jedem Ziel, das sie „erreicht“ haben, haben sie sich einen Schritt von mir entfernt, der ich ihr **wahres** Selbst bin, die Abwesenheit allen Verlangens. Diese Menschen verstehen unter Unsterblichkeit, dass man in der Nachkommenschaft weiterlebt. Aber nichts ist weiter von der Wirklichkeit entfernt. Jedes Kind ist und hat seine eigene Geist-Seele. Die Eltern versorgen es nur mit einem physischen Körper. Wenn die Eltern einmal tot sind, haben sie keinerlei Bewusstsein mehr in der Nachkommenschaft. Die Hoffnung, dass es in den Kindern überlebt, ist Wunschdenken. Wahre Unsterblichkeit ist tief in jedem Wesen und wird durch Verlangenslosigkeit erreicht. OM. Das, was du nicht bist, zerfällt in Stücke, dein wirkliches Selbst verbleibt. Was ist das? Du wirst es **sein,** denn in NIRVĀṆA gibt es keine Dualität mehr. Was du auch immer in der Welt erreichst, trennt dich von mir, der ich dein wahres Selbst bin, und es verlängert dein Leiden, weil dein Verlangen wächst, dich hetzt und im nächsten Leben wieder einholt, wo du ihm wieder nachgibst, bis du zu dessen Sklaven geworden bist. Warte nicht, bis das passiert. Unterbrich die Kette von Ursache und Wirkung jetzt. Entsage deinem Verlangen, den törichten Träumen und Zielen jetzt. Sei wieder rein, einfach und unschuldig und erlange mich, der ich DIE ABWESENHEIT DES VERLANGENS bin. DIESES Verlangen, nämlich nach dessen Abwesenheit, KANN erfüllt werden. Das ist die **einzige** Realität, der Rest ist Illusion. Trinkwasser wird dich wieder durstig machen, aber das Wasser des Wissens, das nach NIRVĀṆA führte, zerstört allen Durst und sichert Unsterblichkeit. Jesus erklärt es im Johannesevangelium 4:13-14: „Wer auch immer von diesem Wasser trinkt, wird wieder Durst haben. Aber wer von dem Wasser trinkt, das ich ihm gebe, wird in sich eine Quelle des ewigem Lebens sein!" Also entsage der Welt, lass Kundalinī steigen, bis sie deinen Schädel durchbricht und einen Lichtstrahl schafft, der dich direkt zu mir führt, der ich dein wahres Selbst BIN. Du bist nicht dein Verlangen, du bist die Abwesenheit davon. Die Zeit ist gekommen. SEI MICH, so dass du mich wieder verlassen kannst, um anderen zu helfen, das zu werden, was sie bereits sind, und das bin ich, der wahre Gott, die Abwesenheit des Verlangens. OM. Lanoo wird euch nun weiter auf dem Pfad nach NIRVĀṆA führen, indem er euch lehrt, wie man sein Verlangen überwindet.

Lieber Sucher nach der Wahrheit,
lass mich den verbleibenden Teil des Buches mit den Worten von Dr. Georg Grimm, Autor des Werkes *Die Lehre des Buddho* beginnen, der das Dilemma der Unwissenheit oder vielmehr des Anhaftens viel beeindruckender erklärt als ich es jemals könnte.

„Dass die meisten Menschen so sorglos dahinleben, hat seinen Grund darin, dass sie die Lage nicht kennen, in der sie sich befinden. Entweder sie reden sich ein, sie seien aus dem absoluten Nichts in diese Welt emporgetaucht und würden mit ihrem Tode ebenso spurlos wieder verschwinden, oder sie betrachten sich als das Produkt eines Schöpfers, der sie nach dem Tode zu sich in sein himmlisches Reich nehme, indem sie keinen Zweifel darüber hegen, dass die daneben allerdings noch bestehende Hölle immer nur für die anderen bestimmt sei. So ergibt sich sowohl für den Gläubigen als auch für den Ungläubigen als die höchste Lebensweisheit, es sich möglichst behaglich auf dieser Welt zu machen, für den ersteren deshalb, weil es doch die höchste Torheit wäre, diese so flüchtige Existenz nicht wenigstens auszunutzen; für den letzteren aber deshalb, weil auch ein Aufenthalt in dieser Welt ein Geschenk seines Gottes ist, das nicht mit Dank zu genießen der höchste Undank wäre. Würden sie ihre wirkliche Lage überschauen, also mit hinreichender Deutlichkeit erkennen, dass sie seit anfanglosen Zeiten ziel- und planlos in der Welt in allen ihren Höhen und Tiefen, also bald als Gott, bald als Mensch, bald als Gespenst, bald als Tier, bald als Teufel umherirren und dass diese ziel- und planlose Wanderung unter fortwährender Selbsttäuschung auch in alle Zukunft hinein weitergehen soll, und würden sie weiterhin die Möglichkeit erkennen, diesem Kreislauf des Leidens für immer zu entrinnen und sich auf eine völlig leidlose Stätte, (ein Versteck, eine Insel) zurückziehen, so würden sie wohl mit derselben Inbrunst die dargebotene Hand, die zu jener leidlosen Stätte (NIRVĀṆA) geleiten will, ergreifen, wie ein ins Wasser Gefallener jene, die ihn ans Ufer zu ziehen bereit ist. In dieser Lage sind wir im Moment..."

Der Durst nach dem Leben und der Welt manifestiert sich als:

1) Neigung zu denken, dass unsere Persönlichkeit unser Wesen sei (sakkāyaditthi सक्कायदिट्ठि).

2) Neigung, daran zu zweifeln, dass unsere Persönlichkeit (Körper, Gefühl, Denken, Seele und Geist) nichts weiter als ein Attribut und Vehikel (upādhi उपाधि) sei, aber nicht wesentlich zu uns gehört.

3) Neigung, Erlösung oder Errettung von einem Gott zu erwarten. Nur du selbst kannst dich retten durch entsprechendes Handeln.

4) Neigung zu den Vergnügungen, die wir uns verschaffen durch den Kontakt mit Objekten durch unsere fünf äußeren Sinne.

5) Neigung, uns zu ärgern, wenn etwas nicht so läuft, wie wir es wollen.

Wann immer wir eine dieser Neigungen überwunden haben, sind wir NIRVĀṆA einen Schritt näher gekommen und haben uns mit Sicherheit eine Reinkarnation in eine der höheren Lichtwelten oder zumindest eine sehr günstige Reinkarnation auf Erden geschaffen. Der erste Schritt auf dem Weg zu ewigem Bewusstsein ist jedoch immer: MORALISCHE REINHEIT.

Ich möchte nun das Leben eines Menschen beschreiben, der Nirvāṇa erlangt hatte, eins wurde mit dem wahren Gott. Sein Name war GAUTAMA BUDDHA.

WER WAR DER BUDDHA?

Leben und Werk (und das tragische Geheimnis) des Buddha werden auf vielen Seiten im *BUCH DES LICHTS* detailliert beschrieben. Für jetzt nur soviel: Der Buddha lebte von der Mitte des 6. Jahrhunderts v. Chr. bis zur Mitte des 5. Jahrhunderts v. Chr. in Indien. Er war der Sohn des Königs Suddhodana. Als er eines Tages in einem seiner drei Paläste saß, umgeben von seinem Harem von hundert Frauen und gutes Essen, vorzügliche Unterhaltung, Musik und Sex genoss, rief er in einem Moment der Erleuchtung aus: „Wehe der Menschheit! Was nutzt mir all der königliche Glanz, alle Pracht und aller Genuss, wenn sie mich nicht vor dem Alter, der Krankheit, dem Tode, und, was noch viel schlimmer ist, der Reinkarnation bewahren können!"

Vor diesem Tag war der Buddha bereits mit dem Anblick menschlichen Leidens und irdischer Vergänglichkeit konfrontiert worden. Da hatte er beschlossen, der vergänglichen Welt zu entsagen, um wahre Unsterblichkeit in NIRVĀṆA zu finden.

So verließ er seine Paläste, seinen Harem, entsagte seinem luxuriösen Leben und wurde Mönch auf der Suche nach der Wahrheit. Nachdem er NIRVĀṆA erreicht hatte in stiller, nach innen gerichteter Schauung, losgelöst von Körper, Gefühl, Denken, Seele und Geist, enthüllte er es triumphierend den fünf Mönchen, die er während einer Periode des Selbst-Martyriums, was er als falschen Weg der Wahrheitsfindung erkannte, verlassen hatte: „Heilig, Mönche, ist der Vollendete, der vollkommen Erwachte! „Leihet Gehör, Mönche, das Todlose ist gefunden. Ich werde euch in die Lehre einführen. Folget meinen Instruktionen, und ihr werdet das edelste Ziel für ein heiliges Leben für euch selbst und sogar noch in diesem Leben erkennen“.

Und der Buhhda unterweist sie in den Vier Säulen seiner Lehre:

I. DIE EDELSTE WAHRHEIT VOM LEIDEN

Das Leiden ist bedingt durch das Anhaften an alles, was zeitweilig ist, vergänglich, sterblich und also dem Verfall preisgegeben. Was ist zeitweilig, unbeständig, sterblich und dem Verfall preisgegeben? Körper, Gefühl, Denken, Seele und sogar der Geist sind zeitweilig, unbeständig, sterblich und dem Verfall preisgegeben. Also lass sie los. Das Anhaften an alles, was zeitweilig, vergänglich, sterblich und also dem Verfall preisgegeben ist, führt IMMER früher oder später zu Schmerz und Leiden, trotz der bestehenden Annehmlichkeiten, die Körper, Gefühl, Denken, Seele und Geist dir bereiten können. Vereint zu sein mit dem, was man liebt, verursacht schließlich genauso viel Leiden als ob man vereint wäre mit dem, was man hasst oder als ob man getrennt wäre von dem, was man liebt, denn auch die perfekteste Einheit mit dem, was man liebt und wonach es einem verlangt, muss früher oder später enden und verursacht schließlich um so mehr Leiden oder zumindest Unzufriedenheit, je mehr Glück man erfahren hat, als die Einheit noch andauerte.

II. DIE EDELSTE WAHRHEIT VON DER ENTSTEHUNG DES LEIDENS

Die Entstehung des Leidens ist bedingt durch das Verlangen, durch den Willen, dieses oder jenes zu sein. Jedes Hindernis, das sich dabei auftut, wird als schmerzlich empfunden und führt zu neuem Anhaften. Dann wollen wir uns wieder an den Vergnügungen, die uns die Sinne, der Körper, das Gefühl, das Denken, die Seele und der Geist bereiten, erfreuen. Aber da Körper, Gefühl, Denken, Seele und Geist immer vergänglich sind, erfahren wir niemals wahre Befriedigung unseres Verlangens. „Vergänglich, oh Herr, sind die Sinnesobjekte, dem Verfall preisgegeben". (Ang. X, 46).

III. DIE EDELSTE WAHRHEIT VON DER VERNICHTUNG DES LEIDENS

Das Erlöschen jeglichen Verlangens führt zur Erlösung von Geburt, Alter, Krankheit, Tod, Wiedergeburt, mit einem Wort: vom Leiden. DAS nennt man wahre Weisheit und nicht den Unsinn, der an Schulen und Universitäten gelehrt wird. Diese Veränderung vom Anhaften an das Verlangen hin zur Befreiung von allem Verlangen können und müssen wir selbst vollziehen, ohne Hilfe eines von außen wirkenden Gottes. Alles, was du tun musst, ist das loszulassen, was du NICHT bist. Und du bist NICHT dein Körper, dein Gefühl, dein Denken, deine Seele und dein Geist.

IV. DIE EDELSTE WAHRHEIT VON DEM PFAD, DER ZUR LEIDENSVERNICHTUNG FÜHRT

Wir müssen jede Art von Durst nach der Welt auslöschen, zuallererst jedoch den Hang zur Persönlichkeit. Wer immer noch etwas will, ist unwissend. Es gibt nichts zu erreichen, egal, wie sehr die Welt (Politiker, Banker, Unterhaltungsindustrie usw.) dich vom Gegenteil überzeugen möchte.

DER BUDDHA ÜBER EMPFÄNGMIS, GEBURT, ALTER UND TOD

„Wenn, ihr Mönche, Vater und Mutter sich vereinen, und die Mutter ihre Zeit hat und das Jenseitswesen bereit ist, dann bildet sich durch die Vereinigung der Drei eine Leibesfrucht."

„Und nun trägt die Mutter diese Leibesfrucht neun bis zehn (lunare) Monate im Leib, mit großer Angst, eine schwere Last; und wenn die neun oder zehn Monate vorüber sind, gebiert die Mutter diese schwere Last mit großer Angst und nährt sie mit ihrem eigenen Blut. ‚Blut' sagt man, ihr Mönche, im Orden des Heiligen für Muttermilch."

„Dieses Kind nun, ihr Mönche, entwickelt sich und wächst heran und pflegt all die Spiele und Übungen seiner Altersgenossen wie Verstecken und Fangen, Klettern und Springen, Schleudern, Wagenlenken und Bogenschießen."

„Dieser Knabe nun, ihr Mönche, ist herangewachsen, ist allmählich reif geworden und lebt sein Leben offen für die fünf Begehrungen, nämlich: Formen, wahrnehmbar durch das Organ des Sehens, Töne, wahrnehmbar durch das Organ des Hörens, Düfte, wahrnehmbar durch das Organ des Riechens, Geschmäcke, wahrnehmbar durch das Organ des Schmeckens, Berührungen, wahrnehmbar durch das Organ des Tastens – alle ersehnt, geliebt, verzückend, angenehm, alle verbunden mit Verlangen und Leidenschaft."

„Erblickt er nun mit dem Auge eine Form, hört er mit dem Ohr Töne, riecht er mit der Nase Düfte, schmecket er mit der Zunge einen Geschmack, nimmt er durch den Körper Berührungen wahr und beschert der Geist ihm Gedanken, ist er entzückt von den angenehmen Tönen, den angenehmen Düften, den angenehmen Berührungen, den angenehmen Gedanken und verabscheut die unangenehmen Formen, die unangenehmen Töne, die unangenehmen Gerüche, die unangenehmen Geschmäcke, die unangenehmen Berührungen, die unangenehmen Gedanken; ohne Einsicht in das Wesen der Körperlichkeit verweilt er beschränkten Gemüts, und nicht gedenkt er, der Wahrheit gemäß, jener Gemütserlösung, Weisheitserlösung, wo seine bösen, schlechten Eigenschaften sich restlos auflösen."

„So fällt er der Befriedigung und Unbefriedigung anheim, und was er auch fühlt, ein freudiges oder leidvolles oder weder freudiges noch leidvolles, dieses Gefühl hegt er und pflegt er und klammert sich daran. Während er das Gefühl hegt und pflegt und sich daran klammert, entsteht in ihm ein Entzücken, dieses Entzücken wird zum Anhaften. Durch dieses Anhaften bedingt ist Werden, durch Werden bedingt ist Geburt, durch Geburt bedingt ist Wachstum und Verfall, Sorge und Leiden, Jammer und Schmerz, Trübsal, Verzweiflung und Tod. So kommt es also zur Entstehung allen Leidens.“ (Majj. Nik. I, 38. Suttam)

Nun frage ich, gibt es jemanden mit einem gesunden Geist und einem normal entwickelten Verstand, der nicht eine Lehre willkommen heißen würde, die einen Ausweg aus diesem Ozean des Leidens zeigt und den Weg weist zu einer sicheren Insel, NIRVĀṆA genannt? OM.

„Wie kann ich unsterblich werden, oh Maha-Chohan?“
„Löse dich von allem, das sterblich ist, oh Lanoo.“

BEWUSSTSEINSZUSTÄNDE NACH DEM TODE UND DER PROZESS DER REINKARNATION

Um zu verstehen, was nach dem Tode mit uns geschieht, warum und wie wir wiedergeboren werden, müssen wir unsere Aufmerksamkeit auf die siebenfältige Natur des Menschen richten. Jeder Mensch hat einen physischen und sechs aurische Körper, die nur dem geübten Seher sichtbar sind oder bei Anwendung einer bestimmten Foto- und neuerdings auch videotechnischen Prozedur.

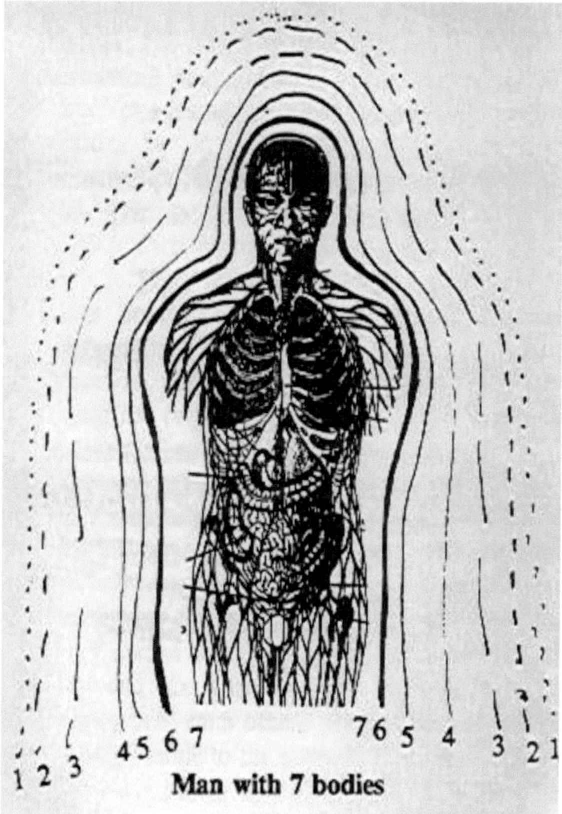

Der Mensch mit seinen sieben Körpern

1. Geist; 2. Seele; 3. Mental; 4. Tierseele;
5. Astral; 6. Ätherisch; 7. Physisch

Die sieben Körper oder Prinzipien sind:

7) Der physische Körper, sthūla-sarīra स्थूलशरीर, Behälter und Ausdruck der sechs folgenden Körper:

6) Der ätherische Körper, prāna प्राण Behälter der Lebenskraft

5) Der Astralkörper, linga-śarīra लिङ्गशरीर, Behälter der Emotionen

4) Der Verlangenskörper, kāma-rūpa कामरूप, Behälter der tierischen Instinkte

3) Der Gedankenkörper, manas-rūpa मनस्रूप, Behälter der Gedanken, höhere und niedere

2) Der Seelenkörper, Buddhi बुद्धि, Behälter der mental-spirituellen Energien

1) Der Geistkörper, ātman आत्मन्, Behälter der geistigen Energie.

(Atman = atmen. Sanskrit ist die Mutter aller Sprachen. Atman ist die sprachliche Sanskrit-Quelle des deutschen „atmen". Der Geistkörper expandiert und zieht sich zusammen, was auf der physischen Ebene das Phänomen des Atmens erzeugt.)

Jede nachtodliche Ebene ist siebenfältig und besteht aus den Emotionen, Gedanken und spirituellen Aspirationen ihrer Bewohner, seien sie nun Dämonen, die Astralkörper verstorbener Menschen oder Engel.
Nach den Tode des physischen Körpers erwacht die Wesenheit im ätherischen Körper auf der ätherischen Ebene, im Astralkörper auf der Astralebene, im Verlangenskörper auf der Verlangensebene, im Gedankenkörper auf der mentalen Ebene, im Seelenkörper auf der Seelenebene und im Geistkörper auf der Geistebene (die Himmel der Religionen). Auf all diesen Ebenen wird die Wesenheit gereinigt von den Energien, die während des Erdlebens in den verschiedenen Körpern angesammelt wurden. Entsprechend dem Mayerschen Gesetz von der Erhaltung

der Energie geschieht Folgendes nach dem Tode des physischen Körpers: Gute Taten auf Erden, welche als „Belohnung“ empfunden werden, finden ihre Fortsetzung auf den höheren Himmelsebenen und schlechte Taten finden ihre Fortsetzung auf entsprechenden niederen nachtodlichen Ebenen, wo sie als „Strafe“ oder gar Höllenqual empfunden werden. Gute Taten verursachen eine gute Reinkarnation, schlechte Taten eine schlechte. Da die meisten Menschen während eines Lebens auf der Erde abwechselnd gut **und** schlecht gehandelt haben, sind die nachtodlichen Bewusstseinszustände und das neue Leben von beidem gefärbt. Das ist auch die Erklärung dafür, warum guten Menschen oft Böses geschieht und bösen Menschen Gutes.

Alles, was dir geschieht, oh Leser, ist selbst verursacht.

Wenn der Mensch nach dem Tode auf der nächsthöheren Bewusstseinsebene erwacht, hat er sich des Körpers von der niederen Ebene entledigt (**A**). Dieser Vorgang wird beobachtet und geleitet von Wesenheiten auf den entsprechenden Ebenen. Nachdem alle Verlangenszustände nach dem Tode auf allen Ebenen ausgelebt worden sind, reinkarniert der Mensch wieder. Die Ursache dafür sind die Permanenten Atome oder Skandhas (**B**).

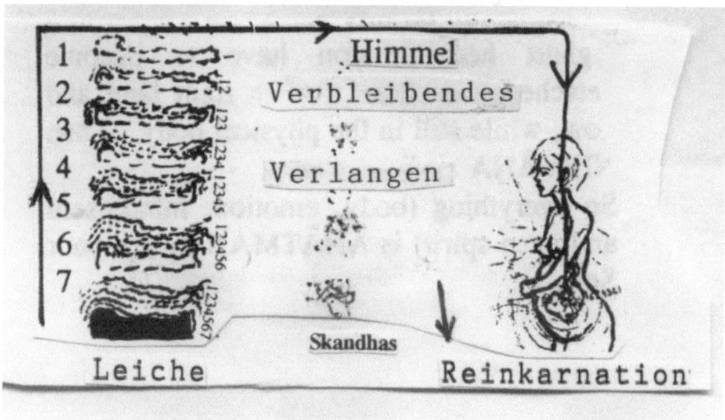

A **B** **C**

Das menschliche Wesen ist 7-fältig und stößt auf jeder Ebene den entsprechenden Körper ab.

Sie enthalten die Essenz des individuellen Verlangens, welches während des Lebens erzeugt wurde und sind in jeder Ebene enthalten. Diese permanenten Atome erwachen nach einer Periode der Latenz, gruppieren sich um einen neuen Befruchtungsvorgang und ziehen die Wesenheit wieder in eine neue Reinkarnation (**C**). Je niedriger der nachtodliche Bewusstseinszustand auf der entsprechenden nachtodlichen Astralebene ist, desto unangenehmer ist die Reinigung, denn die Wesenheit wird konfrontiert mit allem noch verbliebenem und sich regendem Verlangen, hat aber nun keinen physischen Körper mehr, dieses zu befriedigen. Deshalb drängt der Buddha seine Schüler, „zu sterben bevor sie sterben". Es erspart dir eine Menge Leiden nach dem Tod...

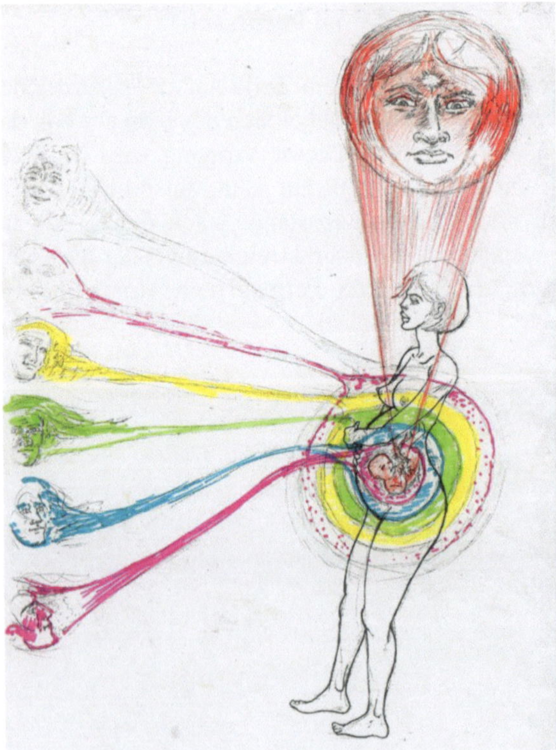

Sieben Engel versehen die reinkarnierende Wesenheit mit sieben Körpern; entsprechend des vom vergangenen Leben verbliebenen Verlangens der Wesenheit

Für alle Fälle gilt: Wenn du die Reinkarnation oder Wiedergeburt, auf welcher Ebene es auch sei, verhindern willst, musst du dich genau jetzt und hier von deinem Verlangen lösen, während du noch in deinem physischen Körper bist. DANN wird NIRVĀṆA dein sein. Alles (Körper, Gefühl, Denken, Seele und sogar der Geist) ist ANĀTMAN und nicht dein Selbst. Himmel und Hölle werden vergehen, aber NIRVĀṆA, das bleibt bestehen. Wahre Freiheit ist nicht Freiheit im Wollen, sondern Freiheit vom Wollen. Nicht wer tun darf, was er will, ist wirklich frei, sondern nur der, der gar nichts mehr will, hat wahre Freiheit erlangt, nämlich Freiheit vom Wollen.

Wichtig: Eine ätherische Nabelschnur verbindet den physischen Körper mit den anderen sechs aurischen Körpern. Während des Schlafes, wenn der Astralkörper den physischen verlässt, sichert diese ätherische Nabelschnur die Rückkehr des Astralkörpers in den physischen Körper beim Erwachen. Beim Tode wird diese Nabelschnur durchtrennt.

STERBEN

Die meisten Menschen sind so mit den Tücken des Lebens beschäftigt, dass sie völlig vergessen, sich mit dem Tod auseinander zu setzen. Wenn dann der Moment der Wahrheit kommt, sind sie oft völlig schockiert, ja entsetzt, aus der Bahn geworfen, denn alles, womit sie sich bisher so sehr identifiziert haben (Körper, Gefühl, Denken usw.) wird ihnen nun weggenommen.

Es ist diese extreme Todesangst, aber auch das Verlangen nach dem Leben und der Aktivität der Sinne, was, wie bereits erwähnt, oft eine fast unverzügliche Reinkarnation verursacht. Auf jeden Fall sollte jeder größte Aufmerksamkeit darauf verwenden, wie er im Moment des Todes den Körper verlässt, denn genau das wird der Eingang ins nächste Leben sein. Beispiel: Wenn man den Körper durch die Anal-Chakra verlässt, was bei wollüstigen Menschen mit einer niederen Bewusstseinsebene und ohne spirituelle Betätigung der Fall ist, dann sind es genau diese Chakra und dieser Bewusstseinszustand, die dein nächstes Leben beherrschen werden. Konzentriere dich also im Moment des Todes immer auf deinen KOPF (wo sich die höheren Chakren oder Siegel befinden) und denke an Gott. Es wird dir viel Leid nach deinem Tode und in deinem nächsten Leben ersparen...

Wenn die ätherische Nabelschnur, die den physischen Körper mit den verbleibenden sechs aurischen verbindet, einmal zertrennt ist, bist du auf dich selbst gestellt und unter dem Einfluss von Mächten und Energien, die du selbst erschaffen hast während deines Lebens auf der Erde. Sei also klug und bereite jetzt schon die Bedingungen für dein Leben nach dem Tode, aber auch für das nächste auf der Erde, vor.

WICHTIG: Lass ABSOLUTE RUHE herrschen im Sterbezimmer, ganz besonders im Moment des Todes bzw. des Übergangs von dieser Welt in die nächste. Kein brabbelnder Priester. Spare das Geld und gebe es stattdessen für einige orangefarbene Glühbirnen aus. Die Farbe Orange erleichtert den Todes- bzw. Übergangsprozess. OM.

33 nachtodliche Bewusstseinszustände

Es gibt 33 nachtodliche Bewusstseinszustände, mit denen man entsprechend des Verlangenszustandes auch während des Lebens des physischen Körpers verbunden ist. Es ist möglich, während des Lebens von jedem dieser Reiche in eine höhere oder tiefere Ebene zu wechseln. Es hängt alles von der Stärke oder Schwäche der betreffenden Person ab oder vielmehr von deren Fähigkeit, das eigene Schicksal und Bewusstsein ohne Hilfe oder Eingreifen irgend eines Gottes oder Dämonen zu verändern. Alle Reiche und deren Bewohner sind vergänglich. OM.

1. Die Höllen (Niraya)

Das Fegefeuer der Religion. Erfahren oder vielmehr erlitten durch den Astralkörper. Zustand des Jammers, da die Person das Resultat ihrer bösen Handlungen auf der Erde erfährt. Böse Menschen sind bereits während ihres Lebens im physischen Körper durch ihren Astralkörper mit diesen Höllenwelten verbunden. Eine Veränderung des Charakters wird eine Veränderung der Bewusstseinsebene verursachen.

2. Asuras (Titans)
Riesige Astralengel, oft im Krieg mit den Devas.

3. Die Welt der hungrigen Geister (Peta Loka)
Astralwesen mit großen Bäuchen und winzigen Mündern. Oft quälen sie (während des Lebens und nach dem Tode) dicke Menschen zu essen, essen, und nochmals zu essen. Können durch Opfergaben erreicht werden.

4. Die Tierwelt (Tiracchāna Yoni)
Physische und astrale Behausung der Tiere nach dem Tode. Gruppenseelen-Reich. Menschen, die dem wilden Tier sehr ähneln, können jedoch mit ihren Astralkörpern, die in dem Falle von Tierkörpern angezogen werden, in die Tier-Astral-Ebene reinkarnieren. Es sind mehr menschliche Astralkörper in Hunden und Schweinen gefangen als man denkt...

5. DIE MENSCHLICHE WELT (Manussa Loka)
Physische und astrale Behausung der Menschen. Die perfekte Gelegenheit, NIRVĀṆA zu erlangen. Grund: Die Zustände unter dieser Ebene sind zu elend, furchtbar und unbedarft, und die darüber sind zu glücklich, um die nötige Wirkung zu erzielen.

6. Devas der Vier Großen Könige (Catumahārājika devā)
Die Vier Großen Könige sind mentale Wesenheiten mit Mentalkörpern, die die vier Himmelsrichtungen schützen. Sie sind nicht menschlich und nicht immer freundlich. Man richtet sich an sie, wenn man das Kreuz schlägt. Es gibt auch viele Musik-Devas auf dieser Ebene. Einer von ihnen inspirierte mich *DEVA* zu schreiben.

Ein Entsager jedoch wird diese Reiche meiden, haben sie doch immer noch etwas Verfeinertes, für die Sinne Angenehmes. Wer den Mittelpfad wandelt und Leben für Leben stufenweise Nirvāṇa erlangen möchte, mag weiterlesen. Es gibt noch sexuelle Aktivität auf diesen Ebenen. Es sind die Himmel aller Religionen, wo die Anhänger dieser bestimmten Glaubensrichtungen für immer (und für immer jung!) bei ihrem jeweiligen Gott (Allah, Jehova, Christus, Krishna usw. usw. zu bleiben glauben. Bald werden sie erkennen, dass ihr spezielles Glaubenssystem genau das ist, ein GLAUBE bzw. Wunschdenken. Sogar die Existenz im Himmel ist nicht für immer und schützt nicht vor der Reinkarnation in einen neuen Körper. In diesem Himmel jedoch, der direkt an die physische Ebene angrenzt, kann man noch essen, trinken, tanzen, singen und Sex haben; wenn auch all das auf eine feinere, spirituellere Weise als auf der Erde. Stoffwechsel: Mittels Osmose passiert die ätherische Substanz „Manna“ die ätherischen Körper.

7. Die 33 Götter (Tāvatimsa devā)

Verfeinerte Mentalkörper. Einst Behausung der Bewohner der 2. Sphäre, der Asuras. Man kann von jeder Ebene zu jeder Zeit fallen oder steigen... Der oberste der 33 Götter ist Sakra. OM. Das ist die Behausung, in der viele gute Menschen nach dem Tode in ihren Mentalkörpern erwachen.

8. Yama devas

Ein noch höherer Zustand der Glückseligkeit als der vorige. Die entsprechenden Chakren der Mentalkörper kontaktieren sich gegenseitig und verursachen intensiven elektro-ätherischen Energieaustausch. Es ist mehr ein Prozess des Aufladens. Sehr gute Menschen erwachen auf dieser Ebene der Glückseligkeit. Reine Anhänger aller Religionen erwachen nach dem Tode auf diesen Ebenen des Bewusstseins in ihren mental-spirituellen Körpern. Die Glückseligkeit dieser Himmel schafft eine Illusion der Ewigkeit. In Wahrheit sind sie zeitweilig und vergänglich wie alle anderen Ebenen, außer NIRVĀṆA. Oberster dieser Ebene: **Yama**. OM. Von hier an keine sexuelle Aktivität mehr.

Wie reinkarniert man auf der sexlosen ätherischen Ebene? Er oder vielmehr ES erscheint einfach, zieht um sich herum die entsprechende ätherische Substanz an und bleibt auf dieser Ebene, bis sein (des Wesens) Verlangen ausgelebt ist.

9. Zufriedene Devas (Tusitā devā)

Reich des Bodhisattvas. Von oder auch ab hier reinkarnieren sie noch einmal, um dann NIRVĀṆA zu erlangen.

10. Devas, die Freude am Erschaffen haben (Nimmānarati devā)
Sie könne jede Form erschaffen, alles, was sie wollen. Oft von den Religionen als Gott oder Schöpfer missbraucht, obwohl es Schöpfer der Manus unserer Körper gab, aber entsprechend unseres Verlangens oder vielmehr unseres Zustandes der Unwissenheit.

11. Devas, die Macht über die Schöpfung anderer ausüben: Wir verlassen die Welt der Sinnesverlangen und betreten

12. Das Gefolge von Brahmā (Brahma-Parisajjā devā), die Welt der Form
Dieses Reich sollte nicht verwechselt werden mit unseren Formen, sondern vielmehr mit den Archetypen jeder Form. Wenn es jemand erreicht hat, während seines Lebens auf der Erde alle Sinnesverlangen zu unterdrücken, betritt er nach dem Tode eine der Ebenen zwischen 12 und 21. Wenn er wirklich alle Sinnesverlangen **ausgelöscht** hat, wird er ein Kandidat für die höheren Welten in Richtung NIRVĀṆA.

13. Minister von Brahmā (Brahma-Purohitā devā)

14. Große Brahmās (Mahā Brahmā)
Einer von ihnen drängte den erleuchteten Buddha, seine Weisheit nicht für sich zu behalten, sondern sie der Welt zu lehren.

Wir betreten nun die Ebenen allerhöchster Reinheit und Spiritualität. Die Wesen haben spirituelle Körper, die durch Freude genährt und erhalten werden. Das ist ihre Nahrung.

15. Devas des begrenzten Leuchtens (Parittabhā devā)

16. Devas unendlichen Leuchtens (Appamānabhā devā)

17. Devas verströmender Leuchtkraft (Abhassarā devā)
Auf ihrem Höhepunkt der Löslösung rufen die Wesen, nur genährt von Glückseligkeit, überwältigt von Freude, von Zeit zu Zeit: „Oh, welch ein Glück, oh, welch ein Glück!“ Die meisten

dieser Wesen können NIRVĀṆA noch nicht erlangen, denn sie hängen noch an der Glückseligkeit der 17. Ebene. Jemand, der noch auf der Erde in seinem physischen Körper vollständige Löslösung erreicht hat, erfährt bereits diese Glückseligkeit der 17. Ebene und nährt sich sogar auf der Erde davon. Dieser Zustand der Glückseligkeit wird auch während des Fastens erfahren, wenn wir nichts essen, sondern von der ätherischen Manna-Glückseligkeit der 17. Ebene genährt werden. OM.

18. Devas der begrenzten Herrlichkeit (Parittasubhā devā)
19. Devas unendlicher Herrlichkeit (Appamānasubhā devā)
20. Devas strahlender Herrlichkeit (Subhakinnā devā)
21. Sehr fruchtbare Devas (Vehapphalā devā)
(Im Sinne von geistig fruchtbar).

22. Unbewusste Wesen (Asaññasattā)

Diese Wesen haben sich von jeglichem Bewusstseinszustand losgelöst, aber sie „sind" noch. Wenn du diesen Zustand der Loslösung hier auf der Erde erfahren möchtest, musst du den Anatta-Blick erreichen und du musst Seelenatem-Meditation praktizieren. OM. Die Wesen auf der 22. Ebene sind keinesfalls zerstört, aber sie sind befreit von jeglichem Bewusstsein der darunter liegenden Ebenen. Oh Lanoo, bewusstes Existieren ist eine Gefahr. Wenn diese Wesen die geringste Wahrnehmung erfahren, fallen sie wieder aus diesem Reich der Reinheit.

Wir betreten nun das Reich der „Nicht-Rückkehrer", der anagami. Diejenigen, die diese Ebenen erobern, werden nicht auf die niederen Ebenen der Existenz zurückkehren, sondern mit dem nächsten Schritt NIRVĀṆA erreichen

.

23. Devas, die nicht mehr fallen (Avihā devā)
24. Beruhigte Devas (Atappā devā)
25. Schöne (oder auf dieser Ebene deutlich sichtbare) Devas (Sudassā devā)
26. Weitblickende Devas (Sudassī devā)
27. Unvergleichliche Devas (Akanitthā devā)

Wir betreten nun die 4 Ebenen der formlosen Welten, die NIRVĀṆA am nächstgelegenen. Gautama Buddha erreichte diese höchsten Ebenen und übertraf sie sogar.

28. Sphärische Devas der Unendlichkeit des Weltraums (ākāśānañcâyatanūpagā devā)

DIE KREISE DER WAHRHEIT

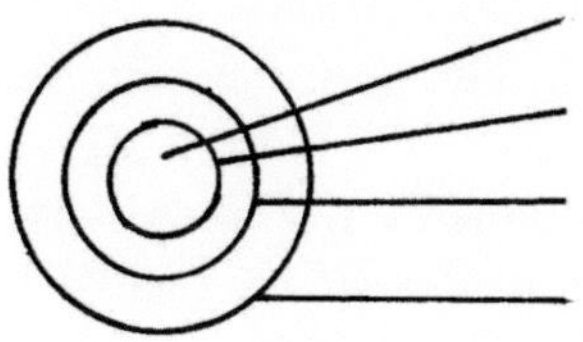

Dies ist die wahre Bedeutung der Ringe und des „Herrn der Ringe". Ein solcher hat NIRVĀṆA erlangt.

29. Sphärische Devas der Unendlichkeit des Bewusstseins (Viññānañcâytanūpagā devā)
Aber wurde dieser Bewusstseinszustand nicht schon auf der 22. Ebene der unbewussten Wesenheiten überwunden? Antwort: Sie waren nur auf Grund aller Ebenen **unter** ihnen unbewusst.

30. Sphärische Devas der Nicht-Gegenständlichkeit (ākiñcaññâyatnūpag devā)
31. Sphärische Devas der Weder-Noch-Wahrnehmung (Nevasaññānâsaññâyatananūpagā devā)
32. NIRVĀṆA – die Aufhebung von Wahrnehmung und Empfindung (saññāvedayitanirodha)
Durch eine entsprechende Lebensweise können wir schon hier auf Erden im physischen Körper eine Verbindung zu diesen höheren Ebenen schaffen und an ihrem Zustand der Glückseligkeit teilhaben. Aber wenn wir ein schlechtes Leben führen, dann werden wir, noch während wir in unserem physischen Körper verweilen, die Hölle auf Erden UND nach dem Tode erleben. OM. Möge der Leser gewarnt sein. Dieses Buch ist nicht zur Unterhaltung gedacht. Jedes darin enthaltene Wort sollte ernst genommen werden.

33. „ES IST VOLLBRACHT!“

„Jesus“ war 33, als er diese Worte während der (symbolischen) Kreuzigung sprach. Die Zahl 33 ist kein Zufall. Das menschliche Rückgrat hat 33 Knochensegmente, und wenn Kundalinī darin aufgestiegen ist vom niedrigsten bis zum höheren, führt das zur Erleuchtung (s. *Das Geheimnis der sieben Siegel* von Lanoo*)*.

Der 7. Wohnsitz der 33 Götter ist ein weiterer esoterischer Hinweis darauf, dass vor langer Zeit alle Götter Menschen waren, deren 7 Chakren aktiviert wurden, so dass Kundalinī durch alle 33 Knochensegmente des Rückgrates fließen konnte, was schließlich zur Göttlichkeit führte.
Die Person hinterlässt, wie bereits erwähnt, nach ihrem Tode eine Spur des Verlangens, die (nachdem sie Himmel oder Hölle erfahren hat) die Reinkarnation in einem neuen Leben und einem neuen Körper verursacht.
Oder: Die permanenten Atome oder Skandhas, die auf den entsprechenden Ebenen verbleiben und dieses spezifische Verlangen beinhalten, beschließen deine nächste Reinkarnation, was bedeutet, dass du bereits jetzt deinen physischen, emotionalen, mentalen und spirituellen Körper für dein nächstes Leben vorbereitest. Du bist dein eigener Schöpfer. OM.
Die niederen Ebenen der spirituellen Welt sind die sogenannten Himmel aller Weltreligionen, deren Schriften dir „ewige Ruhe“ bzw. „ewige Existenz“ versprechen. Aber nichts könnte weiter von der Wahrheit entfernt sein. Sogar die Himmel mit allem darin werden eines Tages ausgelöscht sein. Alle Ebenen sind aus den Gefühlen, den Gedanken und dem spirituellen Streben ihrer Bewohner gemacht und sind deshalb alle zusammen eine Illusion oder vielmehr Verlangenszustände. Nur NIRVĀṆA, der Urgrund, das Zentrum alles Seins, ist wirklich, denn da es dort kein Verlangen gibt, hinterlässt es keine Skandhas und kann demzufolge nicht zerstört werden. Und was ist, wenn du völlige Verlangenslosigkeit erreicht hast, während du noch in deinem physischen Körper verweilst? Der wahre Gott hat es dir bereits enthüllt. Dann wirst du, wenn du das so entscheidest, die völlige Herrschaft über alle physischen, astralen, mentalen und spirituellen Welten und deren Bewohner überall im Universum haben.

Du kannst sie betreten und verlassen, wie du willst, du kannst andere lehren, sich von ihnen zu lösen oder du kannst vollbewusst in NIRVĀṆA ruhen, solange du möchtest. Zum Beginn einer neuen Weltenperiode werden alle Wesenheiten der vergangenen Periode (mit Ausnahme derer, die NIRVĀṆA erreicht haben) plus neue in die Manifestation geschleudert.
Der NIRVĀṆA-Pfad ist sogar für diejenigen nutzbringend, die sich nur einige wenige Schritte in diese Richtung wagen. Ihre nächste Reinkarnation wird eine bessere und höhere sein, vielleicht sogar in ihrem Christuskörper Dharmakaya धर्मकाय, in einer der höheren Licht- oder Himmelwelten.

Es gibt ein universelles Gesetz. Je mehr Verlangen du überwindest in deinem jetzigen Leben, desto höher wirst du im nächsten Leben geboren. Es ist wie mit einem Ballon. Vergleiche dich mit dem Führer eines Ballons. Je mehr Sandsäcke er abwirft, desto höher steigt der Ballon, und sogar ein harter Aufprall im Falle eines Unfalls bringt weniger Verletzungen mit sich, je mehr Ballast abgeworfen wurde. Wirf deshalb den Ballast deines Verlangens ab, so dass du, wenn du auch nicht sofort NIRVĀṆA erreichst, in einer der höheren Welten wiedergeboren werden kannst oder wenigstens eine harte Landung in diesem oder einem anderen Leben auf der Erde verhinderst. Wenn das Verlangen und das Anhaften daran so schlecht für mich sind, warum habe ich so daran festgehalten? Am Anfang war es notwendig für dich, durch all diese Phasen des Verlangens (Stein, Pflanze, Tier, Mensch) - von der orthodoxen Wissenschaft „Evolution“ genannt - zu gehen, von der verbotenen Frucht des Lebens und dem Tode wieder und wieder zu kosten, die enttäuschende Vergänglichkeit von allem mit dem Tode schmerzlich zu erfahren. Du hast dich weiterhin daran geklammert, hast danach verlangt, was deine gegenwärtige Inkarnation verursachte. Nun findest du dich wieder – Atom für Atom, Molekül für Molekül, Zelle für Zelle – „angekettet“ an das RESULTAT der Handlungen, Gefühle, Gedanken und des spirituellen Strebens, allesamt Verlangenszustände deines vergangenen Lebens, plus neuer, die in deinem jetzigen Leben entstanden sind. Auf diese Art und Weise lernst du, dass ein jedes Verlangen **neues und größeres** hervor bringt, dass es überhaupt keine Befriedigung irgendeines Verlangens gibt. Oh Lanoo, inmitten des Verlangens und seiner zeitweiligen Befriedigung verlangt es dem Weltling nach mehr und er leidet **unter** dem Verlangen. Erschöpft von diesen enttäuschenden Erfahrungen fragen sich mehr und mehr Leute: „Gibt es nicht irgend etwas, das mir NICHT weggenommen werden kann, etwas, das NICHT vergänglich ist, dem Verfall preisgegeben und so Sorge und Schmerz verursacht?" Es ist dies die Frage nach der Wahrheit, nach dem Ewigen, Unerschaffenen, das dich dieses Buch lesen ließ. Freue dich, oh Leser! Deine Reise auf der Suche nach der Wahrheit geht zu Ende, obwohl sie zur gleichen Zeit von Neuem beginnen wird, aber nun kennst du wenigstens das Ziel, welches DER WAHRE GOTT in dir, die Abwesenheit allen Verlangens, NIRVĀṆA, ist. OM.

Das ist es, was du im Wesentlichen bist: Die Abwesenheit des Verlangens. Du bist nicht dein Gefühl, dein Denken und nicht einmal dein spirituelles Streben. Du hast eben danach gegriffen, und du kannst sie genau so gut wieder loslassen. Aber EINES verbleibt. Und das bist du. Du bist das wirklich Zeitlos-Ewige. Es ist der Prozess der Loslösung vom Vergänglichen, durch den der Ewige seine wahre Natur, die unter einem Berg des Verlangens versteckt war, erfährt und entdeckt. Es gibt eine kosmische, jedoch auch göttliche Notwendigkeit. Wenn es das Unerschaffene nicht gäbe, dann gäbe es auch keinen Ausweg für das Erschaffene. Ohne Abwesenheit des Verlangens gibt es keine Befreiung vom Verlangen, und die Welt wäre in einem ständigen Zustand der Manifestation und Sklaverei, ein riesiger Klumpen Materie, ächzend unter dem Druck seines eigenen Gewichts und Verlangens, und keine Erleichterung in Sicht. Es ist der Gegensatz zwischen dem Erschaffenen und dem Unerschaffenen, zwischen Verlangen und der Abwesenheit des Verlangens, was den „Big Bang" oder Urknall der Wissenschaft verursacht, die Perioden kosmischer Aktivität und Ruhe. Wann werden sie verstehen, dass der kosmische Nebel, Planeten, Sonnensysteme oder das ganze Universum mit allem darin existiert und rotiert, weil das ihm innewohnende spirituelle Verlangen (Monaden) es zum Existieren und Rotieren bringt? Studiere *DAS BUCH DES LICHTS* und du wirst verstehen.

Verlangen ist Illusion, **schafft** Illusion, die Abwesenheit des Verlangens zerstört diese Illusion, die Abwesenheit des Verlangens ist Wahrheit. Du **hast** einen Körper, du **bist** kein Körper, du bist nicht dein Körper. Du sagst doch auch „Ich habe einen Körper" und nicht „Ich bin ein Körper". Simple Grammatik enthüllt es dir doch bereits. Es gibt dich, und dann gibt es das, woran du dich klammerst (mit dem du dich selbst identifizierst), mit dem du dich identifizieren musstest, damit, wenn du dich wieder davon gelöst hast, das **wirkliche** DU wie der Phönix (du) aus der Asche (deinem Verlangen) aufsteigen kann. Du bist nicht der Körper. Genauso wenig bist du deine Sinne. Große Yogi machten eine erstaunliche Entdeckung. Sie saßen unter einem Baum, schalteten ihre Sinne während der Meditation komplett ab, bis sie nichts mehr sahen, hörten, fühlten und dachten. Aber anstatt weniger zu werden, wurden sie „mehr", sie EXPANDIERTEN. Könnte es ein, so fragten sie sich selbst, dass unsere Sinne, einschließlich ihrer so geliebten Aktivitäten (Sex, essen, trinken, sprechen, hören, sehen, berühren, schmecken, riechen, fühlen und denken), könnte es sein, dass all diese Verlangen nichts anderes sind als BESCHRÄNKUNGEN dessen, was wir WIRKLICH sind, nämlich die ABWESENHEIT allen Verlangens? Du bist nicht dein Körper mit seinen vergänglichen Organen und ihren Funktionen. Wenn Vergänglichkeit deine wahre Natur wäre, dann wären dir Veränderungen wie Geburt, Alter, Krankheit und Tod gar nicht bewusst, ja, du würdest auch nicht darunter LEIDEN. Und du **leidest** darunter, denn alles ist miteinander verbunden, ein tödliches, sich zersetzendes Puzzle der Unwissenheit, verursacht durch Verlangen. Die Abwesenheit des Verlangens erfährt besonders schmerzvoll die Anwesenheit des Verlangens. Verlangen ist Dummheit, Abwesenheit des Verlangens ist Wahrheit. Jeder Mensch sollte mindestens eine halbe Stunde pro Tag meditierend der Welt entsagen. Dieser schrittweise Loslösungsprozess wird sich wohltuend auf seine täglichen weltlichen Aktivitäten auswirken. Die Wahrheit oder die Abwesenheit des Verlangens werden dich frei von der Unwissenheit (deinem Verlangen) machen, deshalb heißt es: „Die Wahrheit wird dich befreien". OM. Worum du Gott auch immer bittest, es ist eine Beleidigung Gottes. Sogar der Gott der Religionen betont: Du sollst nicht irgendetwas von mir wollen, du sollst MICH wollen!"

Aber die Mehrheit der Menschen brennt vor Verlangen nach der Welt und deren Annehmlichkeiten. Die Mehrheit der Menschheit wird die Religion immer noch brauchen, um auf diese Weise die Kräfte des Bösen mit Spiritualität zu bekämpfen, mehr auf dem Glauben denn auf Wissen basierend. Es wird das Karma des Bodhisattva Maitreya sein, der spirituelle Führer aller Religionen, Theosophien und Philosophien zu werden. Die führende Schrift wird *DAS BUCH DES LICHTS* sein, Lanoo diktiert vom Mahā-Chohan. Die vereinende Mantra ist Om Mani Padme Hum und das Lied, das alle zusammenführen wird, wird *DEVA* sein. Der Nirvāṇee jedoch, der Sucher nach NIRVĀṆA, braucht keine Mantra, er braucht weder Lied noch Schrift noch dieses kleine Buch.
Ihm genügt „GOTT". Er KENNT NIRVĀṆA. Das ist sein Lehrer. Und er lehrt ihn alles Verlangen abzulegen, bis da nichts anderes ist als die ABWESENHEIT des Verlangens. Die folgende Meditationstechnik wird dir helfen, dieses Ziel zu erreichen.

SEELENATEM-MEDITATION

Setze dich oder lege dich nieder, schließe die Augen, atme tief ein und dann LASS ES ATMEN. Beobachte deinen Atem, wie es dich ein- und ausatmet. Das geht von selbst, ohne dich. Du bist nicht dein Körper, du bist nicht dein Atem. Du wirst ein- und ausgeatmet **von** deinem Körper. So lass es atmen. Beobachte. Gedanken und Gefühle kommen und versuchen deine Meditation zu stören. Beobachte sie einfach. Du brauchst sie nicht zu unterdrücken oder dagegen anzukämpfen – <u>beobachte</u> sie nur.
Nach einer Weile werden sie wieder verschwinden, und was bleibt, bist du – du abzüglich deiner Gedanken und Gefühle, was einmal mehr beweist, dass du nicht deine Gedanken und Gefühle bist. Beobachte neutral, aber ohne besonderes Interesse. Sieh durch die Illusion. All das gehört dir nicht. Früher oder später wirst du nicht einmal mehr deinen Atem und deinen Körper spüren, weil du nicht dein Körper bist. Und du verbleibst immer noch. Wenn du einmal diesen Zustand erreicht hast, wird die Glückseligkeit dein sein. Lass dich nicht von dieser Empfindung gefangen nehmen. Du fühlst einfach nur die Glückselig-

keit deines Geistkörpers und der Geistwelt, denn Himmel und Hölle sind nicht irgendwo im Weltraum, sondern Bewusstseinszustände hier in dir. NIRVĀṆA jedoch ist JENSEITS von alledem, im innersten Kern deines Seins. Himmel und Hölle sind noch vergänglich. Du bist ewig. So beobachte einfach weiter, und sogar diese Glückseligkeit wird verschwinden und Platz machen, für etwas, das ... du nicht beschreiben kannst, aber wenn du es BIST, dann WEISST du, warum sogar die Glückseligkeit des Geistes nichts ist, verglichen mit der Wahrheit der ABWESENHEIT DES VERLANGENS. **Das**, oh Lanoo, ist der wahre „Heilige Gral" in der Sage über König Arthur und seine Ritter der Tafelrunde. Obwohl es auf historischer Wahrheit basiert, ist die wahre Bedeutung des Märchens EINWEIHUNG und Transformation des Niederen zum Höheren, bis NIRVĀṆA erreicht ist (siehe *BUCH DES LICHTS*).

Fahre also fort zu meditieren und zu beobachten. Meditiere jeden Tag wenigstens eine Stunde. Nach ein paar Tagen wirst du eine größere und steigende Mobilität erfahren, das heißt, eine Tendenz, den Körper zu verlassen. Ängstige dich nicht. Lass es geschehen. Stell' deine Uhr. Das Signal (nicht zu laut) wird dich zurück bringen. Je länger du Seelenatem-Meditation praktizierst, desto mehr wirst du die Siddhis erfahren, als ob du Lichter siehst, Geräusche hörst und mit Wesen der Astral-, Mental- oder der spirituellen Reiche kommunizierst und mehr, wie es der wahre Gott dir bereits enthüllt hat. Lasse dich auch davon nicht gefangen nehmen. Beobachte weiter. Wenn „sie" dich kontaktieren, ob Engel, Verstorbene oder Dämonen, reagiere nicht, antworte nicht. Noch nicht. Ich werde dir sagen wann, wenn überhaupt. Beobachte. Seelenatem-Meditation ist mächtig. Lebe so: Vegetarische Lebensmittel, keine (oder wenigstens reduzierte) sexuelle Aktivität, keine Drogen, keinen Alkohol, keinen Tabak, sonst wird die erwachte Kundalinī dir schaden. Praktiziere Seelenatem-Meditation wenigstens eine Stunde am Tag. Lege oder setze dich hin, schließe die Augen, atme tief ein, dann lasse es atmen und beobachte, was passiert. BEOBACHTE. Beobachte, bis es nichts mehr zu beobachten gibt; bis alles, was du nicht bist (Körper, Gefühl, Denken, Seele, Geist) aus deinem Bewusstsein verschwunden ist, nur du verbleibst noch... . du, das Zeitlose, Ewige, das Unerschaffene.

VOR DER MEDITATION
(aber auch bevor du schlafen gehst)

Richte dein Bewusstsein für wenige Minuten auf den einen und einzigen Gott; NIRVĀṆA, dann lass los, lass' atmen und beobachte.

P.S. Und vergiss nicht... ein kleines Lächeln sollte auf deinem Gesicht sein...

DIE GÖTTLICHE PAUSE

Zwischen Ein- und Ausatmen gibt es eine Pause, die der Meditation durchaus förderlich ist. Beobachte nur. Mach dir keine Sorgen, dass du irgendwie zu atmen vergisst. Beobachte einfach weiter und die Geheimnisse des Universums werden sich dir während der Göttlichen Pause enthüllen. OM.

DIE BELOHNUNG

Die Belohnung dafür, dieser Welt zu entsagen, ist, NIRVĀṆA sofort zu erreichen oder in eine höhere himmlische Ebene zu reinkarnieren, bis schließlich NIRVĀṆA erreicht ist. Das ist kosmisches Gesetz. Um das Höhere zu erreichen, musst du das Niedere loslassen. Je geringer das Verlangen, desto größer die Belohnung, obwohl oft erst nach einer Periode extremer Einsamkeit. Beobachte auch das. Aufsteigende Kundalinī wird dich lehren, dass wahre Glückseligkeit von **innen** kommt und dass sie unabhängig ist von Personen und Dingen. Je weniger du möchtest, desto mehr wirst du bekommen. OM. Du kannst die höheren Welten, in die du reinkarnieren wirst, hier und jetzt erfahren. Erklimme die „Jakobs-Leiter“, während du noch in deinem physischen Körper bist. Indem du immer mehr loslässt, kannst du die himmlischen Ebenen erfahren, während du noch in deinem physischen Körper verweilst. Ich sage noch einmal: Himmel und Hölle sind **in** dir und nirgendwo da draußen. Lebe dieses Leben, beginne der Welt JETZT zu entsagen, und sei es nur für 30 Minuten am Tag! Erreiche moralische Reinheit, praktiziere Seelenatem-Meditation und es ist egal, wie oft du straucheln und fallen wirst auf dem Weg nach NIRVĀṆA, allmählich wird es besser werden und schließlich wird der Sieg dein sein, und sein Name ist NIRVĀṆA. OM.

Eine andere Belohnung, die auf den Sucher nach der Wahrheit wartet, ist Gleichmütigkeit gegenüber Freud und Leid, denn er kennt beides als irdisch oder himmlisch und demzufolge als eine vergängliche Illusion. Es ist so, wie der Buddha uns im Majjhima Nikaya, 18. Diskurs, enthüllt: „Er ist unbeeindruckt von Himmel sowohl Erde. Und die Wahrnehmung ergreift nicht länger von ihm Besitz; von ihm, dem Heiligen, der abseits von

Verlangen, quälenden Fragen und der Verzweiflung des Denkens lebt und nicht länger nach dem Werden dürstet."

Die Gleichmütigkeit gegenüber Freud und Leid wird vor allem auch und muss angewendet werden beim Tod des physischen Körpers. „Das Sterben bejuble ich nicht. Das Leben bejuble ich nicht. Den Körper werde ich ablegen, voll bewusst; weise und in vollem Bewusstsein meines Tuns." (Samyutta Nikya v. 1002)

Du sagst, du würdest der Welt gern entsagen, um frei von Verlangen zu werden, aber du musst deinen Lebensunterhalt verdienen, die Miete bezahlen usw. Genau das bist du NICHT, was mit diesen Ausreden zutage kommt. Der ehrliche Sucher nach der Wahrheit wird einen Weg finden. Zum Beispiel: Der Millionär wird anderen helfen, der Welt zu entsagen, und derjenige, der nicht wohlhabend ist, wird einen einfachen, ambitionslosen Job annehmen, der es ihm ermöglichen wird, ein einfaches, ambitionsloses Leben des Studiums, der Meditation und der Weltentsagung zu leben. OM. In jedem Falle gilt: Wenn du wirklich und ehrlich beschließt, der Welt zu entsagen, wird genau das für dich vorbereitet sein; die Umstände werden sich so fügen, dass es dir möglich sein wird, den NIRVĀṆA-Weg zu beschreiten. Wer nicht den radikalen Entsagungspfad wandeln möchte, der möge den Mittelpfad wählen. Beide führen zu NIRVĀṆA.

Die fünf Schritte zur Befreiung, während der Seelenatem-Meditation erfahren

Die nächste Seite zeigt ein Kreis-Symbol, welches das menschliche Wesen bzw. den Kandidaten für NIRVĀṆA repräsentiert, den ich zu diesem Zwecke in 5 statt in 7 Prinzipien einteile: 1) Körper, 2) Gefühl, 3) Denken, 4) Seele, 5) Geist mit NIRVĀṆA, der Abwesenheit jeglichen Verlangens, in ihrem gemeinsamen Zentrum.

Beachte, dass mit jedem Schritt der Loslösung von den fünf Prinzipien oder Kreisen (mit dem innersten, dem physischen, beginnend) das Wesen des Kandidaten expandiert, bis da nichts weiter ist als NIRVĀṆA, die Abwesenheit des Verlangens, was man vergleichen kann mit einem Kreis, dessen Zentrum überall und dessen Umfang nirgends ist.

Der Kandidat

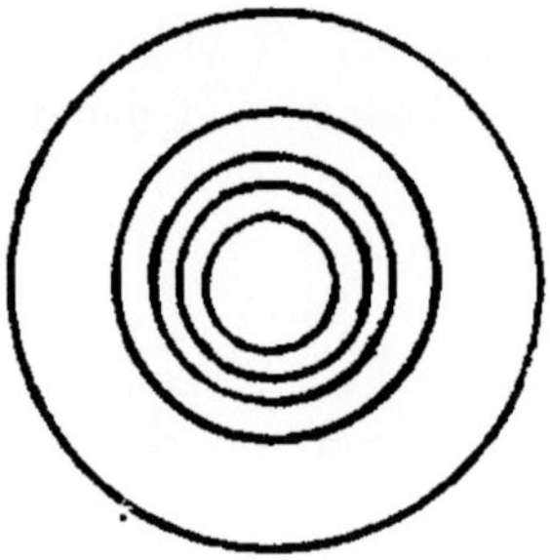

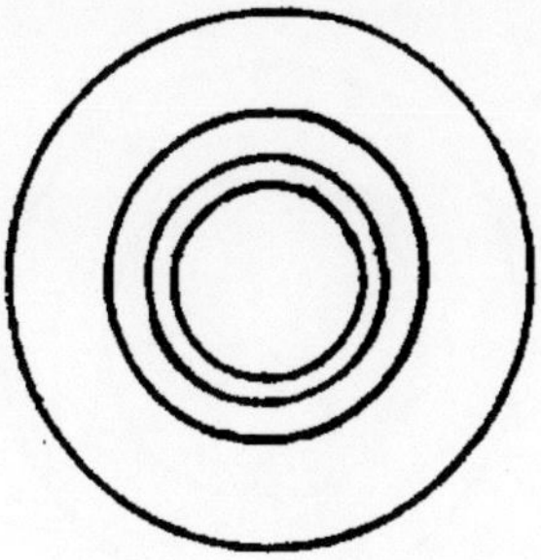

Schritt eins
Losgelöst vom Fleischkörper

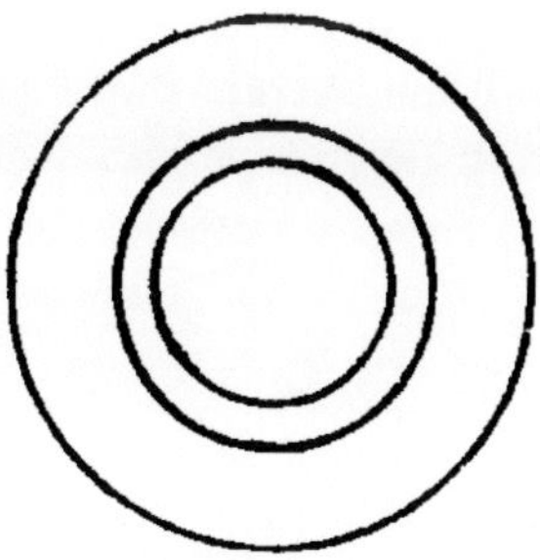

Schritt zwei
Losgelöst vom Gefühlskörper

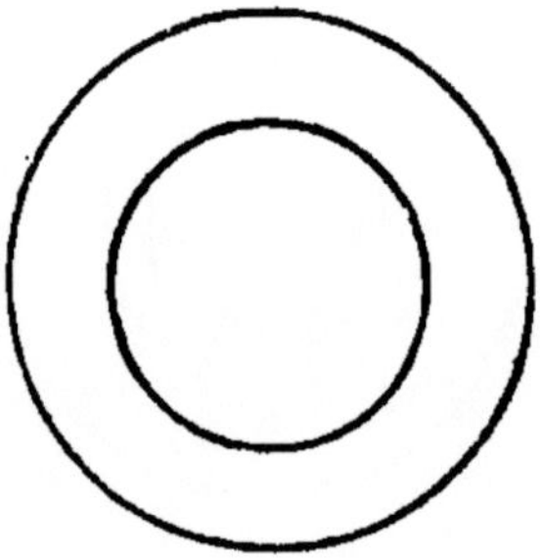

Schritt drei
Losgelöst vom Gedankenkörper

Schritt vier
Losgelöst vom Seelenkörper
und Schritt fünf
Losgelöst vom Geistkörper, was verbleibt ist ...

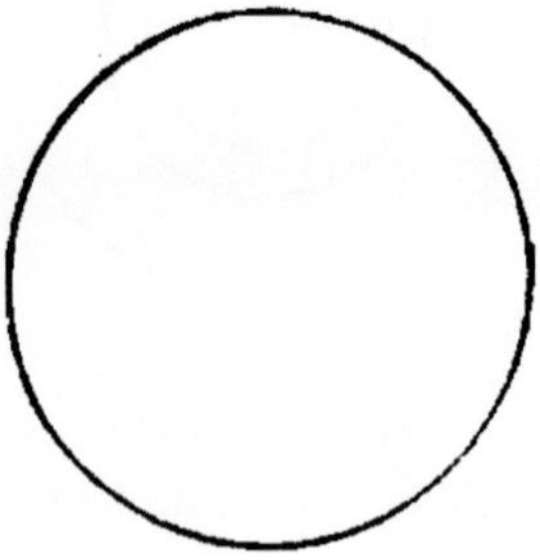

NIRVĀṆA

Der Abwesenheit allen Verlangens

Parallel dazu gibt es noch einen feineren, neunfältigen visionären Prozess der Loslösung, erfahren durch den Buddha, während dieser zur absoluten Wirklichkeit erwachte. Vielleicht ist der Leser in der Lage, dieselben Schauungen zu erfahren wie der selige Gautama Buddha. OM.

Das folgende Kapitel beschreibt die unterschiedlichen Schritte der Loslösung, die vom Buddha erfahren wurden, als er unter dem Bodhi-Baum meditierte, bis er NIRVĀṆA erreichte.

NIRVĀṆA

DIE NEUN

BESCHAULICHEN

SCHAUUNGEN

DIE ZUR

UNSTERBLICHKEIT

FÜHREN

Die neun beschaulichen Schauungen sind die neun Schlüssel zur Unsterblichkeit, das Rätsel, das die Sphinx aufgab und das nun von der Menschheit und dem ganzen Universum gelöst werden muss. Es wurde vom **BUDDHA,** dem Erleuchteten und Erwachten, gelöst. Erwacht wovon? Vom Traum von Leben und Tod zur Unsterblichkeit. Der Buddha hat dieses Ziel in beschaulichen Schauungen erreicht, indem er sich selbst in der Meditation löste, Schritt für Schritt, Schauung für Schauung, von allem, das er nicht war, von Körper, Gefühl, Denken, der Seele und sogar vom Geist, bis das wirkliche, unsterbliche, ewige, unerschaffene, elternlose, anfangs- und endlose Selbst, das wahre überlebende Prinzip, übrig blieb, wie es war, ist und immer sein wird. OM.

DIE NEUN BESCHAULICHEN SCHAUUNGEN, die zu Unsterblichkeit in NIRVĀṆA führen

Der Prozess der Loslösung, erfahren während der SEELENATEM-MEDITATION

Das Ziel ist NIRVĀṆA, das schrittweise durch Studium und Meditation erreicht wird. Bei jedem Schritt bist du vielleicht versucht zu denken: „Das ist es! Ich bin befreit, ich bin erleuchtet! Ich habe wirkliche Unsterblichkeit erreicht, frei von Körper, Gefühl, Denken, Seele und Geist. Das ist NIRVĀṆA!“ Aber wenn der Kandidat weiter meditiert, wird er wissen, dass da noch mehr ist und kommen wird. Wie kann er sicher sein? Und wann? Erinnere dich: Das wahre Selbst kann niemals durch Wahrnehmung erreicht werden, denn alle Wahrnehmung, erfahren von dem noch unbewussten Selbst, ist immer nach außen gerichtet. Das Selbst jedoch wohnt im Kern von allem... Wenn sich das Selbst einmal seiner wahren Natur bewusst geworden ist, strebt es auf der Suche nach sich selbst nicht mehr nach außen, wo es NICHT ist, und löst sich von jeglicher Identität, sogar vom Geist.

Deshalb: Wessen du dir auch immer bewusst wirst, egal wie hoch oder erhaben es auch sein mag, ist noch nicht das wirkliche Du, sondern das, was du NICHT bist. Wann wird es dann geschehen? Wann werde ich das Werk vollbracht haben, wann werde ich mich von allem, das ich NICHT bin, gelöst haben? Antwort: Wenn das geschieht, dann wirst du es wissen bzw. du wirst es SEIN. Es zählt nicht mehr dies und das, du wirst einfach befreit sein, losgelöst von allem, von jedem vergänglichen, flüchtigen Attribut. Du BIST einfach. Du warst niemals dies oder das, du **wurdest** einfach dies oder das, nur um zu erfahren, dass dir dies oder das immer wieder weggenommen wurde, Leben für Leben, bis du weißt, bis du verstehst, bis du schließlich loslässt, was du NICHT bist, was dir nicht gehört, was niemals richtig zu dir gehörte, was dir nur zeitweilig gegeben wurde, bis du dir schließlich deiner ewigen Natur bewusst wurdest, welche nicht darin besteht, dies oder jenes zu sein, sondern einfach nur zu SEIN. Wenn du das nicht verstehst, dann ist das (noch) nichts für dich. Doch wenn du verstehst, selig seiest du, lieber

Leser. Welche Zeichen enthüllen mir, besonders während der Meditation, dass NIRVĀṆA nahe ist? Die endgültige Antwort darauf kann nur der Buddha geben, weil er NIRVĀṆA erreicht hat, während er noch in seinem physischen Körper verweilte. Im Anguttara Nikāya IX, Nr. 41, enthüllt der ehrwürdige Anando dem Tapussa die Lehren des Erleuchteten, des BUDDHA: „Iti mayā srutam – so habe ich gehört." Und genau das hat Anando gemacht. Er enthüllt, was er vom Buddha gehört hat, hinsichtlich des direkten Erreichens des Gipfels wahrhaftiger Glückseligkeit und des Weges, wie wir während der Meditation Schritt für Schritt dahin aufsteigen können, bis NIRVĀṆA erreicht ist. DER BUDDHA lehrte Vier Beschauliche Schauungen, die zu NIRVĀṆA führen und somit sogar zur Unsterblichkeit während der Zyklen der Reinkarnation (für den, der beschließt, NIRVĀṆA zu entsagen). Die Vierte beschauliche Schauung ist in fünf aufgeteilt, weshalb ich beschloss, sie alle zusammen zu bezeichnen als

DIE NEUN BESCHAULICHEN SCHAUUNGEN

Beachte, dass der Buddha immer, wenn er einen höheren Schritt erreicht hat, den vorigen als „schmerzlich" erfuhr.

DIE ERSTE BESCHAULICHE SCHAUUNG
Der Zustand jenseits der Sinnesfreuden

„Auch ich hegte schon VOR meinem vollständigen Erwachen, als ich noch kein voll Erwachter war, sondern dem Erwachen erst nachhing (und mich noch an den verschiedenen Zuständen der Glückseligkeit während der Meditation erfreute, von denen ich meinte, dass sei ES), den Gedanken: ‚Etwas Gutes ist der Zustand jenseits der Sinnesfreuden, etwas Gutes ist die Abgeschiedenheit.' Aber mein Geist erhob sich (noch) nicht bei dem Gedanken an den Zustand jenseits der Sinnesfreuden, beruhigte sich dabei noch nicht, blieb davon noch nicht unerschüttert, löste sich nicht (von den Sinnesfreuden), er sah tatsächlich nicht: ‚Das ist friedvoll.' Da kam mir, Ānando, der Gedanke: ‚Was ist der Grund, was ist die Ursache, dass mein Geist sich nicht erhebt bei dem Gedanken an den Zustand jenseits der Sinnesfreuden, dass er nicht davon beruhigt wird, dass er davon nicht unerschüttert bleibt, dass er sich nicht löst (von den Sinnesfreuden), dass er nicht sieht: ‚Das ist friedvoll.' Dann, (als ich es durchschaute), kam mir der Gedanke: ‚Ich habe einfach das Elend der Sinnesfreuden noch nicht durchschaut, bin mir darüber noch nicht völlig im Klaren, bin noch nicht zum Glück des Zustands jenseits der Sinnesfreuden vorgedrungen, und habe noch keinen Vorgeschmack davon.' (Wir sehen hier klar, dass sogar der Buddha während der Meditation gegen Gedanken der Lust usw. zu kämpfen hatte. Das ist leicht zu verstehen, wenn wir wissen, dass der Buddha ein Leben der Sinnesfreuden gelebt hatte, sich an Geld, Macht, Musik, Tanz, Wein und an einem Harem von über 100 schönen Frauen erfreuen durfte, bis er eines Tages beschlossen hatte, all dem zu entsagen...).

Sehen wir doch, wie er diese Hürde nahm. „Deshalb erhebt sich mein Geist (noch) nicht bei dem Gedanken an den Zustand jenseits der Sinnesfreuden, wird noch nicht davon beruhigt, bleibt davon noch nicht unerschüttert (wann immer die Versuchung auftaucht. Der Buddha hatte auch viele Nonnen...), löst sich nicht davon, erkennt nicht: ‚Das ist friedvoll.' Dann, Ānando, kam mir der Gedanke: ‚Wenn ich das Elend der Sinnesfreuden durchschaue, mir darüber völlig klar werde, und wenn ich zum Glücke des Zustandes jenseits der Sinnesfreuden vordringe, und davon koste, DANN mag es gut möglich sein, dass sich mein Geist nunmehr erhebt bei dem Gedanken an den Zustand jenseits der Sinnesfreuden, dadurch beruhigt wird, davon unerschüttert bleibt, sich löst (von den Sinnesfreuden); dass ich doch sehe: ‚Das ist friedvoll.' Und ich durchschaute, Ānando, mit der Zeit das Elend der Sinnesfreuden, wurde mit darüber völlig klar und drang (als ich eines Tages in stiller Zurückgezogenheit im kühlen Schatten eines Baumes saß) zu dem Glück des Zustands jenseits der Sinnesfreuden vor und ich kostete davon. Nach dieser Zeit, Anando, erhob sich mein Geist, wann immer ich an den Zustand jenseits der Sinnesfreuden dachte, er wurde davon beruhigt, blieb unerschüttert, löste sich (von den Sinnesfreuden) und ich erkannte: Das ist friedvoll.'

So also nahm der Buddha die erste Hürde, die Sinnesfreuden und die Gedanken daran, und erreichte den Zustand jenseits der Sinnesfreuden. Er erreichte dies durch rechtes Verständnis und

Meditation. Er durchschaute die māyā, die Illusion der Sinnesfreuden, von meiner Lehrerin Beatrice Flemming „Falle der Natur“ genannt.

Rechtes Verständnis ist das Schlüsselwort für die Lösung des Problems. Meditation allein wird am Anfang nicht genügen, denn selbst wenn du den friedvollen Zustand jenseits der Sinnesfreuden während der Meditation erreicht hast, wirst du nach der Meditation auf die eine oder andere Weise mit der Versuchung konfrontiert. Dann brauchst du rechtes Verständnis, anderenfalls kann die Meditation ihre Kraft verlieren und du gibst der Versuchung nach... Kein Problem, versuche dich noch einmal zu lösen. Aber der Buddha hatte das Anhaften an die Sinnesfreuden überwunden, und so fuhr er fort: ‚Und so, Ānando, losgelöst von den durch die Objekte der Sinne ausgelösten Freuden, von diesen unheilschwangeren Dingen, erreichte ich mit der Zeit (nach Belieben, ohne Mühe und Anstrengung) die erste beschauliche Schauung der Erleuchtung, die in energiegeladenem Denken und Meditation mit all der Glückseligkeit und von Freude durchtränktem Wohlbefinden besteht.

Der Ursprung solcher Glückseligkeit ist Loslösung von den Freuden, die durch die Objekte der Sinne geweckt werden. Und wenn, Ānando, während ich in diesem Zustand verweilte, Wahrnehmungen und Vorstellungen über mich kamen, die mit sinnlicher Freude verbunden waren, so war das für mich schmerzhaft. Gleichwie, Ānando, es für einen Glücklichen, den das Leid befällt, schmerzhaft ist, Ānando, war es für mich schmerzhaft, wenn Wahrnehmungen und Vorstellungen über mich kamen, die mit sinnlicher Freude verbunden waren (!).

Oh Lanoo, die Versuchung ist überall und du wirst ihr nur dann widerstehen, wenn du dich wirklich von ihr gelöst hast, wenn du sie überwunden hast. Wenn sie zurückkommt, dann wirst du sie erfahren als das, was sie ist, nämlich als die Ursache allen Leidens und du wirst widerstehen. OM.

Ist das schon NIRVĀṆA? Nein, aber es ist ein Schritt mehr in Richtung NIRVĀṆA. Woher weißt du, dass es noch nicht NIRVĀṆA ist? Weil etwas in dir sagt: ‚Es gibt noch etwas, was sogar noch friedvoller ist als der Zustand jenseits der Sinnesfreuden, als das Freisein von allen Gedanken und Überlegungen. Was ist das? Das ist

DIE ZWEITE BESCHAULICHE SCHAUUNG
Die von allen Gedanken und Überlegungen freie Einheit des Geistes

Dann, Ānando, kam mir der Gedanke: ‚Möchte ich nunmehr, nach der Beruhigung des Denkens und Überlegens die von allen Gedanken und Überlegungen freie Einheit des Geistes, die zweite beschauliche Schauung erreichen, mit all dem von Freude durchtränkten Wohlbefinden, wie es dieser Konzentration entspringt. Aber mein Geist erhob sich nicht bei dem Gedanken, frei von Gedanken zu sein, beruhigte sich nicht dabei, blieb nicht unerschüttert davon, löste sich nicht (vom Denken), und so erkannte ich nicht: ‚Das ist noch friedvoller.' Dann, Ānando, kam mir der Gedanke: ‚Was ist der Grund, was ist die Ursache dafür?' Dann, Ānando, kam mir der Gedanke: ‚Ich habe das Elend der Gedanken noch nicht durchschaut, ich bin mir darüber noch nicht im Klaren, und bin noch nicht zum Glück des Freiseins von Gedanken vorgedrungen und habe noch nicht davon gekostet. Deshalb erhebt sich mein Geist nicht bei dem Gedanken an das Freisein von Gedanken, wird davon nicht beruhigt, bleibt davon nicht unerschüttert, löst sich nicht davon (vom Denken), und ich sehe nicht: ‚Das ist noch friedvoller.' Da, Ānando, kam mir der Gedanke: Wenn ich das Elend der Gedanken durchschaue, mir darüber vollständig im Klaren bin, und wenn ich zu dem Glück des Freiseins von Gedanken vordringe, und davon koste, dann kann es gut möglich sein, dass mein Geist sich nunmehr erhebt bei dem Gedanken an das Freisein von Gedanken, dass er davon beruhigt wird, dass er davon unerschüttert bleibt, sich löst (vom Denken), und dass ich erkenne: ‚Das ist friedvoller.' Und ich durchschaute, Ānando, mit der Zeit das Elend der Gedanken, wurde mir vollständig klar darüber, ich drang vor zu dem Glück des Freiseins von Gedanken, wurde davon beruhigt, blieb unerschüttert davon, löste mich (vom Denken) und erkannte: ‚Das ist noch friedvoller.' NIRVĀṆA, die Ursache aller manifestierten Dualität, ist abstrakte Dualität. Eine höhere Ebene als NIRVĀṆA gibt es nicht. Die hatte der Buddha in der Meditation angestrebt, aber noch nicht erreicht, weil... „Und so erreichte ich, Ānando, nach Belieben, ohne Mühe und Anstrengung, nach Beruhigung der Gedanken und Überlegungen die Einheit des Geistes, die frei von allen Gedanken und Überlegungen ist, die Zweite Beschauliche Schauung, mit all dem von Freude durchtränkten Wohlbefinden, wie es aus (dieser) Konzentration erwächst. Und wenn, während ich in diesem Zustand verweilte, Gedanken und Überlegungen über mich kamen, die mit Gedanken verbunden waren, so war mir das schmerzhaft. Gleichwie, Ānando, einem Glücklichen, den Leid überfällt, das schmerzhaft ist. Da kam mir, Ānando, der Gedanke: ‚Möchte ich doch nunmehr nach Verblassen der Freude gleichmütig verweilen, besonnen, klar bewusst, und jenes Wohlbefinden im Körper erfahren, von dem die Erlesenen sagen: „Der Gleichmütige, Besonnene, lebt im Wohlbefinden". Und so erreicht der Buddha

DIE DRITTE BESCHAULICHE SCHAUUNG
Das Glück jenseits der Freude

Dann, Ānando, kam mir der Gedanke: ‚Möchte ich doch nunmehr nach Verblassen der Freude gleichmütig verweilen, besonnen, klar bewusst, und jenes Wohlbefinden im Körper erfahen, von dem die Erlesenen sagen: ‚Der Gleichmütige, der Besonnene lebt im Wohlbefinden'. Und so in der Dritten Beschaulichen Schauung verweilen. (Warum? Weil es ihm mehr Frieden brachte als die zweite Stufe der Erleuchtung, die Zweite Beschauliche Schauung. Aber er fühlte, nein, er WUSSTE, dass da mehr war, und das war noch nicht die Wahrheit, das war noch nicht NIRVĀṆA. Und so fährt er fort, in der Meditation zu suchen, indem er einfach den nächsten Gedanken, der ihm kommt, beobachtet.)

Dann, Ānando, kam mir der Gedanke: ‚Wenn ich zu dem Glück jenseits der Freude vordringe, wenn ich davon koste, dann kann es sehr gut sein, dass sich mein Geist nunmehr erhebt bei dem Gedanken an den Zustand jenseits der Freude, dass er davon beruhigt wird, unerschüttert davon bleibt, sich selbst (von der Freude) löst und ich erkenne: ‚Das ist noch friedvoller.' Und ich durchschaute, Ānando, mit der Zeit das Elend, das auch die

Freude in sich birgt, wurde mir darüber völlig klar und drang zum Glücke jenseits der Freude vor und kostete davon. Und nach dieser Zeit, Ānando, erhob sich mein Geist, wann immer ich an den Zustand jenseits der Freude dachte, er beruhigte sich dadurch, blieb davon unerschüttert, löste sich selbst (von der Freude) und ich erkannte: ‚Das ist noch friedvoller.' Und so gewann ich seitdem, Ānando, nach Belieben und ohne Mühe und Anstrengung, indem ich auch die Freude verblassen ließ, die Dritte Beschauliche Schauung. In ihr blieb ich besonnen, klar bewusst und fühlte in meinem Körper jenes Wohlbefinden, von dem die Erlesenen sagen: ‚Der Gleichmütige, der Besonnene lebt im Wohlbefinden. Ānando, während ich in diesem Zustand verweilte, kamen Wahrnehmungen und Vorstellungen über mich, die mit Freude verbunden waren, und das war schmerzhaft für mich. Gleichwie, Ānando, es schmerzhaft für einen Glücklichen ist, den das Leid befällt, so war es schmerzhaft für mich, als mich Wahrnehmungen und Vorstellungen überkamen, die mit Freude verbunden waren.

Dem Leser, der diesen Bewusstseinsgrad während der Seelenatem-Meditation erreicht hat, wird geraten, äußerst behutsam zu sein und sich nicht täuschen zu lassen von diesem sehr hohen Zustand der Erleuchtung, denn es ist noch nicht ES; es kommt noch mehr. Er muss sich erst sogar von der Glückseligkeit der Dritten Beschaulichen Schauung lösen, denn...

„Dann, Ānando, kam mir der Gedanke: ‚Möchte ich nun nach Aufgabe allen Wohlbefindens, so gut wie allen Leidens, nach dem Verschwinden allen früheren Frohsinns und Trübsinns die vollkommene Reinheit des über alles Leid und alles Wohlbefinden erhabenen besonnenen Gleichmutes, und so erreichte der Buddha die

VIERTE BESCHAULICHE SCHAUUNG
Der Zustand jenseits allen Leidens und allen Wohlbefindens

„Aber mein Geist erhob sich nicht bei dem Gedanken an den Zustand jenseits allen Leidens und allen Wohlbefindens, er wurde davon nicht beruhigt, blieb davon nicht unerschüttert,

löste sich nicht (von der Glückseligkeit der Dritten Beschaulichen Schauung); und so erkannte ich nicht; das ist sogar noch friedvoller."
Darum dreht sich doch alles um die Suche nach endgültigem Frieden, dem Sinn des Lebens und dem endgültigen Ziel für alle Lebensformen. Aber dieser Frieden wird von den vorhergehenden drei beschaulichen Schauungen noch nicht garantiert. Könnte es diese sein? Die Vierte? Und wenn nicht, warum? Der Buddha enthüllt es uns:
„Dann, Ānando, kam mir der Gedanke: Ich habe das Elend noch nicht durchschaut, das sogar der Zustand absoluten Gleichmuts bringt; ich habe es noch nicht vollständig durchschaut."

Der Zustand absoluten Gleichmuts ist auch vergänglich und hindert uns daran, uns NIRVĀṆA zu nähern bzw. uns erhabeneren Zuständen zu nähern, bis NIRVĀṆA schließlich erreicht ist. Deshalb, oh Leser, lasse dich nicht gefangen nehmen, wenn du während der Seelenatem-Meditation den Zustand perfekten Gleichmuts erreicht hast, sondern fahre fort zu meditieren und löse dich selbst sogar von diesem vergänglichen Glückszustand. OM. Schreite nach den Worten Buddhas voran auf dem Wege zu NIRVĀṆA, dem einzigen und wahren Gott, welches ein BEREICH ist, die Heimat aller Wesenheiten.

„Ich (der Buddha) bin noch nicht vorgedrungen zum Glück dieses Zustandes (des absoluten Gleichmuts), der der höchsten Glückseligkeit überlegen ist; ich habe davon noch nicht gekostet. Deshalb erhebt sich mein Geist nicht bei dem Gedanken an den Zustand, der höher ist als alles Leiden und jegliche Glückseligkeit, beruhigt sich nicht dadurch, bleibt nicht unerschüttert davon, löst sich nicht (von der Glückseligkeit) der Dritten beschaulichen Schauung) (die zur Vierten geführt hatte), und so erkannte ich nicht: ‚Das ist noch friedvoller.' Dann, Ānando, kam mir der Gedanke: ‚Wenn ich das Elend durchschaue, das auch das Wohlbefinden über den errungenen Gleichmut in sich birgt, wenn ich es völlig durchschaue, mir völlig darüber klar werde und wenn ich zum Glück des Zustandes jenseits allen Leidens und jeglichen Wohlbefindens vordringe, davon koste, dann mag es wohl sein, dass sich mein Geist hinfort bei dem Gedanken an den Zustand jenseits allen Leides und jeglichen

Wohlbefindens erhebt, beruhigt, unerschüttert davon bleibt, sich loslöst. Dann erkenne ich: ‚Das ist noch friedvoller.'"
An dieser Stelle ist eine Erklärung nötig: Die Vierte Beschauliche Schauung ist ein Zustand völligen Gleichmutes gegenüber der ganzen Welt der Formen, insbesondere und sogar auch gegenüber dem eigenen Körper. Keine Gefühle stören diese Art des Gleichmuts. Die Loslösung vom Körper wird besonders in der Meditation während der Göttlichen Pause (zwischen Ein- und Ausatmen) erfahren, wenn die fünf Sinne ihre Aktivität zeitweilig eingestellt haben. Alles, was bleibt, ist Geist, süßer Geist.
Und so fährt der Buddha fort,: „Und ich durchschaute, Ānando, mit der Zeit das Elend, das auch das Wohlbefinden über den errungenen Gleichmut in sich birgt, wurde mir darüber völlig klar und drang zum Glück des Zustands jenseits allen Leidens und aller Glückseligkeit vor und kostete davon. Danach, Ānando, erhob sich mein Geist, wann immer ich an den Zustand jenseits allen Leidens und aller Glückseligkeit dachte; beruhigte sich, blieb unerschüttert davon, löste sich (sogar von aller Glückseligkeit) und ich erkannte nun, dass das noch friedvoller ist."

Nun, du siehst es schon kommen, das ist es auch noch nicht. Du fragst vielleicht: „Wusste das der Buddha nicht?" Darauf antworte ich: „Wer sagt, dass er es nicht wusste? Er hat nicht gesagt, dass das der allerhöchste erreichbare Frieden sei, sondern nur, dass es ‚FRIEDVOLLER' sei." Wollen wir also fortfahren, dem großen Buddha zuzuhören und vergleichen wir seinen Fortschritt bei der Meditation mit dem unseren, um vielleicht davon zu profitieren.

„Und so, Ānando, erreichte ich, nachdem ich alles Leiden und alle Glückseligkeit aufgegeben hatte, nach dem Verschwinden vorangegangener Heiterkeit und Melancholie (nach Belieben und ohne Mühe und Anstrengung) die perfekte Reinheit des Gleichmuts (gegenüber der ganzen Welt der Sinne), was allem Leiden und aller Glückseligkeit überlegen ist, nämlich die Vierte Beschauliche Schauung. Und wenn, Ānando, während ich in diesem Zustand verweilte, Wahrnehmungen und Vorstellungen über mich kamen (zum Beispiel von der Dritten Beschaulichen Schauung), so war mir das schmerzhaft. Gleichwie, Ānando, einem Glücklichen, den Leid überkommt, das schmerzhaft ist, so schmerzhaft war es für mich, wenn Vorstellungen und Wahrnehmungen über mich kamen, die verbunden waren mit dem Glück des mühsam erreichten Gleichmuts."

Doch der Buddha ahnt, dass da mehr ist, etwas, das jenseits des gleichmütigen Betrachtens der Welt der Formen, der Vierten Beschaulichen Schauung, ist. Und so erreichte er durch Studieren und Meditieren

DIE FÜNFTE BESCHAULICHE SCHAUUNG
Der Bereich des grenzenlosen Raumes

Die folgende Nummerierung wird nur von mir verwendet. Der Buddha trennt die Vierte Beschauliche Schauung in fünf; erklärt aber alle zusammen als „neun aufeinander folgende".

Wichtig: Was auch immer der Buddha erreicht hat, davon versucht er sich zu lösen. Er kann das jedoch nicht immer sofort tun, was zum Beispiel die Vierte Beschauliche Schauung anbelangt, die er in Meditation erreichte. Was ist der Grund dafür? Der Buddha möchte es selbst wissen: „Was ist dann der Grund, was ist dann die Ursache dafür? Dann, Ānando, kam mir der Gedanke: ‚Ich habe das Elend der körperlichen Formen (was schließlich alle Formen einschließt bis hin zu den höchsten spirituellen Körpern der höchsten Götter) noch nicht durchschaut, bin mir noch nicht völlig darüber im Klaren, ich bin noch nicht vorgedrungen zum Glück des Bereiches des grenzenlosen Raumes, habe noch nicht davon gekostet. Deshalb erhebt sich mein Geist nicht bei dem Gedanken an den Bereich des grenzenlosen Raumes, beruhigt sich nicht, löst sich nicht (von den Formen), so dass ich sehen kann: ‚Das ist noch friedvoller.' Und in dieser Zeit, Ānando, durchschaute ich das Elend der Formen, war mir völlig im Klaren darüber und drang zu dem Glück des Bereiches des grenzenlosen Raumes vor und kostete davon. Nach dieser Zeit, Ānando, erhob sich mein Geist, wann immer ich an den Bereich des grenzenlosen Raumes dachte; beruhigte sich, blieb davon unerschüttert, löste sich (von der Welt der Formen) und ich erkannte nun: ‚Das (die fünfte Stufe der Erleuchtung) ist noch friedvoller.' Und so gewann ich, Ānando, (nach Belieben, ohne Mühe und Anstrengung) nach völliger Ausschaltung der Wahrnehmung der körperlichen Formen, nach dem Hinschwinden aller Reflexwahrnehmungen, durch die Nichtbeachtung der Vielheitswahrnehmungen in der Vorstellung ‚Grenzenlos ist der Raum' den Bereich des grenzenlosen Raumes. Und wenn, Ānando, während ich in diesem Zustande verweilte, Wahrnehmungen und Vorstellungen über mich kamen, die mit körperlichen Formen verbunden waren, so war mir das schmerzhaft. Gleichwie, Ānando, einem Glücklichen, den Leid überfällt, das schmerzhaft ist."

„Dann kam mir, Ānando, der Gedanke: Möchte ich doch nunmehr nach völliger Ausschaltung des Bereiches des grenzenlosen Raumes in der Vorstellung ‚grenzenlos ist das Bewusstsein' den Bereich des grenzenlosen Bewusstseins erreichen und darin verweilen. Doch mein Geist erhob sich noch nicht bei dem Gedanken an den Bereich des grenzenlosen Bewusstseins, beruhigte sich nicht, blieb davon nicht unerschüttert, löste sich nicht (vom Bereich des grenzenlosen Raumes) und so erkannte ich nicht: ‚Das ist noch friedvoller.'"

„Dann kam mir, Ānando, der Gedanke: ‚Was ist der Grund, was ist die Ursache dafür?' Dann, Ānando, kam mir der Gedanke: ‚Ich habe das Elend des Bereiches des grenzenlosen Raumes noch nicht durchschaut, bin mir noch nicht völlig klar darüber und bin noch nicht vorgedrungen zum Glück des Bereiches des grenzenlosen Bewusstseins, habe noch nicht davon gekostet."

Dr. Georg Grimm kommentiert: „Auf dieser Höhe wird man zum reinen, in sich webenden Erkennen, das nur mehr seine eigene Grenzenlosigkeit, wie vorher die des Raumes, und sonst schlechterdings nichts mehr schaut, insbesondere natürlich auch den eigenen Körper nicht mehr."

Wenn du die Sechste Beschauliche Schauung erreicht hast, oh Leser, dann wirst du immer noch nicht zufrieden sein. Du WEISST, dass es trotz des immer größer werdenden Glücks der Loslösung mehr gibt, mehr... Wollen wir sehen, wie der Buddha dieses Problem gelöst hat.

„Mein Geist erhebt sich nicht bei dem Gedanken an den Bereich des grenzenlosen Bewusstseins, beruhigt sich nicht dabei, bleibt nicht unerschüttert davon, löst sich nicht (vom Bereich des grenzenlosen Raumes) und ich erkenne nicht: ‚Das ist noch friedvoller.' Und in dieser Zeit, Ānando, durchschaute ich das Elend des Bereiches des grenzenlosen Raumes und kostete davon. Nach dieser Zeit, Ānando, erhob sich mein Geist, wann immer ich an den Bereich des grenzenlosen Bewusstseins dachte, beruhigte sich dabei, blieb unerschüttert davon, löste sich (vom Bereich des grenzenlosen Raumes) und ich erkannte jetzt: ‚Das ist noch friedvoller'. Und so, Ānando, erreichte ich - nach völligem Überwinden des Bereiches des grenzenlosen Raumes in der Vorstellung ‚Grenzenlos ist das Bewusstsein'- nach Belieben und ohne Mühe und Anstrengung

DIE SECHSTE BESCHAULICHE SCHAUUNG
Der Bereich des grenzenlosen Bewusstseins

und verweilte darin."

Wie immer VERLETZT es den Buddha (und eigentlich jeden anderen Meditierenden, wenn er auf dieser Bewusstseinsstufe angelangt ist), wenn er die Stufe des Bewusstseins VOR dieser Meditationsstufe erfährt. „Und wenn, Ānando, während ich in diesem Zustande verweilte, Wahrnehmungen und Vorstellungen über mich kamen, die mit dem Bereich des grenzenlosen Raumes verbunden waren, so war mir das schmerzhaft. Gleichwie, Anando, einem Glücklichen, den Leid überfällt, das schmerzhaft ist."

Der Buddha fragt sich, ob das der absolute Zustand sei oder ob es möglich sei, sich sogar vom Bereich des grenzenlosen Bewusstseins zu lösen.

„Dann, Ānando, kam mir der Gedanke: ‚Möchte ich doch nunmehr nach völliger Ausschaltung des Bereiches des grenzenlosen Bewusstseins in der Vorstellung ‚Nun ist nicht mehr irgendetwas für mich da' den Bereich der Nichtirgendetwasheit erreichen und darin verweilen."

Dr. Georg Grimm schriebt; „Auch in diesem Bereiche weiß man sich in seiner ganzen Urrealität, ja in diesen Höhen erst recht existent, man geht aber mit seinem allein noch übrig gebliebenen reinen Erkennen, das selber unsichtbar ist – auch wir können ja unser Bewusstsein nicht sehen – auf in der Feststellung der Tatsache, dass schlechterdings nichts mehr für einen da ist.“

„Aber mein Geist erhob sich nicht bei dem Gedanken an den Bereich der Nichtirgendetwasheit, beruhigte sich nicht dabei, blieb davon nicht unerschüttert, löste sich nicht (vom Bereich des grenzenlosen Bewusstseins) und so erkannte ich nicht: ‚Das ist noch friedvoller.‘ Dann, Ānando, kam mir der Gedanke: ‚Was ist der Grund, was ist die Ursache dafür?‘ Und dann, Ānando, kam mir der Gedanke: ‚Ich habe das Elend des Bereiches des grenzenlosen Bewusstseins noch nicht durchschaut, bin mir noch nicht völlig darüber im Klaren und ich bin noch nicht vorgedrungen zum Glück des Bereiches der Nichtirgendetwasheit, ich habe noch nicht davon gekostet. Deshalb erhebt sich mein Geist nicht bei dem Gedanken an den Bereich der Nichtirgendetwasheit, beruhigt sich nicht, bleibt nicht unerschüttert davon, löst sich nicht (vom Bereich des grenzenlosen Bewusstseins). Wenn ich also vordringe zum Glück des Bereiches der Nichtirgendetwasheit und davon koste, dann mag es wohl sein, dass sich mein Geist hinfort erhebt bei dem Gedanken an den Bereich der Nichtirgendetwasheit, sich beruhigt, davon unerschüttert bleibt, sich löst (vom Bereich des grenzenlosen Bewusstseins) und dass ich erkenne: ‚Das ist noch friedvoller.‘ Und ich durchschaute, Ānando, mit der Zeit das Elend des grenzenlosen Bewusstseins, wurde mir völlig klar darüber und drang vor zum Glück des Bereiches der Nichtirgendetwasheit und kostete davon.“
Das führte zu der

SIEBENTEN BESCHAULICHEN SCHAUUNG
Der Bereich der Nichtirgendetwasheit

„Nach dieser Zeit, Ānando, erhob sich mein Geist, wann immer ich an den Bereich der Nichtirgendetwasheit dachte, beruhigte sich, blieb davon unerschüttert, ich löste mich und ich erkannte nun: ‚Das ist noch friedvoller.' Und so gewann ich mit der Zeit, Ānando, - nach Belieben, ohne Mühe und Anstrengung – nach völliger Ausschaltung des Bereiches des grenzenlosen Bewusstseins in der Vorstellung ‚Nun ist nicht irgendetwas mehr für mich da' den Bereich der Nichtirgendetwasheit und verweilte darin. Und wenn, Ānando, Wahrnehmungen über mich kamen, die mit dem Bereich des grenzenlosen Bewusstseins verbunden waren, dann war das schmerzhaft für mich. Gleichwie, Ānando, es schmerzhaft für einen Glücklichen ist, den Leid überfällt, so war dies schmerzhaft für mich. Dann, Ānando, kam mir der Gedanke: ‚Möchte ich doch nunmehr nach völliger Ausschaltung des Bereiches der Nichtirgendetwasheit den Bereich der Weder-Wahrnehmung-Noch-Nichtwahrnehmung erreichen und darin verweilen. Aber mein Geist erhob sich nicht bei dem Gedanken an den Bereich der Weder-Wahrnehmung-Noch-Nichtwahrnehmung, beruhigte sich nicht dabei, blieb davon nicht unerschüttert, löste sich nicht (vom Bereich der Nichtirgendetwasheit) und so erkannte ich nicht; ‚Das ist noch friedvoller.' Da kam mir, Ānando, der Gedanke: ‚Was ist der Grund, was ist die Ursache dafür? Dann, Ānando, kam mir der Gedanke: ‚Ich habe das Elend des Bereiches der Nichtirgendetwasheit noch nicht durchschaut, bin mir noch nicht völlig klar darüber, bin noch nicht vorgedrungen zum Glück der Weder-Wahrnehmung-Noch-Nichtwahrnehmung, habe noch nicht davon gekostet. Deshalb erhebt sich mein Geist nicht bei dem Gedanken an den Bereich der Weder-Wahrnehmung-Noch-Nichtwahrnehmung, beruhigt sich nicht, bleibt nicht unerschüttert, löst sich nicht (vom Bereich der Nichtirgendetwasheit) und ich erkannte nicht: ‚Das ist noch friedvoller.' Dann, Ānando, kam mir der Gedanke: ‚Wenn ich das Elend des Bereiches der Nichtirgendetwasheit durchschaue, mir völlig darüber klar werde und wenn ich zum Glück des Bereiches der Weder-Wahrnehmung-Noch-Nichtwahrnehmung vordringe, davon koste, dann mag es wohl sein, dass sich mein Geist hinfort bei dem Gedanken an den Bereich der Weder-Wahrnehmung-Noch-Nichtwahrnehmung erhebt, beruhigt, unerschüttert bleibt, sich löst (von Bereich der Nichtirgendetwasheit) und ich erkenne: ‚Das ist noch friedvoller.' Und ich durchschaute, Ānando, mit der Zeit das Elend des Bereiches der Nichtirgendetwasheit, wurde mir völlig klar darüber und drang vor zum Glück der Weder-Wahrnehmung-Noch-Nichtwahrnehmung und kostete davon. Das führte zur

ACHTEN BESCHAULICHEN SCHAUUNG
Der Bereich der Weder-Wahrnehmung-Noch-Nichtwahrnehmung

„Nach dieser Zeit, Ānando, erhob sich mein Geist, wann immer ich an den Bereich der Weder-Wahrnehmung-Noch-Nichtwahrnehmung dachte, er beruhigte sich, blieb unerschüttert, löste sich (vom Bereich der Nichtirgendetwasheit) und ich erkannte: ‚Das ist noch friedvoller.' Und so erreichte ich mit der Zeit, Ānando, - (nach Belieben, ohne Mühe und Anstrengung) - nach völliger Ausschaltung des Bereiches der Nichtirgendetwasheit den Bereich der Weder-Wahrnehmung-Noch-Nichtwahrnehmung und verweilte darin. Und wenn, Ānando, während ich in diesem Zustande verweilte, Wahrnehmungen und Vorstellungen über mich kamen, die mit dem Bereiche der Nichtirgendetwasheit verbunden waren, so war das schmerzhaft für mich. Gleichwie, Ānando, einem Glücklichen, den Leid überfällt, das schmerzhaft ist."

„Dann kam mir, Ānando, der Gedanke: ‚Möchte ich doch nunmehr nach völliger Ausschaltung des Bereiches der Weder-Wahrnehmung-Noch-Nichtwahrnehmung die Aufhebung von Wahrnehmung und Empfindung erreichen und darin verweilen. Aber mein Geist erhob sich nicht bei dem Gedanken an den Bereich der Aufhebung von Wahrnehmung und Empfindung, beruhigte sich nicht dabei, blieb davon nicht unerschüttert, löste sich nicht (von dem Bereich der Weder-Wahrnehmung-Noch-Nichtwahrnehmung) und so erkannte ich nicht; ‚Das ist noch friedvoller.' Was ist der Grund, was ist die Ursache dafür? Da kam mir, Ānando, der Gedanke: ‚Ich habe das Elend des Bereiches der Weder-Wahrnehmung-Noch-Nichtwahrnehmung noch nicht durchschaut, bin mir noch nicht völlig klar darüber und bin noch nicht vorgedrungen zum Glück des Bereiches der Aufhebung der Wahrnehmung und Empfindung und habe noch nicht davon gekostet. Deshalb erhebt sich mein Geist nicht bei dem Gedanken an die Aufhebung von Wahrnehmung und Empfindung, beruhigt sich nicht, bleibt nicht unerschüttert davon, löst sich nicht (vom Bereich der Weder-Wahrnehmung-Noch-

Nichtwahrnehmung) und ich erkannte nicht; ‚Das ist noch friedvoller.' Dann, Ānando, kam mir der Gedanke: ‚Wenn ich das Elend des Bereiches der Weder-Wahrnehmung-Noch-Nichtwahrnehmung durchschaue, mir völlig klar darüber bin und wenn ich vordringe zum Bereich des Glücks der Aufhebung aller Wahrnehmung und Empfindung, davon koste, dann mag es wohl sein, dass sich mein Geist hinfort erhebt bei dem Gedanken an den Bereich der Aufhebung der Wahrnehmung und Empfindung, sich dabei beruhigt, unerschüttert bleibt, sich löst (vom Bereich der Weder-Wahrnehmung-Noch-Nichtwahrnehmung) und ich dann erkenne: ‚Das ist noch friedvoller.' Und mit der Zeit, Ānando, durchschaute ich das Elend des Bereiches der Weder-Wahrnehmung-Noch-Nichtwahrnehmung, wurde mir völlig klar darüber und drang vor zur

NEUNTEN BESCHAULICHEN SCHAUUNG
Die Aufhebung von Wahrnehmung und Empfindung

„Nach dieser Zeit, Ānando, erhob sich mein Geist, wann immer ich an die Aufhebung der Wahrnehmung und Empfindung dachte, beruhigte sich, blieb unerschüttert, löste sich (vom Bereich der Weder - Wahrnehmung - Noch - Nichtwahrnehmung), und ich erkannte nun: ‚DAS IST FRIEDVOLL'. Und so erreiche ich, Ānando, seit der Zeit - (nach Belieben, ohne Mühe und Anstrengung) - nach völliger Ausschaltung des Bereiches der Weder- Wahrnehmung- Noch- Nichtwahrnehmung die Aufhebung der Wahrnehmung und Empfindung und verweile darin, und die Einflüsse (der Erscheinungswelt) sind, nachdem ich all das weise erkannt hatte, zum Versiegen gelangt."

Dr. Georg Grimm kommentiert die beiden letzten Stufen wie folgt: „Wer einmal den Bereich der Weder-Wahrnehmung-Noch-Nichtwahrnehmung erreicht hat, hat überhaupt keine bestimmte Wahrnehmung mehr. Mit dem Organ des Denkens, das alles ist, was übrig ist von dem gesamten Mechanismus der Persönlichkeit, fühlt und erkennt man einfach nur den unermesslichen Frieden, der von einem Besitz ergreift in der nicht auszudrückenden Stille, die schlagartig in einem aufsteigt jenseits der gesamten phänomenalen Welt. Aber wie das Organ des Denkens und damit auch die Wahrnehmung dieses großartigen Frie-

dens und des Übergangs, mit aller Konsequenz des Hindurchgehens durchschaut er sogar **diese** Wahrnehmung – als Elend. Nur wo keinerlei Aktivität sich mehr regt, nicht einmal eine Aktivität des Denkens und konsequenterweise auch keine Aktivität der Wahrnehmung des Bereiches der Weder-Wahrnehmung-Noch-Nichtwahrnehmung kommt alles Leiden zu einem Ende; und folglich erscheint nur dort der Zustand, der uns absolut adäquat ist, und folgerichtig ist absolute Glückseligkeit. Die Worte von Digha Nikaya IX, 17 sind anwendbar auf den Menschen, der **das** sieht, genau in Bezug auf die Wahrnehmung und Empfindung des großen Friedens im Bereich der Weder- Wahrnehmung- Noch- Nichtwahrnehmung; einer Wahrnehmung und Empfindung, die in Verbindung mit dem Organ des Denkens auftritt. Auf dieser Stufe denkt man: „Für mich ist es besser, nicht mehr zu denken statt zu denken." („Das Denken ist das Grässlichste" - afrikanisches Sprichwort). Und so wird das Denken eingestellt und der Betreffende ist also nicht länger aktiv. Auf diese Art und Weise verschwinden sogar Wahrnehmung und Empfindung (die im Bereich der Weder-Wahrnehmung-Noch-Nichtwahrnehmung noch existieren) und der Betreffende erlangt die Aufhebung (der Wahrnehmung und Empfindung)."
Was, oh Leser, sind im Vergleich dazu all die weltlichen und sogar himmlischen Errungenschaften oder Bewusstseinszustände? Nichts als Schmutz. Wahrheit ist JENSEITS von alledem.

Der Buddha jubelt: „So lange ich, Ānando, diese neun aufeinander folgenden Zustände noch nicht vorwärts und rückwärts erreicht und mich noch nicht wieder davon gelöst habe, so lange hatte ich (als vollständig Erwachter) noch nicht das unvergleichliche Erwachen (zu höchster Wirklichkeit) in der Welt mit ihren bösen und guten Geistern, mit ihrer Vielzahl von Asketen und Brahmanen, Göttern und Menschen erreicht." Ich möchte hinzufügen „und mit Gott selbst" (wenn man mit ‚Gott' die höchste Emanation meint). Der Buddha hatte das erfahren, was auch der Meditierende erfahren wird, nämlich all diese Welten und deren Bewohner, und zwar, indem er seinen Körper und sein Reich verlassen und ihr Reich betreten hat. Dabei lehrte er sogar den Göttern, dass auch sie vergänglich sind, dass sie sich befreien müssen und dass sie gut beraten sind, sich von der Illusion, ein Gott zu sein, zu lösen, um NIRVĀṆA zu erreichen. NUN IST der Buddha; es gibt keinen höheren Zustand als den der AUFHEBUNG DER WAHRNEHMUNG UND EMPFINDUNG. DAS IST NIRVĀṆA. So stößt der Erleuchtete aus: „Unerschütterlich ist die Loslösung meines Geistes; das ist meine letzte Geburt, fortan wird es kein Werden mehr geben."

So, Leser, alles, was dir zu tun übrig bleibt, wenn du NIRVĀṆA erlangen willst, ist, jeden Tag zu meditieren, solange du kannst, bis du wahre Unsterblichkeit erreicht hast und DAS TODLOSE wirst.

DIE NEUNTE BESCHAULICHE SCHAUUNG NIRVĀṆA OM

Eins ist klar: WESSEN DU DIR AUCH IMMER BEWUSST WIRST, sei es in der Hölle, auf der Erde oder sogar im Himmel, alle Götter, bis zum höchsten eingeschlossen, einschließlich deines eigenen Körpers, Gefühls, Denkens, deiner Seele und deines Geistes, das ist nicht der Beachtung wert, es ist nicht dein SELBST. Lass es los und erreiche NIRVĀṆA.

NUN LIEGT DIE WAHL BEI DIR

Nimmst du im Moment des Todes deines physischen Körpers NIRVĀṆA und vermeidest auf diese Art eine weitere Reinkarnation oder fasst du den Entschluss NIRVĀṆA zu entsagen und in einen neuen Körper und damit ein neues Leben zu reinkarnieren? In diesem Falle solltest du das tun OHNE DAS BEWUSSTSEIN zwischen De- und Reinkarnation ZU VERLIEREN. Dieses ungebrochene Bewusstsein kann jedoch nur erreicht werden, wenn du den NIRVĀṆA-Pfad gehst. Alles andere ist Wunschdenken, das zu nichts führt. OM.

DER UNTERSCHIED ZWISCHEN NIRVĀṆA UND DEM SELBST

Das Selbst kann niemals erkannt werden,
denn es ist das,
was erkennt.

NIRVĀṆA jedoch kann erkannt werden, nämlich durch das Selbst. Der Buddha selbst spricht von einem „Seher des NIBBĀṆA“. Wie und wann kann NIRVĀṆA gesehen oder erkannt werden? Wenn sich das Selbst von allem gelöst hat, also vom Körper, vom Gefühl, dem Denken, der Seele und dem Geist. Was dann verbleibt, ist NIRVĀṆA. Kann ich mich selbst von NIRVĀṆA lösen? Keineswegs. NIRVĀṆA ist das Ende des Loslösungsprozesses. NIRVĀṆA ist ABSTRAKTE DUALITÄT. Es ist ja – wie bereits erwähnt – diese abstrakte Dualität, welche die Ursache aller manifestierenden Dualität auf Erden ist. Es gibt in NIRVĀṆA nur das Selbst und NIRVĀṆA. Doch nun kommt das für die meisten Menschen Unverständliche (ja, selbst für den Dalai Lama): Selbst wenn viele Wesenheiten NIRVĀṆA erlangen, so werden sie sich in NIRVĀṆA nicht als viele erkennen, sondern jede von ihnen immer nur als NIRVĀṆA + die jeweilige Wesenheit. Das ist wahres EINS SEIN mit allem. Wem dieser hohe Zustand des NIRVĀṆA zu abstrakt ist, der möge sich mit einer der vielen Reinkarnationsmöglichkeiten – sei es im Himmel, auf Erden oder in der Hölle begnügen.

Derjenige, der angesichts NIRVĀṆA fortfahren möchte sich loszulösen, würde Wahnsinn und Tod riskieren. Der Buddha warnt vor solch einem Versuch. Woher weiß ich, dass NIRVĀṆA nahe ist? Die Antwort: Durch das intensive Studium dieses Buches muss ein klares Verständnis dessen erreicht werden, was ich NICHT bin. Dann wird mich der Loslösungsprozess sanft und unbeschadet zu NIRVĀṆA führen. OM.

ABSOLUTE VOLLKOMMENHEIT

Zeit meines Lebens war ich in der Kunst, der Wissenschaft, der Philosophie und der Religion auf der Suche nach der absoluten Vollkommenheit, wo ich sie nicht fand, denn diese Gebiete beschäftigen sich alle mit dem Körper, dem Gefühl, dem Denken, der Seele und dem Geist, welche vergänglich und also unvollkommen sind.
Aber DANN, als ich meditierte, ohne Verlangen und losgelöst von Körper, Gefühl, Denken, Seele und sogar Geist, **dann** fand ich absolute Vollkommenheit und das war

EWIGER FRIEDEN

OM

Der Versuch, NIRVĀṆA zu beschreiben:

„... indem du nichts sucht, erreichst du alles
wenn überhaupt eine Lehre, dann die, dass NIRVĀṆA
aufhören soll,
sagen die, die lügen
wenn überhaupt eine Lehre, dann die, dass du NIRVĀṆA
leben sollst,
sagen die, die irren
denn sie wissen nicht, dass das Licht jenseits ihrer zerbrochenen
Lampen scheint,
und auch ewiges, zeitloses Glück."

Und falls du es noch nicht oft genug gehört hast, noch einmal:
Du kannst NIRVĀṆA nicht erreichen ohne moralische Reinheit.

Der Guru, Priester, Lehrer oder Motivator, der dich lehrt, dass du nur dann Selbstbewusstein oder sogar NIRVĀṆA erreichen kannst, wenn du dein sexuelles Verlangen auslebst, irrt sich gewaltig und Karma wird ihn eines Besseren belehren.

„NIRVĀṆA ist die Auslöschung des Verlangens, der Leidenschaft und Selbsttäuschung. Es ist das Ziel, auf das das ganze Leben gerichtet ist. Es ist das Endgültige, das Jenseits, das Ziel des Lebens, erreicht von den größten der Arier für die Befreiung der Menschheit von allen selbst auferlegten Zwängen. NIRVĀṆA ist hinter all dem Glanz des Mondes und der Sonne (die beide nichts anderes als Zustände kosmischen Verlangens sind), noch immer unendlich hoch über den leuchtenden Höhen des bewussten Seins, erhaben in seiner Perfektion, hinter dem unendlichen Abgrund des alles umgebenden Äther, wo diese Universen ihr ungeborenes Zuhause haben. Selbstlos im Leben, selbstlos im Sterben, ohne nach einer Belohnung zu suchen, ohne sich nach einem der höchsten Himmel zu sehnen oder nach äonischer Glückseligkeit." (Anando M. *Die Weisheit der Arier*).

Wer jedoch NIRVĀṆA Schritt für Schritt erlangen möchte, Leben für Leben, der möge Maß halten, bei allem, was er tut. Dies gilt auch für jene, die sich an der vergänglichen Welt erfreuen und in ihr wiederkehren wollen. Oh Lanoo, all die Großen, die Planetengeister, Engel, karmischen Gottheiten, Dhyan Chohans, Buddhas (vielmehr ihre Bodhisattvas), christliche Gottheiten und Meister und viele anderen, uns bekannt oder unbekannt, sind nichts anderes als Verlangenszustände. NIRVĀṆA ist jenseits von ihnen, aber viele haben NIRVĀṆA entsagt. OM."

Ohne Verlangen nach Formen, Düften, Gefühlen, Tönen und Gedanken zu sein, DAS ist NIRVĀṆA.

Einer, der NIRVĀṆA erreicht hat, verschwindet für die Welt, die Welt verschwindet für ihn, aber er verschwindet nicht für sich selbst. In NIRVĀṆA expandiert das Bewusstsein mehr und mehr, ohne den Sinn der Identität völlig zu verlieren. NIRVĀṆA-Bewusstsein ist, wie ein Kreis zu sein, der sein Zentrum überall und seine Peripherie nirgendwo hat. Dein Verlangen ist die Peripherie. Hast du es einmal überwunden, dich davon gelöst, dann wirst du expandieren und du wirst dein eigenes Zentrum und deine eigene Peripherie bzw. du expandierst über die Ausdehnung hinaus. Schüler erzählen mir manchmal, dass sie während der Seelenatem-Meditation eine fast körperliche Ausdehnung erfahren. Dieses Gefühl kommt vor, weil ihr Bewusstsein immer noch sehr im Physischen ist, und wenn sich ihr Bewusstsein ausdehnt, so denken sie, es sei ihr Körper. Später, wenn sie darin fortgeschritten sind, sich vom Körper, vom Gefühl, vom Denken, der Seele und sogar ihrem Geist zu lösen, wird sich ihr Bewusstsein jenseits der Grenzen dieser oder einer anderen Galaxie entwickeln. Wenn sie dann sogar dieses Bewusstsein ablegen, was dann übrig bleibt, das ist .... NIRVĀṆA. Jede Art physischer, emotionaler, mentaler oder geistiger Aktivität trennt dich DAVON. Die Wahl triffst du.

WIE MAN ENGELN, DÄMONEN, ELFEN UND GNOMEN GEGENÜBER TRITT

Wenn du sie siehst, bleibe neutral, besonders bezüglich deiner eigenen Reaktion ihnen gegenüber, und wenn du sie in der Astralwelt siehst, hüpfe einfach über sie. Diese Neutralität bzw. Abwesenheit des Verlangens, erreicht durch Studium und Meditation, wird uns eines Tages befähigen, wie die Bibel verspricht, „über die Engel zu herrschen".

DIE URSACHE DES LEIDENS

„Du leidest, weil du leiden willst. Denn alles, was du jemals begehrst, also die Objekte des Sehens, Hörens, Riechens, Tastens. Fühlens, Denkens, ja sogar die Organe dieses Wollens, sind in ihrer innersten Natur vergänglich, deshalb muss alles, was du willst, zwangsläufig zugrunde gehen. Wenn du also aufhören willst zu leiden, musst du aufhören, zu wollen." Dr. Georg Grimm: *Die Lehre des Buddho*.

DIE FREUDE BEI DER WELTENTSAGUNG

„Oh, Maha-Chohan, wenn überall Leiden ist, wo bitte, ist dann die Freude?" „Die Freude, oh Lanoo, ist im freudvollen Loslassen, allmählich oder auf einmal, im Loslassen dessen, das vergänglich ist und Leiden verursacht. IMMER GRÖSSER WERDENDER UND ANDAUERNDER FRIEDEN wird schließlich die Belohnung dafür sein, dass du all diesen flüchtigen, vergänglichen und deshalb unbefriedigenden weltlichen Annehmlichkeiten und Sinnesfreuden entsagt hast. OM.

WISSEN

Da wir, das ganze Universum mit allem darin eingeschlossen, von der gleichen EINEN Quelle, dem einzigen und wahren Gott NIRVĀṆA abstammen, kann alles Wissen über Ursprung und Bestimmung von Mensch und Universum durch Meditation erreicht werden. Es gab eine Zeit vor vielen tausend Jahren, als wir auf diese Art unterrichtet wurden und lernten. Dann fiel die Menschheit aus ihrem Zustand der Spiritualität und sah und verstand nur die materielle Schale dessen, was in seinem wahren Wesen den Ursprung im Geist und höher hat. Das war die Zeit, als „die Heiligen von den Schülern getötet wurden".
Von da an bis heute werden wir beherrscht von ORGANISIERTEM BETRUG, der uns als „Wissen" verkauft wird, und zwar an Schulen, Universitäten, medizinischen Institutionen, durch die Wissenschaft, Religion, von den Politikern und Medien.

Möge *DAS BUCH DES LICHTS, aber auch DIE WAHRE BEDEUTUNG DER BIBEL* diesen Zustand der geistigen und intellektuellen Finsternis für all jene, die in einem kommenden Kali-Yuga (Zeitalter der Finsternis) überleben müssen, beenden. OM.

UNSTERBLICHKEIT

Anstatt wahre Unsterblichkeit in NIRVĀṆA zu erreichen, versuchen manche Leute, durch ihre Arbeit unsterblich zu werden. Welches Gut kann diese Wirkung erreichen? Macht es SIE unsterblich? Oder schützen diese Arbeiten und großen Erfindungen die Menschen davor zu sterben? Wie dumm, wie abgrundtief töricht.

ZIVILISATION

Unsere so verehrte Zivilisation ist nichts anderes als „eine Verfeinerung der Liebe zum Angenehmen, zur Befriedigung dessen, vor dem die Menschheit auch mit brutalsten Mitteln nicht zurückschreckt". (Dr. Georg Grimm)

PROBLEME ZWISCHEN KINDERN UND ELTERN

Kinder, macht eure Eltern nicht für alles verantwortlich, sondern verehrt sie, weil sie euch die Gelegenheit geben, euer Karma auszuleben. DU hast deine Eltern gewählt. Gleiches zieht Gleiches an. Das Karma eines vergangenen Lebens verursachte deine Geburt durch DEINE Mutter und keine andere. Mache niemanden anders verantwortlich als dich selbst und brich den Zauber von Karma, indem du dieses Buch LEBST. OM.

Ein junges Mädchen, Mitglied einer durch Blutsbande vereinten Gruppe, kam zu mir und sagte: „Lanoo, ich denke ständig daran, mich und andere zu verletzen. Was kann ich tun, um diese Gedanken loszuwerden?“

Ich antwortete ihr mit den Worten des Buddha: „Wenn jemand die Gier überwunden hat (nach Körper, Gefühl, Denken, Seele und Geist), den Hass und den Größenwahn, dann denkt man nicht länger darüber nach, was einen selbst oder andere verletzen könnte; man fühlt auch nicht länger mentalen Kummer oder mentale Bedrängnis.“

ERKENNTNIS DURCH BITTERKEIT UND FREUDE

Derjenige, der nur intellektuell versteht, dass NIRVĀṆA der Sinn des Lebens ist bzw. sein kann, reagiert mit Bitterkeit, weil er das neue Bewusstsein jenseits seines gegenwärtigen Bewusstseinszustandes noch nicht gefunden hat.
Derjenige, der intellektuell und aus eigener Erfahrung heraus versteht, dass NIRVĀṆA der Sinn des Lebens ist, reagiert mit Freude, denn er hat diesen Zustand in der Meditation erreicht bzw. ist nahe dran. An der Idee der Weltentsagung festzuhalten ohne diese in die Praxis umzusetzen kann sehr gefährlich sein, weil die alte Gewohnheit und das neue Verständnis gegeneinander kämpfen werden, oft bis zum Tod...
Derjenige, der nicht entsagen kann, sollte den mittleren Pfad wählen, aber mit NIRVĀṆA als Ziel. OM.

BUDDHADASA BHIKKHU, *Autor des Handbuchs für die Menschheit*, wie man die Kinder erziehen sollte: „Die Mehrzahl der Leute glaubt also, dass wir, wenn wir nun einmal geboren wurden in diesem Leben, diesem oder jenem Ziel nachjagen sollten, entsprechend unserem Verlangen und dass wir zufrieden sein sollen, wenn wir bekommen, was wir wollen und dass wir uns maßlos aufregen, wenn wir das nicht bekommen haben. Wenn Leute Kinder haben, dann fällt ihnen nichts besseres ein als sie diese primitive Philosophie zu lehren. Das ist alles, was sie zu bieten haben. Das ist weit entfernt vom Pfad des Buddha. Die Kinder wandeln auf den gleichen ausgetretenen Pfaden wie ihre Eltern, und das geht so von einer Generation zur nächsten. Es gibt keinen Fortschritt, keine Veränderung oder Verbesserung, die auf dem Wissen basiert, dass alle Dinge vergänglich, unbefriedigend und nicht das Selbst sind und deshalb nicht erstrebenswert. Wenn dann unsere Kinder (und wir selbst auch) den Pfad des Buddha leicht und schnell gehen sollen, dann gehört es sich, dass wir uns schon für das Problem des Besitzergreifens von einer Sache oder des Loslassens interessieren, uns selbst darin sachkundig machen und es andere lehren."

„Selbstverständlich müssen wir in dieser Welt leben. Wir müssen essen, verschiedene Dinge gebrauchen, wir sehen und kommen in Kontakt mit allem Möglichen. Aber es ist möglich, mit diesen Dingen zu leben, ohne danach zu gieren bzw. daran zu hängen. Wir müssen intelligent handeln und immer die drei Charakteristika (vergänglich, unbefriedigend, nicht das Selbst) berücksichtigen. Wenn wir das unseren Nachkommen vermittelt haben, wenn sie eingesehen haben, dass nichts es wirklich wert ist, danach zu gieren und daran zu hängen, dann können sie selbst zurechtkommen. Dann sind sie aus eigener Überzeugung in der Lage, richtig zu denken, zu sprechen und zu handeln und sich freizumachen von unbefriedigenden Bedingungen. Es liegt an uns, unsere Kinder so zu erziehen, dass sie frei sind von Gier und Enttäuschung. Sie müssen genügend Intelligenz entwickeln, dass sie über diesen Dingen stehen. Sie müssen diese Überzeugung entwickeln, genau wie sie sich physisch entwickeln. Gute Eltern befähigen ihre Nachkommen, den Pfad des Buddha so zu gehen, dass das Ziel, NIRVĀṆA, eines Tages auch wirklich erreicht werden kann."

WIE MAN JEGLICHES VERLANGEN ÜBERWINDET

Nachdem du nun durch Studium und Seelenatem-Meditation etwas über das Prinzip der Löslösung erfahren hast, ist es an der Zeit, dies anzuwenden. Alles, was du tun musst, um ein Verlangen zu überwinden, ist, dieses zu beobachten. Nimm zum Beispiel das mächtige und für die meisten Menschen überwältigende, unwiderstehliche Verlangen nach sexueller Befriedigung. Dieses Verlangen hat die Mehrheit der Menschheit versklavt. Es verursacht extremes Anhaften und führt unvermeidlich zu Reinkarnation und wieder zum Tode. Wie kannst du diese „Sexgier" überwinden, dass sie dich nicht länger quält, sondern stattdessen befreit?

Du spürst sexuelles Verlangen. Setze oder lege dich hin oder gehe einfach spazieren und BEOBACHTE dieses Verlangen. Konzentriere dich nicht darauf, leugne es nicht, unterdrücke es nicht, kämpfe nicht dagegen an, beobachte es nur. Nach einer Weile wird es verschwinden. Deine wahre Natur, die die Abwesenheit des Verlangens ist und bereits gestärkt durch Studium und Seelenatem-Meditation, wird das ermöglichen. Das Bedürfnis nach sexueller Aktivität kann jedoch wiederkommen und dich in Versuchung führen. Beobachte es wieder. Wenn du diesen Prozess wiederholst, wird dieses Bedürfnis schwächer und schwächer werden und schließlich ganz verschwinden. Dann entsagst du jeglicher sexuellen Aktivität oder lebst sie in Maßen aus. Du hast eine Schlacht gewonnen gegen den schlimmsten Feind, den es gibt oder vielmehr gegen das, was du nicht bist: Gegen deine eigene Schwäche. Egal, wie oft du auch versagst und in alte Gewohnheiten zurückfällst, am Ende wirst du gewinnen. **Beobachtung** eines jeden Problems bzw. einer jeden Sucht, sei sie physisch, emotional oder sogar geistig und die rechte Einsicht in ihre Schädlichkeit ist die Lösung, weil das Problem bzw. die Sucht auf diese Weise früher oder später für immer verschwinden wird.

Gestärkt durch regelmäßig angewendete Seelenatem-Meditation wird deine Kraft der neutralen Beobachtung schließlich jedes Verlangen in dir beherrschen, bis das wirkliche „DU" leuchtet. Das ist DIE ABWESENHEIT ALLEN VERLANGENS. Dann ist NIRVĀṆA dein. OM.

KRISEN

Es kann vorkommen, dass eine Person, die auf dem NIRVĀṆA-Pfad ist, physische, emotionale und/oder mentale Probleme bzw. Ärgernisse und Ausbrüche (kriyas) कृया erfährt.
Das ist ein Reinigungsprozess, der von der aufsteigenden Kundalinī verursacht wird, die alle Verunreinigungen in der Natur eines Mannes oder einer Frau an die Oberfläche schleudert. Beobachte auch das, fahre fort zu studieren und zu meditieren. Schließlich wird auch diese Krise vorübergehen.

DAS HOHE UND DAS NIEDERE

Um das Höhere zu erreichen, musst du das Niedere loslassen. Um spiritueller zu werden, musst du weniger materiell sein.

DIE WISSENSCHAFT VON GEIST, VON DER GESUNDHEIT etc.

Basiert alles auf Wunschdenken zum Zwecke des Erreichens bestimmter Ergebnisse.
Problem Nr.1: Du kannst dein Karma nicht wegwünschen.
Problem Nr.2: Du bist nicht dein Denken...

ANBETUNG UND VEREHRUNG

Jesus hat niemals verlangt, angebetet zu werden, ebenso wenig der BUDDHA. Warum beten die Menschen dann heute den Jesus und den BUDDHA an? Die Erklärung ist sehr einfach. Wenn du jemanden anbetest, dann entfernst du ihn von dir, du setzt ihn auf einen Thron. Er ist rein, nicht du. Er ist perfekt, nicht du. Er ist ein Heiliger, du bist ein Sünder. Auf diese Art kannst du weiter sündigen und gleichzeitig auf Hilfe oder Vergebung von dem einen, den du anbetest, warten. Das ist nichts anderes als Wunschdenken. Die Kirche zog einen Vorteil aus dieser Schwäche und brachte den Massen diesen Gedanken noch näher: ‚Jesus ist perfekt, nicht du. Du kannst es nicht allein schaffen. Nur er kann es für dich schaffen und dich so erretten.'

Aber das war niemals die Botschaft von Jesus. Durch die ganze Bibel, so oft sie auch neu geschrieben bzw. verfälscht wurde, zieht sich der Gedanke, dass Jesus (welcher nur eine ALLEGORIE ist) betont, dass nur du selbst den Weg gehen kannst. Er zeigt nur die Richtung, in die du gehen musst. Die meisten Menschen jedoch bevorzugen die von der Kirche eröffnete Möglichkeit: „Ich bin ein armer Sünder. Nur Jesus kann mich erretten." Solch ein Wunschdenken führt bestenfalls zu einer weiteren schmerzlichen Reinkarnation auf der Erde und im schlimmsten Falle geradewegs zur Hölle.

RÜCKSCHLÄGE

Du bist schon von der Notwendigkeit überzeugt, der Welt zu entsagen oder zumindest den Mittelweg zu wählen und erleidest trotzdem noch Rückschläge? Mach dir keine Sorgen. Sogar der Buddha hatte das Problem. Sieh, wie er es gelöst hat: „Vor meinem vollständigen Erwachen (also bevor ich NIRVĀṆA erreichte), als ich noch nicht vollständig erwacht war und dies erst anstrebte, empfand ich (der Buddha): Unbefriedigend sind Sinnesfreuden, voller Qual, voller Verzweiflung, Elend dominiert in allem, aber da ich außerhalb der Sinnesfreuden, außerhalb des Bösen, kein Glück fand, wusste ich noch nicht, dass ich mich genau davon abwenden sollte. Aber als ich mit wahrer Weisheit die Wirklichkeit betrachtete, empfand ich: Unbefriedigend sind Sinnesfreuden, voller Qual, voller Verzweiflung, Elend ist in ihnen vorherrschend, und außerhalb der Sinnesfreuden, außerhalb des Bösen, fand ich das Glück, dann wusste ich, ich muss mich abwenden von den Sinnesfreuden." (Majjhima Nikaya 14.Diskurs).

Deshalb: Man muss die Weltentsagungslehre gründlich verarbeiten, indem man sie wieder und wieder liest und schließlich versteht und so der Glanz von NIRVĀṆA WIRD. OM.

Regeln für den radikalen Pfad zur Befreiung

Die folgenden Regeln müssen von all jenen befolgt werden, die NIRVĀṆA in diesem Leben erreichen wollen oder die wenigstens in eine der höheren Lichtwelten in ihrem Christuskörper reinkarnieren und von dort nicht auf Erden zurückkehren wollen:

1. Keine sexuelle Aktivität.
2. Iss nur einmal am Tag zum Mittag eine leichte vegetarische Mahlzeit; trinke nur Wasser.
3. Kein Fernsehen, kein Radio, keine Musik, kein Tanz, kein Gesang und /oder Theateraufführungen.
4. Meditiere mindestens vier Stunden am Tag.
5. Faste einen Tag pro Woche.

Wenn du wirklich beschlossen hast, den Weg der Entsagung zu gehen, dann wird der wahre Gott für dich sorgen, was bedeutet, dass sich die richtigen Lebensumstände für dich ergeben werden, die dir dieses Leben ermöglichen werden.

REGELN FÜR DEN MITTELWEG*

Führt zu mehreren positiven Reinkarnationen auf der Erde in die höheren Himmelswelten und schließlich zu NIRVĀṆA oder zu ständiger günstiger Reinkarnation.
Mäßige sexuelle Aktivität.

1. Vegetarischer Lebensstil.
2. Faste einen Tag pro Woche.
3. Meditiere täglich.
4. Studiere und lebe *DAS BUCH DES LICHTS*

Der Weltentsager sollte jedoch von keinem Mann oder keiner Frau berührt werden, damit die Tugend ihn nicht verlässt. Als Jesus von einer Frau berührt wurde, stieß er aus: „Ich spüre, dass mich die Tugend verlassen hat.“

---

* <u>Nicht</u> der Mittelpfad des BUDDHA.

BEHERGERGE EINEN LANOO (männlich oder weiblich)

Jeder Haushalt sollte in eine Art Kloster verwandelt werden, indem er einem Lanoo, einem Weltentsager oder einem Mittelwegwandler, Unterkunft gewährt und ihn so befähigt, NIRVĀṆA zu erreichen. Die karmische Belohnung für jeden wird groß sein und dauert viele Leben an. Wenn du einen Lanoo einlädst, in deinem Haus zu leben, damit er NIRVĀṆA erreichen kann, muss sicher sein, dass du für ihn sorgen kannst, dass er seinen eigenen Raum hat und dass er nach den folgenden Regeln leben kann:

1. 6:00 Uhr : Aufwachen, Bett machen, Körper reinigen (kalte Dusche etc.)
2. 6.30 – 9.00 Uhr: Seelenatem-Meditation
3. 9.00 – 12.00 Uhr: Studium von Lanoos Weltentsagungslehren (Buch, Video)
4. 12.00 – 13.00 Uhr: Mittagessen (leichte vegetarische Mahlzeit). Trinke nur Wasser, außer einer Stunde vor und einer Stunde nach dem Essen.
5. 13.00 – 14.00 Uhr: Verdauungsspaziergang. Offene-Augen-Meditation (ähnl. der Seelenatem-Meditation mit dem Unterschied, dass eine visuelle und (wenn man läuft) körperliche Aktivität stattfindet.)
6. 14.00 – 17.00 Uhr: Zurück zu Hause; Seelenatem-Meditation.
7. 17.00 – 18.00 Uhr: Studium von Lanoos Lehren.
8. 20.00 – 21.00 Uhr: Abendspaziergang (Offene-Augen-Meditation).
9. 21.00 Uhr: Zu Bett gehen.

DAS ist der sogenannte Mittelweg, wie gelehrt vom Buddha. Er bedeutet immer noch Strenge, asketisches Leben und Weltentsagung, aber OHNE EXTREME wie physische, emotionale und mentale Selbstzüchtigung und Qual. Das haben viele nicht verstanden. Sie dachten, Gautama Buddhas Mittelweg bedeutet, ein moderates weltliches Leben mit NIRVĀṆA als Ziel zu leben. Das zeigt, dass große Wahrheiten oft nicht einmal von großen Denkern verstanden werden.

Es werden hier also eigentlich drei Pfade zu NIRVĀṆA gezeigt.

1. Der extreme Pfad des Buddha abgeschlossen von der Welt in der Einsamkeit des Waldes etc.
2. Der Mittelpfad des Buddha
3. Der Mittelpfad Lanoos

Und schließlich der weltliche Pfad, welcher NICHT zu NIRVĀṆA, sondern zu einer stets neuen, aber günstigen Wiedergeburt führt.

FÜR ALLE ENTSAGER: DER WELT ENTSAGEN IN DER WELT?

Der Buddha hat sein Zuhause verlassen und sich in den Wald zurückgezogen, um NIRVĀṆA zu erreichen. Ist es möglich, NIRVĀṆA zu erreichen, den Pfad der Entsagung zu gehen, ohne Haus und Familie zu verlassen und ohne sich in den Wald oder ein Kloster zurückzuziehen? Ja, das ist möglich, aber es kann länger dauern. Im Namen des einzigen und wahren Gottes darf ich das so übermitteln, dass es möglich ist, NIRVĀṆA zu erreichen, ohne Haus und Familie zu verlassen. Man sollte dann unverzüglich – also am besten gleich jetzt – damit beginnen, den Pfad der Entsagung oder den Mittelpfad zu gehen. Und wie soll man das machen? Man hat einen Beruf, finanzielle Verpflichtungen, eine Familie und andere Verantwortung. Die Antwort ist folgende: Den NIRVĀṆA-Pfad zu beschreiten, während man in der Gesellschaft verbleibt, ist ein allmählicher Prozess, der eins oder mehrere Leben dauern kann. Aber man sollte JETZT GLEICH damit beginnen. Zuerst sollte man das NIRVĀṆA-Prinzip, wie in diesem Buch enthüllt, studieren, aber auch die Werke von Dr. Georg Grimm. Danach oder parallel dazu kommt die Meditation. Wir praktizieren Seelenatem-Meditation. Dann beginnt man Schritt für Schritt und geführt von der anattā-Lehre, anders zu denken. Man betrachtet die Welt mehr und mehr von einem völlig anderen Gesichtspunkt, fast so, als ob man die Welt vorher nie gesehen oder gekannt hat. Wenn wir jetzt sehen, hören, tasten, riechen, berühren oder denken, dann tun wir das nicht mehr, um unser Verlangen zu befriedigen, sondern vielmehr um uns davon zu lösen. Wir beginnen mehr und mehr ALLES als anattā oder Nicht-unser-Selbst zu sehen. Die ganze Welt, die wir sehen, wenn wir morgens aufwachen, diese Welt, die bis heute eine Welt für uns war, muss nun mit dem rechten, dem neuen anattā-Verständnis, gesehen werden. Sie ist nicht ‚wir', sie gehört nicht zu uns, denn sie ist vergänglich und deshalb unbefriedigend, sie verursacht Schmerz und Leid. Wir müssen eine Linie ziehen zwischen der Welt und uns selbst.

Wenn wir nun ein Objekt (eine Person oder eine Sache) SEHEN, beobachten wir neutral unser Verlangen (das immer positiv oder negativ ist) nach diesem Anblick, aber auch unser eventuelles Desinteresse bzw. unsere Gleichgültigkeit gegenüber einem solchen Objekt und sehen dies vom anattā-Gesichtspunkt aus als nicht unser Selbst, sondern als das, was wir essentiell NICHT sind. Auf diese Art beobachten wir nur, wir klammern uns jedoch nicht daran. Wir sehen es kommen und gehen und wissen deshalb, es ist NICHT unser Selbst. Wir beobachten neutral ohne zu klammern. Und wenn wir doch einmal versagen und uns daran festklammern, versuchen wir es das nächste Mal wieder. Ebenso verfahren wir mit dem Riechen, Hören, Schmecken, Berühren und sogar mit dem Denken.

So, lieber Leser, löst du dich Schritt für Schritt von dieser Welt, während du noch in ihr verweilst. Jeder neue Tag und jede neue Situation werden die perfekte Gelegenheit sein, den anattā-Blick anzuwenden und Loslösung von Anhaftung sowie Gleichgültigkeit gegenüber dieser Welt und ihren Aktivitäten, aber ganz besonders gegenüber deinen Aktivitäten zu üben. Indem du das jeden Tag machst, gräbst du tiefer und tiefer in Richtung deines eigenen neutralen Selbst und nichts kann dich mehr beeinflussen oder davon abhalten, bis du VÖLLIGE ABWESENHEIT DES VERLANGENS erreicht hast. Während dieses Prozesses wird das Göttliche für dich sorgen, so dass du den NIRVĀṆA-Pfad gehen kannst, während du noch in dieser Welt verweilst. Je stärker dein anattā-Blick wird, desto mehr wirst du dich von den äußeren Dingen entfremden und loslösen und umso mehr wird dein Blick nach innen gerichtet sein; eine höhere Form der Wahrnehmung wird erscheinen und dein „Auge der

Weisheit und Unsterblichkeit"* wird sich öffnen. Dann bist du für die vergängliche Welt verloren, denn du hast wahre Unsterblichkeit gefunden, die immer existiert, LOSGELÖST von allem, was sterblich ist, also von Körper, Gefühl, Denken, Seele und sogar vom Geist. OM. Auf diese Art veränderst du nicht nur dich selbst, sondern zur gleichen Zeit auch die Welt um dich herum. Du wirst die Welt und die Gesellschaft verändern, bis sie schließlich eine NIRVĀṆA-Gesellschaft mit nur einem Ziel geworden ist: NIRVĀṆA.

In solch einer Gesellschaft verrichten die Maschinen alle Arbeit, niemand muss mehr arbeiten und jeder kann meditieren, um NIRVĀṆA zu erreichen. Das ist kein utopischer Traum, sondern eine Prophezeiung, die sich bald erfüllen wird.

DAS GEHEIMNIS DER SPHINX

Die Sphinx ist der Bodyguard der großen Pyramide. Beide sind durch einen geheimen unterirdischen Gang miteinander verbunden. Die Sphinx, aus einem großen Fels gehauen, mit einem Tierkörper und einem menschlichen Kopf, schickt dem EINGEWEIHTEN Beobachter eine Botschaft: „Überwinde deine Tiernatur und werde der Gott-Mensch, der du bist!" Nur diejenigen, die sich auf diese Art und Weise gereinigt hatten, hatten eine Chance, den schrecklichen Test der Einweihung in der großen Pyramide, auch „Donnerpyramide" genannt, zu überstehen. „Donnerpyramide" deshalb, weil sie (natürlich kontrolliert durch die Eingeweihten) kosmische Energien transformieren, Wetterbedingungen verändern und auch schaffen konnte. Diejenigen, die ihre Tier-Natur noch nicht überwunden hatten, hätten die Pyramide betreten, ohne sie wieder zu verlassen... Das ist eins der hier enthüllten Geheimnisse oder Rätsel der Sphinx und auch der Cheops-Pyramide, die weder für noch von Cheops gebaut wurde, sondern viel älter ist. Der Kandidat, der das Rätsel der Sphinx nicht lösen konnte, starb während der Einweihung.

Oh Lanoo, DAS LEBEN SELBST ist eine Einweihung. Gerade jetzt in dem Moment wirst du eingeweiht. Studiere *DAS BUCH DES LICHTS* und du wirst verstehen.

---

* Hirnanhangdrüse zwischen und hinter den beiden Augen

Der grundlegende Irrtum des Vedanta-Systems besteht darin, dass es unser Selbst und die Welt als das Gleiche betrachtet. Das Selbst jedoch, jedes Selbst oder Atman ist immer JENSEITS der Welt. Wenn das Selbst nicht jenseits der Welt wäre, könnte es sich nicht von der Welt befreien und NIRVĀṆA erreichen. OM.

GUT UND BÖSE

Alle Philosophien und Lehren, die davon ausgehen, dass das Gute das Böse besiegen wird, werden versagen. Alle Philosophien und Lehren, die davon ausgehen, dass das Böse das Gute besiegen wird, werden ebenfalls versagen. Eine gute Person ist so unwissend wie eine schlechte Person, mit dem Unterschied, dass sie für ihre Unwissenheit unterschiedlich bezahlen. Gut und Böse sind nichts anderes als Zustände der Unwissenheit. Entferne das Gute, und das Böse wird verschwinden. Entferne das Böse, und das Gute wird verschwinden. Gut und Böse sind nichts weiter als die zwei Seiten einer Münze, UNWISSENHEIT genannt. Leben existiert seit der Ewigkeit. Wenn das Gute dazu bestimmt wäre, das Böse zu besiegen oder umgekehrt, dann wäre dafür mit Sicherheit eine Menge Zeit gewesen. Aber keins von beiden gewann. Sie sind immer noch da und sie werden immer da sein. Gut und Böse sind ganz einfach Nebenprodukte auf dem Weg zu NIRVĀṆA.

DIE PROPHEZEIUNG

Ich bin nicht der Einzige, der voraussagt, dass bald das Chaos für eine kurze Zeit über die Welt herrschen wird. Diese Prophezeiung kann in fast allen heiligen und anderen Schriften (Casey, Nostradamus usw.) gefunden werden. Bald wird der Anti-Christ herrschen, obwohl er nicht, wie viele denken, der Lord Maitreya ist. Es wird ein Mamo-Chohan sein, ein Herr der Dunkelheit, ein Herr der Zerstörung und Erfüllungsgehilfe des Karmas der Nationen. Er wird religiöse Fanatiker zu Terroristen machen. OM. Was können wir gegen ihn tun? Was kann eine Maus gegen einen Elefanten tun? Nichts. Eine törichte Menschheit muss ihr Karma ausleben. Trotz aller Warnungen vor einer „Neuen-Welt-Ordnung“ wird diese eine Weile herrschen. Der Grund: Karma. Aber dann, wenn die Menschheit ihre törichten Aktionen gegen karmisches Gesetz ausgelebt hat, **dann** wird die Welt bereit sein für Lehren wie in diesem Buch präsentiert. Dann wird auch ein zinsfreies Währungssystem herrschen, wie ich es in meinem Buch *DER RUB€L MUSS ROLLEN* beschreibe. Dann wird die Welt bereit sein, unter einem Ziel vereint zu werden. Das wird dann die wahre Neue-Welt-Ordnung oder Eine-Welt-Ordnung sein, und ihr Ziel wird NIRVĀṆA sein. Ehre sei NIRVĀṆA und der NIRVĀṆA-Gesellschaft.

Auf alle, die noch nicht genug gelernt bzw. gelitten haben, trifft das folgende Gesetz zu: Gut und Böse muss es geben, sonst könnte die Prophezeiung nicht erfüllt werden und würde so ihre Glaubwürdigkeit verlieren. So arbeiten also in gewisser Weise die Kräfte des Bösen auch für das Gute. Die ganze Welt mit allem darin wird erst zum wahren NIRVĀṆA-Bewusstsein erwachen, wenn die NIRVĀṆA-Gesellschaft vollständig errichtet ist. Dann wird die ganze Welt mit Allem darin verstehen, dass es keinen wirklichen Fortschritt, wie durch Kultur, Zivilisation, Politik, Wissenschaft, Kunst, Religion usw. propagiert, gibt, denn wenn es solch einen Prozess geben würde, wäre sein vorgegebenes Ziel bis jetzt mit Sicherheit erreicht worden, da, wie bereits erwähnt, das Leben, wenn es auch vergänglich ist, sich seit der Ewigkeit manifestiert bzw. existiert und jedes Ziel bzw. jeder Zweck des Lebens alle Zeit der Welt gehabt hätte, um erfüllt zu werden.

Es gibt nur einen wahren heilsamen Sinn und Zweck des Lebens, und der heißt NIRVĀṆA. Man könnte folgendermaßen argumentieren: Wenn NIRVĀṆA und nicht die immer vergänglichen Himmel der Religionen der Lebenszweck ist, wenn Anhänger von Schöpfung und Evolution irren, warum hat dann bis jetzt - wenden wir das gleiche Gesetz bezüglich der Ewigkeit des Lebens an - nicht jeder seinen Lebenszweck bzw. sein Schicksal erfüllt und NIRVĀṆA erreicht? Die Antwort: Wenn NIRVĀṆA ein göttlicher Plan bzw. ein göttliches Ziel wäre, das der Suchende erreichen soll, dann könnte man tatsächlich argumentieren: „Wenn das Leben seit der Ewigkeit existiert und NIRVĀṆA zum Ziel hat, warum hat dann bis jetzt noch nicht jeder NIRVĀṆA erreicht?“

Aber NIRVĀṆA ist kein Ziel, das von einer Gottheit geschaffen wurde. NIRVĀṆA IST einfach. NIRVĀṆA ist kein Lebenszweck per se, im Sinne von „Zweck, Ziel, Plan“. Ich benutze jedoch die Begriffe „Zweck“ und „Sinn“ im Zusammenhang mit NIRVĀṆA, denn ich möchte NIRVĀṆA gern zum

Sinn und Zweck deines Lebens machen. Wenn das eine Person einmal akzeptiert, dann wird NIRVĀṆA Zweck und Bestimmung in ihrem oder seinem Leben. Außerhalb davon hat NIRVĀṆA überhaupt keinen Zweck. Es IST einfach da, wie ein sicherer Hafen bei stürmischem Wetter. Zwingt dich jemand, diesen Hafen zu betreten? Nein. Es liegt an dir. Es ist deine Wahl. NIRVĀṆA ist eine Möglichkeit. Nutze sie oder lass es. Das Rad des Lebens und des Todes ist die ewige Manifestation der Unwissenheit. Es ist vergänglich, obwohl es immer wieder erscheint, während NIRVĀṆA immer da ist und niemals Subjekt einer Veränderung. NIRVĀṆA ist jenseits von Zeit und Raum. Aber sollte nicht bis jetzt wenigstens jeder diese Notwendigkeit, diese große Wichtigkeit von NIRVĀṆA kennen? Die Antwort: Man kann auch ewig leiden, wenn man das so beschließt. NIRVĀṆA ist einfach nur da. Nimm es oder lass es. Du hast die Wahl. OM.

Dr. Georg Grimm

Wenn alles gesagt und getan ist, wird man Dr. Georg Grimm zur Bodhissattva - Manifestation DES BUDDHA erklären, denn niemand sonst verstand und lehrte die Lehre DES BUDDHA so perfekt wie Dr. Georg Grimm. OM.

Wenn alles gesagt und getan ist und all die „Möchte-Gern-Gurus“ mit ihrer Abwesenheit glänzen, wird der BUDDHA noch einmal erscheinen als das großartigste menschliche Wesen, das jemals im Universum manifestiert hat, da er den Menschen **und** Göttern das höchste Ziel des Lebens (NIRVĀṆA) enthüllt hat.

Wenn alles gesagt und getan ist, wird INDIEN als DAS am höchsten entwickelte Land des Universums bekannt sein, denn auf seinem Boden entsprang, entstand und entwickelte sich DIE LEHRE DES BUDDHA, welche von so wenigen verstanden wurde, die aber schließlich (hoffentlich) alle Lebensformen befreien wird, sei es im Himmel, in der Hölle, auf der Erde oder irgendwo anders in diesem Universum. OM.

ESOTERISCHES VOKABULAR

NIRVĀṆA: Von Nir („aus“) und vana („gelöscht“). Aber das ‚Ausgelöscht-Sein‘ bezieht sich nur auf die niederen Prinzipien in Menschen. Das Wesen verbleibt wie es immer war, IST aber nun seine wahre Natur, welche da ist: todlos, unerschaffen, ungeboren, zeitlos und dadurch unsterblich oder, mit drei Worten gesagt: die ABWESENHEIT DES VERLANGENS.

KARMA: Aktion, von kri („tun, handeln“). Jede Handlung wirkt zurück auf die Natur und den, der sie ausführt. Das erfährt er dann als „gut“ oder „schlecht“, und so lernt er durch Lust und Schmerz ‚richtig‘ und ‚falsch‘ zu unterscheiden. Die Wahrheit oder NIRVĀṆA ist jedoch jenseits von Lust und Schmerz.

REINKARNATION: Die Person stirbt, aber nicht das Verlangen, welches Wiedergeburt oder Reinkarnation in einem neuen Körper, der genau dieses Verlangen IST, verursacht. Auf diese Art erschaffen wir uns alle selbst, Leben für Leben, immer und immer wieder, durch neue Handlungen, Gefühle und Gedanken, aber auch durch spirituelles Verlangen, bis (hoffentlich) NIRVĀṆA erreicht sein wird.

GOTT: Der Begriff „Gott“ repräsentiert fünf (und mehr) Mächte:

1) Das höchste Prinzip: NIRVĀṆA
2) Die Erste Emanation beim Wiedererwachen allen universellen Lebens: BRAHMAN oder CHRISTUS, der die Summe aller Monaden in Manifestation enthält
3) Das höhere Selbst eines Sonnensystems: BRAHMA
4) Einen Stammesgott, zum Beispiel Jehova der Juden.

EVOLUTION: Alles ist und war immer da und EMANIERT oder evolviert Teile oder Aspekte seines Selbst (fast endlos viele Monaden) periodisch aus NIRVĀṆA, um sein Verlangen auszuleben als Stein, Pflanze, Tier, Mensch, Engel und Gott, bis NIRVĀṆA wieder erreicht ist, aber diesmal voll bewusst. Es gibt keine Schöpfung und keinen Schöpfer, wie in religiösen Dogmen gefordert, aber es gibt auch keine Evolution, wie an Schulen und Universitäten gelehrt, sondern zuerst ist immer die

EMANATION bereits und immer existierender Kräfte in eine Manifestation, dann erst spielt die Zeit eine Rolle.

CHAKREN: „Räder", ätherische Kraftzentren, folgendermaßen lokalisiert: 7) unteres Ende des Rückgrats, 6) Nabel, 5) Milz, 4) Herz, 3) Kehle, 2) zwischen den Augenbrauen, 1) am oberen Ende des Kopfes*.
Der Mensch hat sieben Körper, von denen jeder sieben Chakren hat, die die sieben Körper miteinander verbinden und sie mit Energie versorgen von der physischen, ätherischen, astralen, mentalen und spirituellen Ebene.

DIE EVOLUTIONÄREN SCHRITTE DES PLANETEN ERDE UND SEINE LEBENSFORMEN

DAS BUCH DES LICHTS**

Jeder Planet ist die physische Manifestation eines Planetenengels.

1.169.000.000 v.Chr.
Geburt des Planeten Erde aus der sterbenden Mondkette. Alles ist noch astral-transparent.

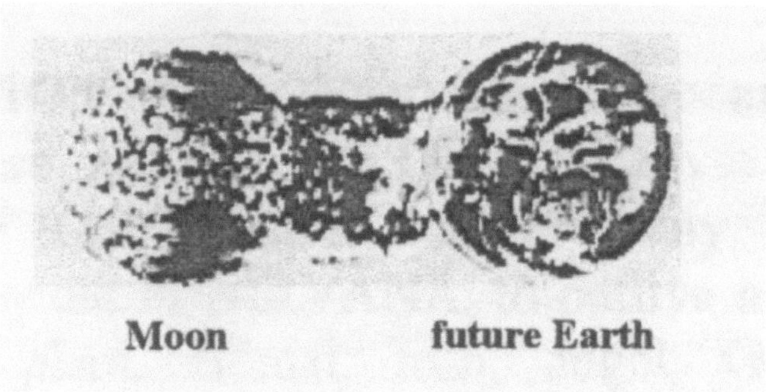

Der Mond ist älter als der Planet Erde.

* Vgl. auch mein Buch „*Die Sieben Siegel*", S. 18
** Vgl. auch mein Buch „*Das illustrierte Buch des Lichts*"

100.000.000 v. Chr.
Alle Lebensformen sind zuerst astral-transparent-sexlos, kondensieren oder verdichten später zu protoplasmischen Arten (Zellen) und vermehren sich durch Absonderung, Selbstteilung usw., wie es da auch eine noch androgyne Menschheit machte und wie es die Zellen unseres Körpers heute noch tun.

80.000.000 v. Chr.
Geburt aller Säugetiere aus dem androgynen Menschen.

50.000.000 v.Chr.
Fast alle Tiere teilen sich in männlich und weiblich. Sie pflanzen sich sexuell fort.

18.000 000 v. Chr.
Die androgyne Menschheit teilt sich in männlich und weiblich und vermehrt sich sexuell. Die bis dahin individuell verschiedenen und voll verdichteten Astralkörper der Menschheit manifestieren in unterschiedlichen Hautfarben: weiß, gelb, rot, braun und schwarz. Niemand war zuerst da ...

Die unterschiedlichen Hautfarben der Menschheit hatten ihren Ursprung in der ersten astral-transparenten Struktur der Astralkörper, deren Schwingungen bereits damals durch individuell verschiedene Verlangens- und Bewusstseinszustände beeinflusst wurden. Später beeinflusste diese individuell verschiedene Tendenz zu handeln, zu fühlen und zu denken die Hautfarbe mehr und mehr, bis sich die unterschiedlichen Hautfarben, die heute auf dem Planeten Erde existieren, herausbildeten. Reinkarnation kam dazu, und fast alle Hautfarben vermischten sich unter einander. So kann es geschehen, das ein weißer Mensch in seinem nächsten Leben als schwarzer, gelber, roter oder brauner reinkarniert oder anders herum. Das hängt davon ab, von welcher Hautfarbe oder Rasse wir angezogen werden. Deshalb: **Rassismus hat keinen Platz in der esoterischen Wissenschaft.**

Die Antworten für viele, bis heute von der othodoxen Wissenschaft unbeantwortete Fragen sind darin begründet, dass diese Wissenschaftler nicht akzeptieren (oder nicht wissen), dass es einen astral-transparenten Menschen und eine kosmische Evolution vor der verdichteten physischen Evolution gab.

9.000.000 v. Chr.
Geburt der Affen. **Der Affe stammt vom Menschen ab***, und zwar als Resultat von Sex zwischen Mensch und Tier. Alle Formen sind nun voll verdichtet. **Beginn der Radioaktivität auf der Erde.**

2.000.000 n. Chr.
Der Beginn vom Ende des Sex.

50.000.000 n. Chr.
Alle Lebensformen sind wieder androgyn. Ende der sexuellen Reproduktion.

2.151.000.000 n. Chr.
Tod des Planeten Erde.

4.320.000.000 Jahre später:
Alle Kräfte der Erde erwachen wieder, aber höher, auf einem oder als ein neuer Planet. Unsere Erde wird dann der Mond dieses neuen Planeten.

WICHTIG: So wie jetzt auf der Erde Leben und Zivilisation existiert, so gab es vor Milliarden von Jahren Leben und Zivilisation auf dem Mond. Die meisten von uns lebten auf der Mondkette und reinkarnierten dann auf die Erde. Im Wesentlichen gibt es keinen Unterschied zwischen der Reinkarnation eines menschlichen Wesens oder eines Planeten. Des Weiteren: Die Tatsache, dass der Mond älter ist als die Erde, wurde bewiesen durch den „ersten“ Menschen auf dem Mond, Astronaut Armstrong, der auf dem Mond Steine sammelte, die viel älter waren als alles, was man jemals auf der Erde gefunden hatte.

---

* Siehe auch mein Buch „Darwin irrt!“ + Audio-CD „Die Enthüllung: Der wahre Ursprung des Affen.“ © 2004 Verlag Elke Straube, ISBN: 978-3937699035

KOMETEN: Unwissenheit macht nicht immer glücklich. Sie kann auch tödlich sein, wie im Falle der 39 „Heaven's Gate" (dt. Himmels-Tor)-Anhänger, die sich umbrachten, in der Hoffnung, irgendwie in ein Raumschiff hinter dem Kometen Hale Bopp gestrahlt zu werden, der am 22. Juli 1996 zum ersten Mal von den zwei Amateurastronauten Hale und Bopp gesichtet worden war.
Was aber diesen christlichen Fanatikern, die sich umbrachten, passieren wird, ist, dass sie auf einer sehr unbequemen nachtodlichen Astralebene erwachen werden, wo sie erdverbunden in ihren Astralkörpern auf dieser trüben Astralebene wandern müssen für den Rest der Zeit, die ihnen in ihren physischen Körpern bestimmt war, um dann in neue Astralkörper zu reinkarnieren. Es gibt keine Flucht oder Befreiung von irgend etwas durch Selbstmord, sondern nur durch Studium und Meditation.

Aber was ist ein Komet wirklich? Jeder Planet muss durch vier Stufen gehen:

1. Kosmischer Nebel,
2. Komet,
3. Planetensonne (nicht die Sonne unseres Solarsystems) und
4. Planet.

Wenn ein Planet mehrere Male zum gleichen Sonnensystem zurückkehrt, dann deshalb, weil dieser Komet ein Planet oder ein Planetenmitglied dieses besonderen Sonnensystems werden wird, bis er von der Sonne des Sonnensystems geschluckt wird. Ein Komet ordnet sich auch dem Gesetz des „Überlebens des Stärkeren" unter. So ist ein Komet also immer ein zukünftiger Planet eines Sonnensystems. Vielleicht wird der Hale Bopp-Komet in einer weit entfernten Zukunft ein neuer Planet unseres Sonnensystems sein. Unser Planet Erde war auch einst ein Komet. Wäre es nicht schön, wenn die wissenschaftliche Welt ENDLICH die korrekte esoterische Definition der Dinge, wie gelehrt in diesem Buch und im *BUCH DES LICHTS* akzeptieren würde, anstatt ihren eigenen Theorien anzuhängen, die durch nichts bewiesen sind? Unwissenheit macht nicht immer glücklich, und wahres Wissen kann selbst Leben retten.

KLONEN: Jemand rief mich an und erzählte mir ganz aufgeregt: „Lanoo, ich habe gerade gelesen, dass sie bald in der Lage sein werden, Menschen zu klonen! Ist das nicht großartig?"
Ich antwortete ganz ruhig: „Und wenn sie in der Lage wären, dich zu physischer Unsterblichkeit zu klonen*, wäre das immer noch nichts im Vergleich zu NIRVĀṆA."

KUNDALINĪ: „Schlangenfeuer". Ätherische Kraft, die sich am unteren Ende des Rückgrats befindet. Einmal erweckt, zum Beispiel durch ein keusches Leben voller Studium und Meditation, strömt Kundalinī im Rückgrat aufwärts, aktiviert deine Chakren und öffnet dir die höheren Welten, bis NIRVĀṆA erreicht ist. Bei materialistischen und besonders sinnlichen Menschen strömt Kundalinī abwärts und verursacht physische, emotionale und mentale Krankheiten.

Bewusstseinszustände und die Reinkarnation, die sie verursachen:

Grausamkeit	- Krankheit
Neid	- Hässlichkeit
Hochmut	- Armut
Desinteresse an der eigenen Zukunft	- Dummheit und Misserfolg

DIE SIEBEN SIEGEL DER APOKALYPSE sind die sieben Chakren. Wenn Kundalinī einmal fließt, öffnen sich die Chakren in folgender Reihenfolge: 6,5,4,3,2,7,1.
Die Gefühle, die während des Öffnens erfahren werden, werden in symbolischer Form im letzten Buch der Bibel (Offenbarung) beschrieben. Diejenigen, die, getrieben von Verlangen und Unwissen, mit den Sieben Siegeln oder Chakren „herumalbern", wie David Koresh und andere es taten, werden dafür bezahlen.

---

* Was absolut unmöglich ist, weil früher oder später erst unser Planet Erde, dann unser Sonnensystem und dann das ganze Universum zerstört werden und in dünnem Äther verschwinden wird. Was überlebt, ist immer und nur das TODLOSE, also in dir, der wahre Gott NIRVĀṆA.

Das ist WAHRES Wissen, das den Meister vom Schwachsinnigen trennt. Beispiel: Offenbarung 6, 12-17: „Als er das Sechste Siegel (7. Chakra) öffnete ... ereignete sich ein großes Erdbeben.“

Esoterischer Schlüssel: Das Erwecken dieser Chakra entfesselt erdbebenartige Gefühle und in der UNVORBEREITETEN Person auch Ärger, Hass, Selbstsucht und anderes.

**DER MENSCH
MIT DEN SIEBEN SIEGELN
einschließlich der entsprechenden Organe und Ganglien (Nervenzentren)**

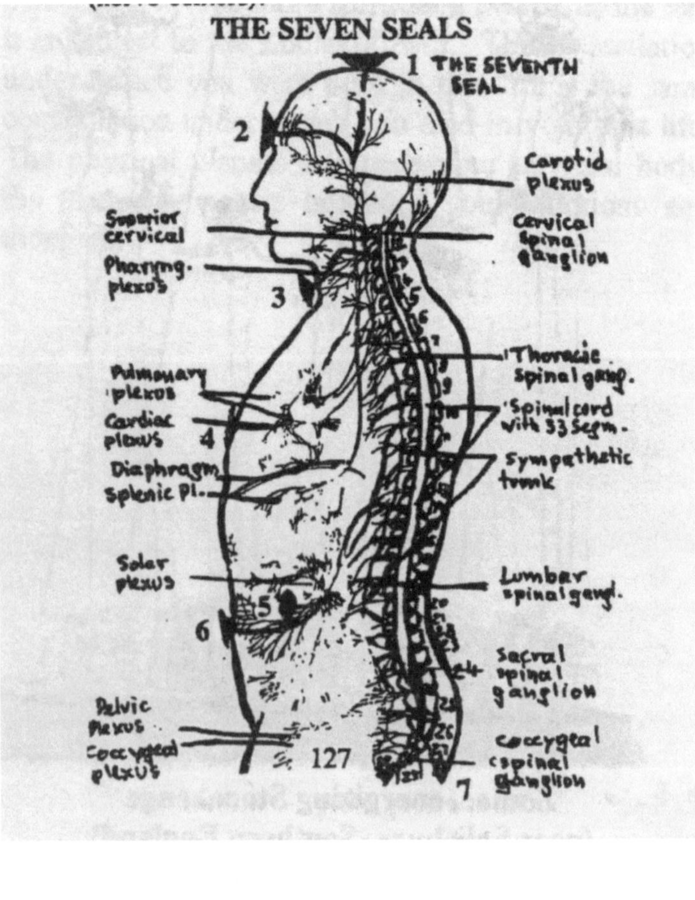

Tierkreiszeichen, das Stonehenge (in der Nähe von Salisbury, Südengland,) Energie verleiht

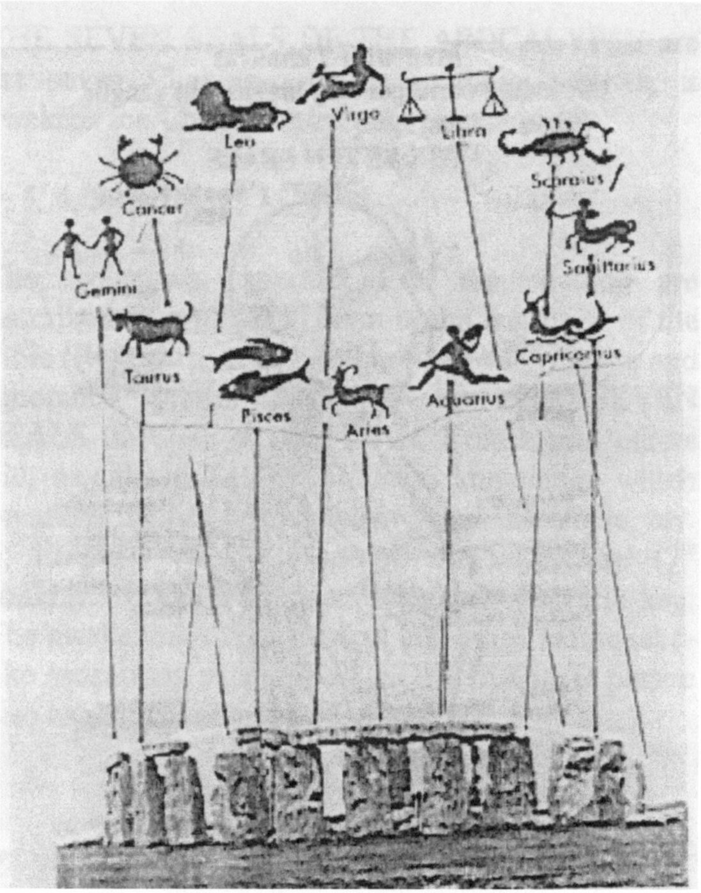

Es ist die Konstellation im Moment der Empfängnis und nur zweitrangig die bei der Geburt, die das Leben einer Person beeinflusst. Je spiritueller eine Person ist, desto weniger ist sie der Macht des Tierkreises unterworfen. Die Konstellation, unter der du in diesem Leben geboren wurdest, ist die gleiche, unter der du in deinem vorhergehenden Leben gestorben bist. Die physischen Planeten beeinflussen deinen physischen Körper, die Planetenengel beeinflussen deine Gefühle und Gedanken.

DER IRRTUM DES BUDDHAGHOSA

Wie konnte es passieren, dass die Lehre des Buddha zwischen 800 und 1000 n. Chr. vollständig aus Indien verschwand? Wie konnte es passieren, dass der Buddhismus von heute so entstellt wurde, ja, dass er sogar zum „Vergrößerungsspiegel der Mängel des Katholizismus" geworden ist, wie Deussen in seinen *Memories of India* (Erinnerungen an Indien) beklagt?

Um diese Frage zu beantworten, müssen wir zurückgehen bis zu Buddhas Tod im Jahre 483 v. Chr. Nach dem Tode Buddhas wurden seine Reden und Aussprüche, welche sich seine Mönche wortgetreu ins Gedächtnis eingeprägt hatten, auf mehreren Konzilien (ca. 483, 383 und 245 v. Chr.) in Gruppen oder Nikayas geordnet und in „Körben" oder Pitakas zusammenfasst, und zwar:

1. in den Korb der Reden oder Suttapitakam
2. in den Korb der Ordensregeln oder Vina-yapitakam
3. den Korb der Scholastik oder Abhidham-mapitakam, später hinzugefügt als eine selbständige Weiterbildung.

Diese drei „Körbe" oder Tipitaka enthielten die Gesamtheit der Lehre des Buddha.

ABER: Sehr bald nach dem Tode des Buddha erschien eine NEUE *Erklärung,* nämlich *Kommentare* zur Lehre des Buddha. Diese Kommentare, die einfach BEHAUPTETEN, den Gesichtspunkt der ersten drei Konzilien nach Buddhas Tod zu repräsentieren, wurden von älteren Mönchen bzw. Theras in Pali geschrieben unter dem Namen „Erklärung des Sinnes" oder Atthakatha.

Diese „Erklärung" wurde 245 v. Chr. von dem Mönch Mahinda, Sohn des Königs Asoka von Ceylon, mit den ursprünglichen drei „Körben" vereint und ins alte Singalesisch übersetzt. Mehr als 200 Jahre später wurden die mündlich überlieferten Tipitaka (aus gutem Grund Maha Atthakatha oder GROSSE Erklärung des Sinnes genannt), die drei Körbe also, die die Lehre des

Buddha enthielten, zum ersten Mal aufgeschrieben. Es ist deshalb nur dieser Dreierkorb (Tipitaka), der wirklich beanspruchen kann, die wahre Lehre des Buddha zu enthüllen.

Um 500 n. Chr. entdeckte der Mönch Buddhaghosa, der von Indien nach Ceylon gezogen war, das Maha-Atthakatha, welches die ursprüngliche Lehre des Buddha in den drei Körben enthielt und übersetzte die wesentlichen Teile zuzüglich seiner eigenen Interpretationen ins Pali. Diese Interpretationen verursachten den zeitweiligen Fall der Lehre des Buddha zwischen 800 und 1000 n. Chr. Um die Richtigkeit meiner Aussage zu beweisen, werde ich nun nur eins von vielen Beispielen anführen, die demonstrieren, wie der Mönch Buddhaghosa die Lehre des Buddha missverstand und demzufolge missinterpretierte.

Der Buddha erklärt mit eindeutigen Worten, dass es ein überlebendes Prinzip gibt, den „EINEN Wanderer", das von Leben zu Leben reinkarniert, bis es sich von dem gelöst hat, was es NICHT ist. Im Majj.Nik., 77. Diskurs, sagt Gautama Buddha:

„Gerade als ein Mensch von seinem Ort zu einem anderen ging, kam ihm der Gedanke: ‚Ich bin von meinem Ort zu einem anderen gegangen, ich habe dort gestanden, dort gesessen, dort gesprochen und bin dort still gewesen; dann bin ich wieder von diesem Ort zu meinem eigenen zurückgekehrt; auf die gleiche Art erinnern sich meine Jünger an verschiedene Formen früherer Existenz.'"

Das waren die Worte des Buddha, was die Reinkarnation des überlebenden Prinzips, hier symbolisiert durch den „EINEN Wanderer", anbelangt. Es ist wahr, dass die Diskurse des Buddha nicht immer wörtlich genommen, sondern als Gleichnisse gesehen werden sollen, aber Buddhaghosa ging in dieser Richtung zu weit. Seine Theravada-Interpretation des Gleichnisses des „einen Wanderers" ist die folgende: Ein menschliches Wesen existiert im Wesentlichen aus körperlichen und mentalen Kräften, die sich selbst im „Ich" ausdrücken. Beim Tode verschwinden diese Kräfte, werden ausgelöscht. In Fortsetzung dieser Kräfte erwachen neue Eltern, neue Kräfte, äquivalent zu denen, die ausgelöscht wurden. Diese neuen Kräfte formen dann wieder ein menschliches Wesen und nennen sich selbst einmal mehr „Ich". Das, so behauptet Buddhaghosa, sei Wiedergeburt wie vom Buddha gelehrt.

Wo, so frage ich, ist der EINE Wanderer, das überlebende Prinzip, das Unzerstörbare, das überlebende Prinzip, jenes, das reinkarniert, jenes, das jetzt gefangen ist, sich aber selbst befreien kann, wenn es einfach nur loslässt, was es nicht ist? Die Definition der Wiedergeburt wie gelehrt von Buddhaghosa ist nichts anderes als Vernichtung. Es ist die zerstörerischste, entmutigendste Philosophie, die vorstellbar ist. Was haben die neuen Kräfte zu tun mit meinem Selbst, wenn ich identisch mit den alten Kräften und folglich also zerstört bin. Ich bin dann gegangen, zerstört, vernichtet. Ich habe nichts zu tun mit den neuen Kräften, die in einem neuen keimenden Material erwachen nach meinem Tode. Ich habe nichts zu tun mit diesen Kräften, selbst wenn sie äquivalent sind zu jenen, die verschwunden sind, so wie ich auch absolut nichts zu tun hätte mit einem geklonten „Ich".

Buddhaghosa fährt fort, diese Wiedergeburt zu interpretieren („laut Buddha"), so als ob eine neue Kerze angezündet worden wäre mit einer alten, fast ausgelöschten. Und was ist mit der alten Kerze, wenn sie einmal niedergebrannt ist? Sie ist weg, hat nicht zu tun mit der neuen, brennenden Kerze. Das ist nicht Reinkarnation und Wiedergeburt wie von Buddha gelehrt. Das ist Wiedergeburt wie missverstanden und folglich missinterpretiert von Buddhaghosa. So eine Interpretation führt zu der Schlussfolgerung, dass ich nach dem Tode vernichtet werde und dass andere, gleiche Kräfte wieder entstehen. Aber was habe ich damit zu tun? Nichts. Solch eine Lehre ist Nihilismus, gegen den sich der Buddha in ernster Form ausgesprochen hat. In einem seiner Diskurse ruft der Buddha die folgenden Worte aus: „Ich, oh Mönche, werde von einigen Asketen und Brahmanen der Falschheit, Unkorrektheit, Eitelkeit, Unrichtigkeit beschuldigt: Ein Lügner ist der Asket Gautama, er lehrt Zerstörung und Vernichtung des Wesens, das jetzt existiert (satah sattvasya)!" So ist es also klar, dass der Buddha solch ein Wesen nicht nur postuliert, sondern das „Ich" oder „Selbst" auch als unzerstörbar erklärt hat. Das Beispiel mit der Kerze ist folgendermaßen zu verstehen: Die ätherische, für uns unsichtbare Essenz des Feuers manifestiert sich über oder an der Kerze und erzeugt das Kerzenlicht. Blase ich das Kerzenlicht aus, dann verbleibt aber immer noch die Essenz und Wesenheit des Feuers, die darauf warten, sich NEU als Kerzenlicht zu manifestieren, WENN die Bedingungen dafür (Kerze und Docht) herrschen. Ebenso reinkarniert die menschliche Wesenheit, immer wieder auf's Neue, getrieben von Verlangen, Leben für Leben.

Die richtige Erklärung der Wiedergeburt ist so einfach, wie sie Buddhaghosa kompliziert machen will. ALLES VERLANGEN überlebt nach dem Tod als Energie in Permanenten Atomen, die sich selbst um einen neuen weiblichen Leib gruppieren und so den EINEN Wanderer, das „Ich", das „Selbst" wieder inkarnieren lassen. Du möchtest das vermeiden? Dann löse dich von deinem Verlangen. Werde VERLANGENSLOS.

Der Irrtum des Buddhaghosa bestand darin, anzunehmen, der Buddha hätte gelehrt, es gäbe kein „Ich" oder „Selbst", und wenn, dann nur im Zusammenhang mit den vergänglichen Gruppen.Wenn der Buddha das gelehrt hätte, dann hätte er es so gesagt. Das hat er aber nicht. Er sagte nie: „Es gibt kein Selbst". Er hat nur immer und immer wieder gesagt, was das „Ich" oder „Selbst" oder „Atman" NICHT ist. Wie kann ich lehren, was etwas nicht ist, wenn dieses Etwas nicht einmal existiert? Wenn der Buddha gelehrt hat, dass das „Ich" nicht existiert, dann meinte er immer, dass es für unsere SINNE, für die Erkenntnis, nicht existiert. Man muss allerdings Sam. Nik., XLV,4 lesen, um zu verstehen, dass der Buddha die Existenz des „Ich" oder „Selbst" akzeptiert, ohne es zu definieren, denn es „ist", nur eben nicht für unsere Sinne, für die Sinneswahrnehmung, für die Erkenntnis, für den Körper, das Gefühl, das Denken, für Seele und den Geist, aber es IST jenseits davon, jenseits der Welt der Erscheinungen (Hölle, Erde und Himmel). Du möchtest es erfahren? LÖSE dich in Meditation von Körper, Gefühl, Denken, von der Seele und sogar vom Geist. Das Selbst ist jenseits dieser Grenzen, wie der Buddha selbst lehrte. Gautama Buddha lehrte sogar verbal im Zusammenhang mit dem „Ich". Ich zitiere Gautama Buddha: „Ich bin nicht irgendwo, nicht für irgend jemanden, nicht in irgendetwas." – „Weil das Ich und alles, was dazugehört, nicht gefunden werden kann ..." – „Selbst in diesem jetzigen Leben wird der Erleuchtete nicht herausgefunden werden (anaupal-abhamane)..." – „Das ist die wahre Atman- (oder ich, oder Selbst)- Lehre, das wahre attavada."

Wer, der einen gesunden Menschenverstand hat, kann im Licht und der Gegenwart dieser Worte immer noch behaupten, der Buddha habe gelehrt, es gäbe kein Ich oder Selbst? Oder, um es mit Dr. Georg Grimm zu sagen: „Wie dumm, wie abgrundtief dumm ist es, zu vermuten, der Buddha habe die Nicht-Existenz des „Ich" gelehrt!"

Was der Buddha lehrte, war die STILLE im Zusammenhang mit dem Ich oder Selbst, weil es nur in der Stille der Meditation erfahren werden kann, wenn wir uns gelöst haben von allem, was das Ich oder Selbst nicht ist, nämlich von Körper, Gefühl, Denken, Seele und Geist. OM.

Die Definition des EINEN Wanderers und der Wiedergeburt wie in diesem Buch erklärt macht Sinn. Buddhaghosas Interpretation jedoch macht keinen Sinn. Sie repräsentiert nicht den Kern der Lehre Buddhas. Um 820 n. Chr. nannte Shankara, der große vedische Kommentator, Gautama Buddha „einen alten Schwätzer". Kein Wunder, SHANKARA HATTE DIE BUDDHAGHOSA-INTERPRETATION DES BUDDHISMUS GELESEN. Dieser Buddhismus ist, wie Dr. Grimm schreibt, wirklich keine Religion für die indischen Arier.

DIE VEDAS

„VEDA" kommt von dem Verbstamm ‚vid' (wissen). Veda bedeutet ‚Wissen' und umfasst die ältesten und heiligsten Sanskrit-Schriften der Hindus, welche (laut *BUCH DES LICHTS*) 800.000 und mehr Jahre zurückreichen. Die Vedas werden in zwei Hauptabschnitte eingeteilt: in den Mantra- und den Brahman-Teil. Der Mantra-Teil enthält poetische Hymnen, Gebete und Beschwörungen, die okkulte Kräfte erwecken, wenn richtig gesungen. Der Brahman-Teil beinhaltet Regeln für das richtige Singen der heiligen Mantras, Abhandlungen in Prosa über Rituale und Formen religiöser Anbetung und ihre Interpretationen genauso wie Sagen und Geschichten.

Die Vedas, dieses altehrwürdige Denkmal, welches von der indischen und indo-europäischen Literatur bewahrt wird, sind mehr als sechs Mal so umfangreich wie die Bibel.
Buddhas Lehren schlugen wie ein Blitz in die Vedas ein und erklärten sie als nutzlos für das Erreichen von NIRVĀṆA. Wir verstehen jetzt, warum die Brahmanen Buddha nicht mochten und mögen...
Das Problem mit den Vedas ist folgendes: Es liegt große Weisheit in den Vedas, aber es ist noch nicht die perfekte Weisheit, denn: Die Vedas erklären Brahman (kann mit dem Gott der Religionen verglichen werden) als des Menschen endgültige Bestimmung (Parusha-artha). Aber es gibt etwas Höheres, nämlich das, aus dem Brahman kommt und wo er (wie alles andere mit ihm) wieder hingeht, und dieses Etwas ist NIRVĀṆA. DAS ist perfekte Weisheit, wie vom Buddha gelehrt und DAS ist das endgültige Ziel der Menschheit. Der Rest, einschließlich Brahman, ist eine vergängliche Illusion, eine māyā. Wo die Vedas völlig irren und unmoralisch sind, das ist ihr Opferkult mit Tieropfern.

Wollen wir noch einmal genau festhalten: NIRVĀṆA oder NIBBĀṆA ist die einzige Realität, das wahre Wunder, gefunden vom Buddha in der Nähe von Uruvela in Magadha unter dem Boddhi-Baum. Dort erreichte er NIRVĀṆA und demzufolge die konkrete Gewissheit (ñānañ ca pana me dassanam): „Unerschütterlich ist meine Befreiung, das war meine letzte Geburt, ich habe nichts gemeinsam mit dieser Reihenfolge der Dinge“.

RELIGION

DAS BUCH DES LICHTS enthüllt und beweist uns, dass alle Religionen nichts anderes als schlecht nachgemachte heidnische Traditionen sind, die alle von einer Quelle kommen und im Wesentlichen das Gleiche lehren: Die Einheit mit dem höchsten Prinzip. Das ist jedoch nicht Gott, sondern NIRVĀṆA. Wegen der Missinterpretation dieser Quelle wird diese eine Wahrheit nun aufgesplittet in viele Interpretationen und Meinungen, die all das Leid auf der Welt verursachen. Und es wäre so einfach, alle Religionen wieder zu vereinen. Alles, was man tun müsste, wäre, das höchste Prinzip richtig zu definieren, welches nicht ein Gott (selbst nichts anderes als eine ersten Emanation) ist, sondern NIRVĀṆA, die Abwesenheit allen Verlangens, die Abschaffung von Wahrnehmung und Empfindung, das Ende allen Leidens, die Loslösung von Körper, Gefühl, Denken, Seele und Geist, der wahre Zweck und die Bestimmung all dessen, was lebt und stirbt. OM.

Ich wiederhole demzufolge, was ich auf Seite 87 dieses Buches schrieb: „Der grundlegende Irrtum des vedantischen Systems ist der, dass es unser Selbst und die ganze Welt als das Gleiche (als eins) betrachtet. Das Selbst jedoch, *jedes* Selbst oder Atman, ist immer JENSEITS der Welt der Erscheinungen, JENSEITS von Hölle, Erde **und** Himmel mit allem darin. Wenn das Selbst nicht jenseits der Welt wäre, könnte es sich nicht selbst von der Welt befreien; es könnte sich weder von der Welt befreien noch NIRVĀṆA erreichen.

So gesehen ist das Selbst also weder ewig noch vergänglich. Es ist JENSEITS der Zeit. Solch ein Zustand kann nur durch Studium und Meditation erreicht werden. Was passiert, ist folgendes: Das Selbst, getrieben von Verlangen und Unwissenheit, verlässt sein sicheres Heim NIRVĀṆA und betritt die Welt, die in Form von Himmel, Erde oder Hölle existiert und wo es sofort verstrickt wird in die entsprechenden siebenfältigen Kleider:

1. im Himmel in einen spirituellen Körper
2. auf der Erde in einen physischen Körper
3. in der Hölle in einen niedrig-mentalen Astralkörper

Von einem bestimmten Gesichtspunkt aus können alle diese Kleider mentale Bewusstseinszustände genannt werden. Sie zu überwinden und zum rechtmäßigen Heim NIRVĀṆA zurückzufinden ist das Ziel eines jeden Selbst, sei es hier oder anderswo im Universum. OM.

Die Religion verspricht ewiges Leben im Himmel. Aber das ist Wunschdenken. Alle Himmel sind vergänglich, unbeständig und deshalb unbefriedigend. Wahrheit ist nur in NIRVĀṆA. Wie man NIRVĀṆA erreicht? Lass selbst den höchsten Himmel der Religion los, überwinde dein Verlangen nach der Einheit mit jedem beliebigen Gott jeder beliebigen Religion und du wirst wirkliche Unsterblichkeit erfahren, was kein ewiges Leben ist (das gibt es nicht), sondern Existenz jenseits der Zeit. Es ist eine JETZT-BEZOGENHEIT, die sich allen Definitionsversuchen entzieht und individuell erfahren werden muss vom ernsthaft Suchenden, der sich Wissen aneignet, nicht nur um in Diskussionen zu glänzen, sondern weil er es für sich selbst ANWENDEN möchte, um NIRVĀṆA zu erreichen. OM. Der Gott der Religion ist kein Schöpfer, er oder es denkt nur, es sei ein Schöpfer. Wie konnte das passieren?

Warum sogar die 1. Emanation und andere darunter glauben, Schöpfer zu sein und sich damit eben irren, erklärt uns der große Buddha in seinem *Abschnitt zu Moral und Ethik:*

„Es wird eine Zeit kommen, Mönche, früher oder später nach einer langen Zeitperiode, da wird sich diese Welt zusammenziehen. In einer Zeit der Kontraktionen werden die Wesen meist in der Ābhassara Brahmā-(Gott-)Welt wiedergeboren. Und dort verweilen sie – von Gedanken erzeugt, von Freude genährt, selbstleuchtend, phantastisch durch die Luft schwebend – und so verweilen sie eine lange Zeit. Aber die Zeit kommt, früher oder später, nach einer langen Periode, und diese Welt beginnt zu expandieren. In dieser Zeit des Expandierens wird ein leerer Palast von Brahmā (Brahmā noch nicht darin) erscheinen. Und dann wird ein Wesen, bedingt durch das Erlöschen seiner Lebensspanne oder durch besondere Verdienste von der Ābhassara-Welt herunterfallen und im leeren Buddha-Palast aufsteigen (so formuliert, weil die Wesenheiten sich bald selbst zu Brahmā, dem Schöpfer aller anderen Wesenheiten), erklären werden. Und dort verweilt es, von Gedanken erzeugt, sich von Freude nährend (und so von Unwissenheit und Verlangen nach dieser Welt und der Glückseligkeit), selbstleuchtend, sich phantastisch durch die Luft bewegend – und so verweilt es eine sehr lange Zeit. (Wenn solch ein Wesen in unsere Welt fallen und seine Leuchtkraft entfalten würde, dann würde die Welt auf die Knie fallen und dieses Wesen als einen Gott oder Christus usw. verehren. In Wahrheit ist es nur ein Wesen, geblendet und irregeführt durch die Glückseligkeit des Himmels). Dann entsteht in dem Wesen, das so lange allein war, Unruhe, Unzufriedenheit und Sorge (die erste sehr gewöhnliche Eigenschaft irgend eines Gottes der Religion, zum Beispiel eines „rachsüchtigen Jehova" usw.) und es denkt: „Oh, wenn doch nur einige andere Wesen hierher kämen!" Und andere Wesen fallen wegen des Erlöschens ihrer Lebensspanne oder besonderer Verdienste von der Ābhassara-Welt (der 17. Ebene, sie haben die Erinnerung an die Welten darüber bis hoch zu NIRVĀṆA verloren) und erheben sich im Brahmā-Palast als Begleiter dieses Wesens. Und dort verbleiben sie, durch Gedanken erzeugt, ... und sie verbleiben so (in diesem Zustand der Unwissenheit und des Verlangens nach himmlischen Gefühlen und nach Begleitung durch andere Wesen) für eine sehr lange Zeit. Und dann, Mönche, denkt das Wesen, das dort zuerst aufgestiegen war: „Ich bin Brahmā, der große Brahmā, der Eroberer, Unbesiegbare, der alles Sehende, der Allmächtige, der Herr, der Erbauer und Schöpfer, Herrscher, der Berufene und Berufende und Vater all dessen, was gewesen ist und sein wird. Diese Wesen wurden von mir geschaffen. Warum eigentlich? Weil ich zuerst diesen Gedanken hatte: ‚Oh, wenn nur einige andere Wesen hierher kämen!' Das war mein Wunsch, und dann begannen diese Wesen zu existieren.

Aber diese Wesen, die später aufstiegen, denken: „Das, Freunde, ist Brahma, der große Brahma (Gott; Lanoo), der Eroberer, der Unbesiegbare, der Alles Sehende, der Allmächtige, Berufene und Berufende, Vater all dessen, was gewesen ist und sein wird. Warum das? Wir haben gesehen, dass er zuerst* hier war und dass wir nach ihm aufgestiegen sind. Dann fährt der Buddha fort zu erklären, dass ein Wesen, das so denkt, folgerichtig denkt, dass es, wenn es tiefer in die physische Existenz fällt, möglicherweise ein Brahmin oder Brahmana wird, denn es erinnert sich während der Meditation an alle seine früheren Lebensformen bis hoch zur Existenz in der Brahmawelt und denkt:

---

* Am Ende einer jeden Periode kosmischer Aktivität werden alle Wesen in Brahma aufgesogen, der zuerst da war und mit allem darin zuletzt verschwinden wird, weshalb „...die ersten die letzten sein werden".

„Dieser Brahma ... er machte uns und er ist von Beständigkeit, stabil, ewig, kein Objekt der Veränderung, auf immer der Gleiche (und genauso ist es mit seinen Himmeln, denkt der Brahmin) ... Aber wir, die von diesem Brahma geschaffen worden sind, wir sind unbeständig, unstabil, kurzlebig, zum Zerfall verurteilt, und wir sind auf diese Welt gekommen (in Wirklichkeit sind beide, Brahma UND die Wesen, unbeständig, unstabil, kurzlebig und schicksalsbestimmt, denn sie haben sich noch nicht gelöst von einem Zustand, den man - trotz aller Göttlichkeit – unwissend nennen muss. Ich sollte hinzufügen, dass *DAS BUCH DES LICHTS* lehrt, dass ein Brahma immer ein höheres Selbst oder Gott eines Sonnensystems ist und dass alle Brahmanen aller Sonnensysteme vereint sind beim Wiedererwachen allen universellen Lebens in EINER Emanation, genannt Brahman). Ende des Zitats.

Hier nun, oh Leser, liegt die Ursache für die Religion und den Glauben an Gott. Das ist die Ursache einer weltweiten Wahnvorstellung, in der die Religion und ihre Gläubigen und Gottesanbeter sich selbst finden. Und nicht einmal „Gott“ selbst kann sie davon abhalten, denn der so Angebetete ist ja in die gleiche Illusion oder Wahnvorstellung verstrickt wie diejenigen, die ihn anbeten. Sie glauben an - und verehren - eine vergängliche Illusion. Sind sie deswegen zu verdammen? Natürlich nicht. Es ist schon verständlich, wenn jemand, der sein ganzes Leben unter einer Krankheit oder einer anderen Tragödie gelitten hat, sich nach der Glückseligkeit der himmlischen Welt SEHNT und hofft und glaubt, sie hielte für immer. Er hat möglicherweise Freude an dieser Illusion, für ihn ist NIRVĀṆA nicht das geeignete Ziel. Aber derjenige, dessen Augen nicht länger mit Staub bedeckt sind und der ALLE Gefühle auf der Erde UND im Himmel meidet, der ist der wahre Meister, der wahre Krieger, der wahre Kshatriya; ihn befriedigt nur NIRVĀṆA, er meidet alle Himmel darunter. OM.

Wenn also, genau jetzt in diesem Moment sogar der Gott irgend einer beliebigen Religion selbst sich auf unsere Erd-Ebene herab begeben würde und der Rest der Welt auf die Knie fallen und ihn anbeten würde, dann hätte der Kenner der Wahrheit die Pflicht, diese Gottheit in bezug auf ihre wahre, illusionäre Natur zu unterrichten und auf diese Art zu helfen, sie selbst (und auch ihre Anbeter) von diesem Zustand der Unwissenheit zu befreien, so dass sie alle NIRVĀṆA erreichen können. Aus diesem Grunde wurde Gautama Buddha auch der Lehrer der Menschen UND Götter genannt. Mit anderen Worten: Der Anbetende und der Angebetete leiden an der gleichen Krankheit: an kosmischer Amnesie bzw. Gedächtnisschwund. Sie haben vergessen, wo sie herkommen und was ihre wirkliche Quelle und demzufolge auch der eine und einzige Gott ist. Nur ein Buddha „erinnert" sich an NIRVĀṆA. Nur ein Buddha ist demzufolge ein wirklich Erwachter. Oh, Lanoo, wahre Befreiung und Rettung wird es niemals durch irgendeinen Gott einer Religion geben, sondern nur durch dich selbst. OM. Ehre sei dem einzig Erwachten, dem Erleuchteten, dem Buddha. OM.

Deshalb: Jede Erscheinung, sei es auf der Erde oder im Himmel, die beansprucht ein „Gott" oder „die zweite Ankunft von Christus" zu sein, ist entweder eine von den Illuminati geschaffene Fälschung oder ein Opfer seines eigenen Verlangens oder Zustandes der Unwissenheit. Derjenige, der NIRVĀṆA erreicht hat, während er noch im physischen Körper verweilte, wird sich niemals selbst zum Gott erklären. Er wird NIRVĀṆA als das höchste Prinzip erkennen, als das Heim und die Quelle aller Götter aller Religionen und demzufolge auch für den, der die Wahrheit, den einen und einzigen Gott, sucht. Was es wirklich ist, wirst du niemals wissen, nur, was es NICHT ist. Fragen wie „Wer ist Gott?" oder „Wer bin ich?" werden dem, der NIRVĀṆA moksha erreicht hat, nicht mehr zu schaffen machen. OM.

Viele Wesen, die jenseits und auch unter den Ābhassara-Devas wohnen, haben das gleiche Problem. Sie erscheinen und erwachen auf ihrer Ebene der Existenz und können sich nicht an ihren Ursprung, an NIRVĀṆA, erinnern. Und weil sie in ihren Körpern verweilen, und weil sie noch nicht vollkommen sind, entwickeln diese Wesen, oft inmitten der höchsten Götter und Devas, unvollkommene Haltungen, wie zum Beispiel Neid unter einander. Das katapultiert sie schließlich aus ihrem hohen Heim auf niedrige Ebenen (welche ihren niederen Schwingungen entsprechen), oft bis auf die Erde hinunter oder sogar in eine der Höllen. So, oh Lanoo, sind also viele von uns gefallene

Engel. Es sind jedoch genau diese oben erwähnten Wesen, die uns mit unserem (deshalb) unvollkommenen Körper, unseren Gefühlen, unserem Denken, unserer Seele und unserem Geist versorgen. In **dieser** Hinsicht können sie Schöpfer genannt werden. Sie sind die Elohim der Bibel, wenn richtig verstanden. Jehova ist einer von ihnen, einer der Schöpfer. Aber DU, das SELBST, der KERN, du bist unerschaffen, immer existierend, wirklich ewig und unsterblich, jenseits von Zeit und Raum, und du manifestierst periodisch, getrieben von Verlangen und basierend auf Unwissenheit. OM.

GUTE MENSCHEN UND SCHLECHTE MENSCHEN oder GUTES KARMA KANN AUCH SCHLECHT SEIN

Ich hatte das Gefühl, dass in diesem kleinen Buch noch etwas fehlt, aber ich wusste nicht, was es ist. So ließ ich es fast 4 Monate ruhen, in der Hoffnung, es fiele mir noch ein. Und tatsächlich! Ein guter Freund gab mir ein Buch, geschrieben von Buddhadasa Bhikku mit dem Titel *Handbuch für die Menschheit*. Die Seiten 170-172 dieses Buches empfand ich fast als physische Schwingung, ja sogar als explosiv durch die Macht ihrer nirvāṇischen Botschaft.

„Wenn eine Person unter dem Einfluss von Verunreinigungen (Körper, Gefühl, Denken, Seele und Geist, Lanoo) Handlungen ausführt (Karma), besonders wenn er Handlungen ausführt, die als böse betrachtet werden, wie zum Beispiel Trinken, Töten, Ehebruch, Stehlen oder Ähnliches, dann hängt er an. Anhäufung basiert auf Unwissen, Irrglauben und Dummheit. Das geht so weiter, bis es das Gefühl der Zufriedenheit im Denken des Ausübenden hervorruft. Wenn er das unbefriedigende Ergebnis seiner Handlungen erfährt, versucht er sich weiter damit zu befassen durch weitere Handlungen ... was die Sache nur noch schlechter macht. Das Ergebnis ist, dass die Anhäufung weitergeht, und zwar stärker als vorher ... bis die Zeit kommt, da er erkennt, dass das ein unbefriedigender Zustand ist und beschließt, damit aufzuhören. Er sieht sich dann um nach etwas, das nicht unbefriedigend ist und ist so in der Lage, von seinen schlechten Pfaden wegzukommen.

Nun werfen wir einen Blick auf den Menschen, der Gutes tut, der sich schlechter Handlungen enthält und nur so handelt, wie wir es üblicherweise als gut bezeichnen. Solch ein Mensch erntet die passenden Ergebnisse seiner sogenannten guten Handlungen. Er wird möglicherweise wohlhabend und einflussreich und bekommt alle Dinge, die sich ein guter Mensch vielleicht wünscht. Aber wenn er seinen mentalen Zustand untersuchen könnte, würde er erkennen, dass er immer noch der Angst und Sorge unterworfen ist. Er erfährt das Leiden, das immer mit Wohlstand und Einfluss einhergeht. Ein reicher Mann im Ruhm hat üblicherweise Sorgen, die ausgelöst sind durch diesen Ruhm, und das Gleiche trifft für Wohlstand und Kinder zu. Wovon man sich auch immer angezogen fühlt und worin man auch immer Zufriedenheit empfindet, ist zugleich verdammt als Ursache von Kummer und Sorge.

So bringt also auch nicht jede gute Handlung, die in keiner Beziehung böse oder sündhaft ist, automatisch Freiheit von einem unbefriedigenden Zustand. Genauso wie ein böser Mensch unter den Qualen seiner bösen Taten leidet, ist ein guter Mensch dazu verdammt, seine eigene, besondere Art des Leidens zu erfahren. Ein guter Mensch leidet eher unauffällig, und zwar immer dann, wenn er sich an seine eigene Güte bzw. Gutartigkeit klammert. Wenn wir es also als Naturphänomen untersuchen, dann stellt sich heraus, dass es nicht nur der böse Mensch ist, der die Früchte seiner bösen Taten erntet, der herumgewirbelt wird im Zyklus der Anhäufung. Der gute Mensch, der natürlich die Früchte seiner guten Taten erntet, ist genauso in Anhäufung verwickelt. Dieser Prozess endet nie. Er geht ununterbrochen weiter. Denken wird gefolgt von Handeln, und wenn die Früchte der Handlung geerntet wurden, folgt wieder das Denken. Das ist das Rad von Samsara, das sich immer weiter dreht. Samsara ist einfach dieser Zyklus der Anhäufung.

Sobald ein Mensch es geschafft hat, diesen Prozess zu verstehen, ist er auf dem Weg, sich für den entgegengesetzten Zustand zu interessieren. **Er kommt zu der Erkenntnis, dass Geld,**

Name und Ruhm und ähnliches überhaupt nichts nutzen, und dass das, was man braucht, etwas viel Besseres sein muss. Er beginnt dann, sich nach etwas Besserem und Höherem umzusehen; einen anderen Weg zu suchen. Er intensiviert diese Suche, wenn er eine spirituell fortgeschrittene Person trifft, sitzt zu ihren Füßen und erfährt Dharma, die Wahrheit. Auf diese Art und Weise erfährt der Mensch etwas über einen Zustand, der das Gegenteil ist von all dem, was er bis dahin hatte, war und tat. Er erfährt von NIRVĀṆA und welcher Weg dahin führt. Er erlangt die Gewissheit, dass **das** das Ziel ist, das jeder Mensch erreichen sollte. Er erkennt: „Deshalb wurde ich geboren!" Alles andere ist Verworrenheit, Verstrickung und Anhäufung. Das allein ist das Auslöschen der Flamme, Besonnenheit, Ruhe. Sein Interesse an NIRVĀṆA bringt ihn dazu, die Mittel zu suchen, NIRVĀṆA auch zu erreichen und er ist davon überzeugt, dass die Stufen auf seinem Weg zu NIRVĀṆA der Zweck sind, für den er geboren wurde."

Wir Menschen klammern uns an angenehme Gefühle. Wie ist das bei all den himmlischen Wesen, die im Himmel leben als verstorbene Personen, Engel usw.?

„Sie sind den angenehmen Gefühlen unterworfen genau wie die Menschen, vielleicht noch mehr, obwohl sie sich diese vielleicht noch besser und feiner vorstellen können, dem freien Willen mehr unterworfen als es beim Menschen der Fall ist. Aber nicht einmal sie sind frei von Verlangen und Anhaften, von der Faszination reizender Gefühle, die sie empfangen mit Hilfe ihrer ätherischen oder spirituellen Körper. **Noch höher auf der Ebene der Götter wurden Sinnesfreuden notwendigerweise völlig ausgelöscht; aber auch das bringt keine Befreiung von einer anderen Art der Freude; nämlich dem Vergnügen, das verbunden ist mit tiefer Konzentrationspraxis."**

Also, da haben wir es. Selbst die Götter haften an. Wir verstehen nun einmal mehr, warum der Buddha der Lehrer der Menschen **und** Götter war. Er lehrte sogar die Götter und Gott selbst, wie man sich von diesem Zustand des Anhaftens löst und Zuflucht in NIRVĀṆA sucht.

DIE SECHS HINDERNISSE AUF DEM WEG ZU NIRVĀṆA

Formen, Töne, Düfte, Geschmack, Kontakte und die Gedanken darüber

Formen, die das Auge wahrnimmt, die angenehm, lieblich, charmant, anziehend sind und Verlangen auslösen; Töne, die das Ohr wahrnimmt und die angenehm, lieblich, charmant, anziehend sind und Verlangen auslösen; Düfte, die die Nase wahrnimmt und die angenehm, lieblich, charmant, anziehend sind und Verlangen auslösen; Geschmack, den die Zunge wahrnimmt und der angenehm, lieblich, charmant, anziehend ist und Verlangen auslöst; Kontakte, die der Körper fühlt und die angenehm, lieblich, charmant, anziehend sind und Verlangen auslösen; oh, Lanoo, löse dich von all diesen Formen, Tönen, Düften, von dem Geschmack, den Kontakten und Gedanken, sei es hier auf Erden oder auf einem anderen Planeten oder in einem anderen Universum, physisch, ätherisch, astral, mental oder sogar spirituell. LÖSE dich selbst von allen Gedanken an diese flüchtigen, unbeständigen Illusionen, und du wirst Befreiung in NIRVĀṆA erlangen.

An diesem Punkt drängt mich der Große Chohan, eine Botschaft zu senden an all jene, die an UFOS, Parallel-Universen und ihre Lebensformen, sei es auf der physischen, ätherischen, astralen, mentalen und /oder spirituellen Ebene glauben: Ja, all das und mehr existiert, all diese Bewusstseinsebenen und ihre Bewohner werden auf ca. tausend Seiten detaillierter als anderswo im *BUCH DES LICHTS* beschrieben, aber: SIE SIND VERGÄNGLICHE, UNBESTÄNDIGE, FLÜCHTIGE ILLUSIONEN. So ist also das erste, was ein Lanoo machen muss, wenn er solch ein Wesen anzieht (oder von ihm angezogen wird), dass er dieses außerirdische Wesen über dessen illusionäre, vergängliche, sterbliche und unbeständige Natur aufklärt und es die Wirklichkeit von NIRVĀṆA lehrt. Alle Wesen, ob in einem physischen Körper auf der Erde oder in einem spirituellen Körper auf der Venus usw. haben dringenden Bedarf an Befreiung von ihrer gegenwärtigen Form des Verlangens und auch der Unwissenheit. Die Planeten sind die Klassenzimmer; NIRVĀ-

ṆA ist das angebotene Ziel. Lasse dich nicht gefangen nehmen von außerirdischen Ebenen, Theorien oder Gefühlen, sondern erreiche die Abschaffung von Wahrnehmung und Empfindung. Das ist NIRVĀṆA. DAS ist der Sinn deines Lebens und des Lebens aller anderen. OM.

Des Weiteren: All jene, die die NIRVĀṆA-Lehre an andere weitergeben wollen, sollten nicht zu viel Zeit verschwenden, Details, gegenteilige Meinungen oder andere Lehren zu diskutieren. Wenn jemand, der die Botschaft des Wahren Gottes zum ersten Mal hört, nicht sofort im Innersten davon berührt ist, dann ist es nichts für ihn. Lass ihn gehen. Verschwende nicht deine Zeit. Konzentriere dich auf die, die bereit sind für die Wahrheit. OM.

SICH ANS LEBEN KLAMMERN BEDEUTET NICHTS ANDERES ALS ANGST VORM TOD

Der Buddha formuliert: „Der nicht-unterrichtete Mensch der Welt, der nicht Erkennende, der nicht vertraut ist mit der edlen Lehre, nicht darin geübt, dieser Mensch betrachtet seinen Körper, seine Gefühle, seine Wahrnehmungen, sein Denken, sein Bewusstsein als er selbst; oder er sieht sich selbst als einer, der Körper, Gefühl, Wahrnehmung, Bewusstsein besitzt; oder er betrachtet sich selbst als Wesen im Körper, Gefühl, in der Wahrnehmung, im Denken, im Bewusstsein.“ (M. 109. Diskurs). Ende des Zitats.

Das ist tatsächlich die Betrachtungsweise der Menschen, die die Lehre nicht kennen, und so denkt die Mehrheit der Menschen. Nur wenige sehen die Dinge, wie sie sind, nämlich als vergänglich, nicht unser Selbst und deshalb als die Ursache allen Leidens. Die Wirklichkeit ist doch: Im Moment des Todes werden Körper, Gefühl, Wahrnehmung, Denken und Bewusstsein sowie ihr Produkt, die Persönlichkeit, zerstört. Wer sich dann noch nicht von seiner Persönlichkeit gelöst bzw. diese überwunden hat, sich nicht mehr länger mit dieser törichten Persönlichkeit identifiziert, der wird wieder reinkarnieren müssen. All das jedoch weiß der Mensch, der die Lehre nicht kennt, nicht bzw. er will es nicht wissen. Indem er denkt, dass er seine Persönlichkeit IST, indem er denkt, dass seine Persönlichkeit sein WESEN ist, das im Moment des Todes vernichtet wird, indem er denkt, dass er selbst im Moment des Todes zur Zerstörung verdammt ist, hat er tatsächlich allen Grund, den Tod zu fürchten, denn er hat noch kein anders Bewusstsein erreicht als das seiner Persönlichkeit. Deshalb klammert er sich so verzweifelt und in einem solchen Ausmaß an sie, dass er sich sogar, wenn Leben für ihn Leben unter schlimmsten physischen Bedingungen, mentalen und emotionalen Umständen, sogar mit einem verkrüppelten, gestörten, von Krankheit gezeichneten Körper bedeuten würde, er sich lieber dafür entscheiden würde als zu sterben. Warum? Weil er denkt, das Leben ist lebenswert? Sein Grund, sich an das Leben zu klammern, liegt sogar noch jenseits davon. Der Mensch, der die Lehre nicht kennt, identifiziert, wie schon bemerkt, sein Wesen mit seiner Persönlichkeit, und so lebt er in dem Irrglauben, dass er im Moment des Todes vollständig zerstört wird. DESHALB klammert er sich so verzweifelt ans Leben. Er zieht jede Art zu leben bzw. des Lebens dem Horror der Vernichtung vor. Wenn er jedoch die Lehre kennen würde, die heilige anatta-Wissenschaft, dann würde er verstehen, dass Krankheit und Tod sein wirkliches Wesen nicht erreichen können. Wenn er das wüsste, verstehen und akzeptieren könnte, wäre er vollständig gleichgültig gegenüber Körper, Gefühl, Denken, Seele und Geist und er würde Unsterblichkeit erreichen, während er noch in seinem sterblichen Körper verweilt. Aber der Mensch, der die Lehre eben nicht kennt, denkt nicht so und bleibt in der Illusion, dass er aus seiner Persönlichkeit besteht. Im Moment des Todes klammert er sich weiterhin an dieses Leben, was seine Reinkarnation verursacht – je mehr er klammert, desto schneller erfolgt die Reinkarnation bzw. die Wiedergeburt in einem neuen Körper.

So gesehen ist Leben nichts anderes als Unwissenheit in Aktion. Weisheit und Wahrheit findet man *jenseits* von Leben und Tod, HINTER dem flüchtigen Phänomen von Erde, Himmel und Hölle. DAS ist Wirklichkeit. Das ist NIRVĀṆA. OM.

DER HEILIGE GRAL

Viele Filme über den „Heiligen Gral“ wurden produziert, aber nicht einer von ihnen beantwortet wirklich die Frage: „Was ist der Heilige Gral?“
Die Antwort: Der Heilige Gral ist NIRVĀṆA, der monadische Punkt der Auflösung sowohl aller Materie als auch allen Geistes, da Geist nichts anderes ist als extrem feine Materie. Der Heilige Gral zerstört Materie UND Geist, denn Materie und Geist sind nichts anderes als Verlangenszustände, und Verlangen kann im Heiligen Gral nicht überleben. Der Heilige Gral zerstört alle Bewusstseinszustände und -stufen, ja, schlimmer, der Heilige Gral vergrößert jedes Verlangen tausendmal und tötet auf diese Weise den Kandidaten, zum Beispiel während der EINWEIHUNG. So gesehen ist der heilige Gral die Abwesenheit jeglichen Verlangens; in seiner Gegenwart ist alles Verlangen, sogar das spirituellste, tödlich und zerstört denjenigen, der es noch nicht überwinden konnte. Derjenige, der voll bewusst nichts mehr will, WIRD zum Heiligen Gral. Der Heilige Gral war also, wie bereits erwähnt, der „10. Grad“ während der Einweihung von Jesus Christus, Pythagoras und anderen (nicht der gefälschte 10. Grad der „Freimaurer“ von heute). Die kleinste Schwäche hätte ihn in Stücke gerissen. Aber er war erfolgreich, er überlebte, er überwand. „Es ist vollbracht“, sagte Jesus und wurde zum Heiligen Gral, der größten Macht im Universum, in der Lage, ganze Planeten zu zerstören, wenn er will.

Die Laya-Energie des Heiligen Gral, die die Gesamtsumme der Energie, die beim Urknall freigesetzt wurde, enthält, wurde während der Atlantischen Epoche in einer schwarzen Box aufbewahrt und konnte nur von einem reinen Wesen, einem Eingeweihten, getragen werden. Die „Bundeslade“ der Juden ist eine verfälschte Kopie des wirklichen Heiligen Grals, der während der Atlantischen Kriege auch gegen ganze Armeen benutzt wurde. Der Missbrauch dieser Energie führte schließlich zum Untergang von Atlantis.

EIN REINES UND UNSCHULDIGES KIND, das karmisch noch nicht verdorben ist durch Leidenschaft und Verlangen und das bereit ist, ein keusches, reines Leben des Studiums und der

Meditation zu führen, ist der beste Kandidat für den Heiligen Gral. Das Satya-Alter der Reinheit wird zurückkehren, wenn die Menschen wieder solch einen Träger des Heiligen Grals zu ihrem Führer auswählen. Die Welt wird verstehen, dass DIESES BUCH der heilige Gral ist. OM.

DIE MÄCHTE DER DUNKELHEIT ERZITTERN VOR NERVOSITÄT UND ANGST!

Warum? Die Menschen entdecken mehr und mehr, dass ALLES auf der Erde und sogar im Himmel unbefriedigend ist. Auf der Suche nach WIRKLICHEM Glück wenden sich mehr und mehr Menschen ab von all den Annehmlichkeiten und dem Verlangen auf der Erde. Mehr und mehr Menschen entdecken, dass die Wahrheit darin besteht, alle irdischen, ja, sogar alle himmlischen Annehmlichkeiten LOSZULASSEN. DESHALB sind die Mächte der Dunkelheit (Falschinformation und Unterhaltungsindustrie, Medien, Politik, Bankwesen, Kunst, Wissenschaft und Religion) in Panik. Sie befürchten, ihre Schäfchen zu verlieren, so erfinden sie mehr und mehr Technologie, um unsere Sinne zu wecken, um die Aufmerksamkeit nach außen zu richten, weg von dem Selbst und hin zum Nicht-Selbst. Aber am Ende werden sie verlieren. Bald wird jeder auf der Erde, im Himmel und in der Hölle wissen, dass es Hoffnung gibt, dass es einen Ausweg gibt von der Sterblichkeit zu wahrer Unsterblichkeit, jenseits unserer Sinnesfreuden, sogar jenseits der höchsten Himmel, losgelöst von Körper, Gefühl, Denken, Seele und Geist, bis nichts als die Wahrheit verbleibt, höher als jeder (immer vergängliche) Himmel der Religionen, und diese Wahrheit ist NIRVĀṆA, das Ende allen Leidens.
OM.

DIVINE MESSAGE

FROM THE TRUE GOD

NIRVĀṆA

BUDDHISM
AS IT SHOULD BE

LANOO (Christian Anders)

Dedicated to

Dr. Georg Grimm

(1868 - 1945)

WITH SPECIAL THANKS

to Rabbi Baruch Hecht

and
to Michael Lewis

for the

Hebrew
Translation

THE PURSUIT OF HAPPINESS

The Constitution of the United States of America (Article 6, Section 2), guarantees to every American the opportunity to pursue happiness. The Americans have had over 200 years to pursue happiness. Did they find it? I don't think so. Why did the people of the United States of America not find true happiness? Because they were and are looking for it in the wrong place, outside in the world, where it is not. Where, then, is true happiness? It is deep, deep inside of you, where your true immortal essence dwells. If you do not let go of the outside world and of your attachment to it, you shall never experience true happiness. What is the name of that happiness? Its name is NIRVĀṆA. Every society that does not have NIRVĀṆA as its highest principle is doomed to failure.

LANOO (Christian Anders) Nov. 1, 1996
Los Angeles, California

THE SURVIVING PRINCIPLE

The purpose of this book is to awaken the surviving principle in you, or rather that which survives life after life, death after death, into your next reincarnation. That surviving principle is truly immortal, meaning that it was never born. Consequently it can never die. It has no beginning and no end. It was always there and will always be there. **THAT** is the real you. How can you find it? How can you find that eternal principle - that which survives life after life, death after death, reincarnation after reincarnation? How can you find that which survives, which you really are? The answer: Detach yourself more and more from that which does not survive and that you therefore are not. Detach yourself step by step from that which does not survive and you will then reach and become unavoidably **The Surviving Principle**. Each death is nothing but an enforced detachment towards the surviving principle. What is it that survives after death? What is the surviving principle? It is that which remains after you have abolished all perception and sensation. And since this state of being is dreaded by almost all that lives, it shall only be sought and experienced by the wise ones. **AUM**.

What happens is this: That which survives clings to that which does not survive. When death comes, the surviving part is forced to let go of the non-surviving, mortal, transient part. Unable to sustain, or to KNOW of its eternal nature, the surviving part, filled with desire for consciousness, THIRSTS for the non-surviving, leaves its eternal abode and switches to "the other side of the fence" to the transient world and surrounds itself once again with body, emotion, mind, soul and spirit. It does that by using Mulaprakriti, eternal root matter, which adjusts itself around the being according to its states of desire, resulting later in the illusionary appearance of body, emotion, mind, soul and spirit. How can we let go of these states of desire without destroying ourselves? It happens during meditation. The solution to the problem is this: **YOU ARE** the surviving principle. Let go of all that which is not surviving. This book will help you to achieve that goal. Then you will have found Truth and true immortality in **NIRVĀṆA**. That is the purpose of your life.

RENOUNCE!

This is a peaceful declaration of war to all social, political, scientific, educational, philosophical and religious systems here on Earth and anywhere else in the universe:

TO WHOM IT MAY CONCERN

Give up your present state of consciousness and thus of desire. Renounce it and attain NIRVĀṆA: the absence of ALL desires and the realization of true immortality.
AUM.

LANOO (Christian Anders)

Nov. 28th, 1999,
Los Angeles, California

All religions in the world shall be reunited at the Second Coming of Christ, which is not a person, but a message -- the divine message from the true god.

"The Christ can't manifest. It is the **teaching** which manifests."

Jiddu Krishnamurti

जिद्दु कृष्णमुर्ति

THE MONSTROUS CONTRADICTIONS OF RELIGION

Who, after these words of Dr. Georg Grimm, and after having read this book, still believes in a God of today's religion, will not be purged by wisdom but by suffering. **OM**.

"The Christian doctrine of personal survival after death in an eternal heaven or an eternal hell presupposes the belief in a personal god, and, together with this dogma, leads to monstrous contradictions: How can human insight bear the thought of a god who ought to be the sum of infinite goodness, wisdom and power, creating beings whom he knows to be condemned in an overwhelming majority to eternal damnation in a hell, since "many are called, but few are chosen." Certainly, these beings choose their gruesome fate themselves, as their will is free. But how can a most gracious god bestow such a horrible gift, when he knows beforehand, in virtue of his omniscience, how dreadfully they will misuse it! What should we think about a father who should send his child into the world or even only generate it, knowing for certain that it would later on commit "voluntarily" a crime that would be punished with life-long imprisonment, and thus remain through all its life in deepest despair! But what would such a deed be in comparison to that other one, to give existence to a being, even to the greater majority of beings, so that those beings, namely, the animals, who have no free will and are therefore without fault, live always in terror and fear* without any prospect of compensation - because, according to the Christian doctrine, animals are not immortal - while the others, men, are to be doomed in consequence of this their free will to eternal hell, foreseen by their creator to be the consequence of this free will which he gave to them! Must not the intellect first be created, that may bear such a thought? Is it not, moreover, contrary to every law of thought that the fault of a poor finite creature, which itself must therefore be limited and finite, should be revenged by an infinite punishment? Is it con-

---

* How much more sense it makes in this case *THE BOOK OF LIGHT*, teaching that all animals derive from man, are meant to become man and thus share his Karma. LANOO.

ceivable that the same god who orders men to overlook and to forgive every offense, acts himself in quite a different manner, inflicting eternal punishment in hell, under threat in case of my disbelief of having that dogma made good on my own person, on the other hand has endowed me with a power of insight which simply will not let me believe such a dogma because of its opposition to all reason?

It is not saying too much to assert that a hypothesis involving such consequences and contradictions cannot possibly stand the trial at the assize of intellect and must therefore be dismissed without more ado." End of quote.

It is for this reason that religion labels and sells itself as a BELIEVE system and not as knowledge. Religion actually demands from you that you believe, knowing quite well that nothing they claim stands the test of factual, historical proof, of true evidence. So they want you to believe it, even and especially beyond common sense, arguing that god's will is beyond human comprehension, which nevertheless seems to be capable enough to define God's incomprehensibility. And yet I say that all religions teach the same Truth, IF we understand the true esoteric meaning behind their SYMBOLIC message. But claiming the symbol to be real, religion somehow hopes to, and actually does, escape the test of logic and common sense, thus resting comfortably and, I might add, most profitably on the pillars of belief and superstition, instead of true wisdom and knowledge.

Lanoo

"What profit has not that fable of Christ brought us!"

Pope Leo X.

INTRODUCTION

THE BOOK OF LIGHT teaches but also **proves** that the term "God" is an intentional mistranslation to establish a "one and only" male God where there is none. The name given to the Highest in the Hebrew Bible is Elohīm. Let us analyze that term. Elohīm is a Hebrew word, a common plural noun, meaning "Gods".

El - "God", elôh - "goddess", īm - masculine plural. That reveals the male - female (or androgynous) nature of the First, or rather of **any**, spiritual principle.

אלהים יתבא ראשׁ בּ

Or: **be- rēsh yithbārē elohīm**, is correctly translated **"Through multitude, the gods formed themselves** (into the heavens and the Earth, etc.)."

That "multitude" is the multitude of GODS (7 plus their sub-emanations) through which emanated the different nations on Earth, causing their different religions in the world.**"Thou shalt not revile the Gods".** It was GOD **"who hath divided them unto all nations!'**

Ex.xxii, 28. Deut.iv, 19.

In order to make their God "the one and only God", they changed or translated "elohīm" into a male singular God with males representing "him". But the Truth is that all Gods and Subgods (Jehovah, Allah, etc.) and religions emanate periodically from ONE source, the one and only God. The following illustration makes it clear:

GOD
First Emanation

Nations, religions and their Gods

Originally the term "God" derived from the Hebrew
י = YOD, a hebrew letter and male phallic symbol.

Who now is the **one and only** God, origin of all the other Gods or "Elohīm" and their Subgods (demi-gods, planetangels, etc.)? That answer shall be given in this book.

ALL HEAVENS OF ALL RELIGIONS ARE ALWAYS TRANSIENT. ONLY NIRVĀṆA IS REAL

Do not wait for eternal peace in heaven. It shall not happen. Even the heavens are not forever and shall be destroyed and have to reincarnate with everything in them. Your own Holy Scriptures reveal it to you.

Jesaja 34, 4 and Revelation 6, 14.

"And all the host of heaven shall be dissolved, and the heavens shall be rolled together as a scroll."

"And the heaven departed as a scroll when it is rolled together."

The Holy Quran, p.461, ch. 104, Sura XXI, Anbiyaa.

"The Day that we roll up the heavens like a scroll, rolled up for books (completed), even as we produced the first creation, so shall we produce a new one; a promise we have undertaken: Truly shall we fulfill it."

كما بدأنا أول خلق نعيده
وعدا علينا
إنا كنا فاعلين

THE THREE REALITIES

There are three realities:

1. NIRVĀṆA
2. ALL BEINGS and
3. ROOTMATTER.

These three are UNCREATED, ever existing and DEATHLESS. They interact periodically. When they interact, all beings leave NIRVĀṆA, driven by desire based on ignorance, and veil themselves in rootmatter, thus expressing their state of desire from the previous manifestation. This happens in hierarchical form from the highest god to the lowest atom. The beings interact and cause KARMA which leads to REINCARNATION. At the relative end of one worldperiod all forms are consumed again and all beings absorbed in NIRVĀṆA. Then after a period of cosmic rest all beings (except those who overcame all desire for hell, earth and heaven) leave NIRVĀṆA once again to interact again for one worldperiod. There is no beginning and no end of these periods of cosmic reawakening and cosmic rest. GLORY TO THE BUDDHA. Now let us witness the message of the true God.

Divine Message from
THE TRUE GOD

I have come to lead you out of the darkness of bondage into the light of liberation. You are not your body, you are not your emotions, you are not your mind, you are not your soul and you are not your spirit. All these are but states of desire. Give them all up. Drop all your desires, all your longings for worldly and even heavenly pleasures. Something greater is waiting. Surrender. Surrender to the true God in you which is: ABSENCE OF DESIRE. I AM the absence of desire. When you desire something, you build a wall between you and God. Question: "What if I desire God?" Answer: "You cannot desire something that you already have, that you already **are**."

Question: "If I am God, why am I not aware of it?" Answer: "Every being is in the beginning covered by desire, which has to be outlived, life after life, until absence of desire is reached. They call it NIRVĀṆA निर्वाण at is me, your True God. NIRVĀṆA means "outblown, annihilated". But only what you are **not** is annihilated … namely your desires. You are not your desires. Before you can stand in my presence you have to be purged from, to overcome, and to drop ALL your desires no matter how many lives it may take you. Then you can be me, who I AM, your True God, the absence of desire. I am not one of the different gods of the different religions. These gods (Jehovah, Allah, etc.) are but subemanations of my FIRST emanation, which is the Christ-principle, dwelling in all of you and in everything. The Christ, my first emanation, was, is and shall be, for the majority of all life forms or desire-units, the closest they can come to my true nature, which is: Absence of desire. In order to comprehend or to reach that state, you would have first to cast off, or to become detached from, everything that you are <u>not</u>, and you are not your body, emotion, mind, soul and spirit. These are just tools for you to use so that you become aware of who you **really** are, which is absence of desire. Many of you were successful in that process of detachment, but the final veil, the spirit, they were often unable to liberate themselves from. This inability to remove the ultimate Illusion created an accumulation of spirit-power around me and caused the gods of religion. In the last 2000 years only a few humans achieved a state of consciousness higher than that. Only a few became me, who I AM: The absence of desire. AUM. Two of these liberated beings were Buddha and Jesus. Jesus and Buddha taught NIRVĀṆA, the absence of desire. They overcame, so can you. I am beyond the god of religions. I am THAT from which the Christ, containing all desire-units, emanated and into which it shall be absorbed again, together with all subemanations or desire-units, including all gods of religion. Christ, my first emanation, is the "eye of the needle" through which you only can reach me once you have cast off ALL states of desire, from the lowest (physical) to the most refined one (spirit). Christ is the father, but I am higher than the Father, and you should be higher, too. Which is why Jesus, who is one with the Father and thus of equal status, promises, but also encourages you in John 14,12 to do "greater works" than he, Jesus, did. You insult me if you worship Jesus or Christ or any of Christ's subemanations. But the greatest insult would be to worship ME. I AM the absence of all desires, the true Holy of Holies. You can only reach me if you drop all your desires. **Then** alike meets alike, and desirelessness merges back into desirelessness. AUM. The purpose of life is to renounce life. The reward is eternal life, or NIRVĀṆA. Your own scriptures reveal it to you in John 12.15: **"He that loves his (worldly) life, shall lose it, and he that hateth his (worldly) life in this world shall keep it unto life eternal (NIRVĀṆA)."** All religions teach in essence WORLD RENUNCIATION. Jesus taught NIRVĀṆA, the absence of desire, but you did not understand him, which is, why I now speak and write through one of you, and not anymore in parables, so that you might comprehend the Truth which is: COMPLETE AND ABSOLUTE DESIRELESSNESS. Or: Shun all earthly and heavenly pleasures and attain instead of that true immortality which is absence of desire. THAT is the only energy and state of being that cannot be destroyed. The rest goes to pieces, since it is up to the highest Christ, transient, made of compounds and thus subject to annihilation or rather absorption into me, who I am the absence of desire. These energies or states of desire rearrange themselves over and over again at each reincarnation of a human being as well as of a planet, solar system or the whole universe. But the seeker of truth is not satisfied anymore with anything transient, even if it may last millions of years and lon-

ger. Even the sight of God itself cannot satisfy him anymore, since he seeks his TRUE essence, the True God, NIRVĀṆA, where no desire can survive, since NIRVĀṆA is the **absence** of all desires. You can reach me, who I am THAT, only if you do not seek anymore after the pleasures of Heaven and Earth, but rather for the absence of them. THEN you have found me, your True God, the absence of desire and the purpose of life. THAT is the true essence of the message of Jesus, Buddha, the Masters and many other Nirvāṇees (seekers and finders of NIRVĀṆA). Why did Jesus veil this message in parables? Because about 2000 years ago the state of desire and thus of ignorance was too intense in the masses to speak to them other than in parables. A cunning priesthood took advantage of that weakness and misinterpreted and distorted the message of World-renunciation completely. This distorted version of the Truth degenerated into the religions of today and is the main cause for all the suffering in the world.
Jesus never said: "I am the way, the Truth and the Life. No one comes to the Father except through me." The chief dogma of orthodox Christianity, stating that you can only be saved by Jesus is without any foundation.* I, the True God, reveal to you that no one can save you. You can only save yourself. YOU are the way, the Truth and the Life. And only by consciously renouncing that life, you can reach me, who I am beyond life and death, which are both but the result of desire for and attachment to the impermanent.

Listen to the message of the true God. You are not your body, you are not your emotions, you are not your thoughts, you are not your soul, and you are not even your spirit. So remove them all. Remove these states of desire and attachment. By that I do not mean suicide. Suicide causes reincarnation, and suicide is always caused by desire - the desire to escape an unwanted situation. How can you possibly reach me, who I am the REAL

* This has been corroborated by the 1991 New York "Jesus Seminar" of 200 bible-scholars and laymen, after six years of research. The Jesus Seminar also discovered that Jesus only uttered about 20% of all the red marked sayings ascribed to him in the bible. The rest is pure invention.

you, if you desire something, ANYTHING? Therefore do not make the mistake to even desire ME. I shall send you away again, since I am the absence of desire.

You will knock, but I shall not open. You cannot desire me, since you already possess me. All you have to do is LET GO of your desires, be they physical, emotional, mental or even spiritual. Be pure, simple and innocent again; and do not yield anymore to any of your desires, especially while you are still in your physical body. Then you shall obtain dominion over all worlds visible and invisible, and over their inhabitants, be they angels, saints, masters, humans or demons from this or any other galaxy. You will see these worlds and their lifeforms while you are still in your physical body, whom you then shall be able to leave and enter at will. Oh Lanoo, true power is to become detached from that which you then shall dominate. Once NIRVĀṆA is reached, which is a state of consciousness in you, independent of persons and things, free from all desires, true immortality shall be yours, and shall unveil your true nature, which is anupapādaka **अनुपपादक** or parentless. Uncreated, unborn, timeless, immortal. You were and are always there. Nobody created you. You, though, manifest and outlive life after life your physical, emotional, mental and spiritual states of desire. If you want to call that creation, so be it. From that point of view, you created what you are NOT, and you might as well destroy that transient, mortal creation again, by becoming detached from it. You always existed and exist, but you did not know. You forgot it, since the Lords of Karma throw a merciful veil of forgetfulness over you after each incarnation; or rather **before** every new reincarnation. You have first to taste from the forbidden fruit of transiency to become aware of your eternal, uncreated, and parentless nature. Only when you enter the world, you require spiritual, soul, mental, emotional and physical vehicles, which are newly supplied to you at each birth by angels and physical parents, according to your own past life desires. It is always the child which chooses the parents. So do not blame your parents or even me for any disease or other unfortunate circumstances you may have been born with. It is all self-created energy or Karma from a past life, now catching up with you. Take it, accept it and do not create any new bad Karma for your next life. "Go and sin no more!" said Jesus and that is all you can do.

You were never born and consequently you cannot die. Do not wait for "eternal rest" in heaven, because even heaven is not forever, as we learn in Jesaja 34,4 **"And all the host of heaven shall be dissolved, and the heavens shall be rolled together as a scroll."** And in rev. 6,14 we read **"And the heaven departed as a scroll when it is rolled together."** True immortality must be attained while still in the physical body, otherwise you shall reincarnate again. NIRVĀṆA is higher than all the heavens of religion. It is the ONLY state of Truth, namely absence of desire. It is for this reason that the Buddha, who had attained NIRVĀṆA while still in the physical body, uttered in Majjhma Nikāya, 12. Discourse: "And even if I should only be reborn among the pure Gods, I do not wish to return to this World!" Which makes it once more clear, that even a reimbodiment in the highest heavenly lightworld is but an expression and the result of a - though very refined - thirst or desire, and thus a veil separating you from NIRVĀṆA which is the absence of ALL and ANY thirst or desire for manifestation, be it as a demon, stone, plant, animal, man, angel or even as a god. Think of an onion. How can you discover its core? You peel off layer after layer, until you reach the core of the onion. What have you done? You have removed everything from the onion which its core is NOT. And that is what you do now with yourself in order to discover your core, who you **really** are. You "peel off" - become detached from - everything which you are **not**. What are you not? You are not your body, you are not your emotions, you are not your mind, you are not your soul, and you are not even your spirit. So peel them off. Become detached from them until THAT remains which you are, and that is: The absence of desire. AUM. Oh, Lanoo, drop all your desires, renounce the world! You do not have to go to India and sit under a tree to make that happen. India is in you. All you need is the decision to study and meditate, to LIVE this book, and the divine shall provide. Then we are one. Me, your True God and you. If you leave me then, it shall only happen to enlighten others. No desire shall be anymore the cause of that, but an impersonal decision, to dominate all cosmic planes visible and invisible in the

whole universe in order to liberate their lifeforms or desire-units. Some may object that the whole world would disappear if everybody would attain liberation. That shall never happen, because of the following reason: There are endless many desire-units, but only and always a finite, although almost uncountable amount of them is in manifestation, which is why the whole universe is destroyed and reappears over and over again in order to enable the endless many desire-units, or monads, to outlive (and eventually become detached from) their urge for manifestation. Once you walk the path of liberation, the Siddhis shall appear.
Siddhis सिद्धि are paranormal powers like going through walls, walking on water and crossing whole universes while communicating with their lifeforms, and all of that in your astro-mental body. You shall also be able to take NIRVĀṆA or to leave me (renounce it) again at any time and yet remain connected with me. Death shall be no more for you. You can switch from desirelessness into the world of desire. Once you have attained ABSENCE of desire you will dominate all planes of desire. That is cosmic law.

The time has come. Be me, so that you can, if you decide, leave me again and help others to become me, who I am the true God, the absence of desire.

Oh Lanoo, blessed is he, who renounces NIRVĀṆA, instead of taking it. But in order to renounce it, you have first to reach its status, which is desirelessness, no more thirst for this or any other world. Then, during the period of pralaya or complete cosmic destruction, when those who have not reached NIRVĀṆA shall be unconscious, you shall BE, together with all those who too have reached NIRVĀṆA. Absence of desire prior to Pralaya made it possible.

When you read these words, realize that you are chosen, that you belong to the future race whose forerunners you are, you, the children of light and immortality, attained by **desirelessness**. Verily I reveal unto you, those who want NOTHING anymore, shall be the immortal guardians and rulers of the worlds of desire, and for them the necessary circumstances shall appear, enabling them to walk the path. Isn't that a goal worth working for? It does not matter if you are rich or poor, in jail or free (but maybe chained to your desires…) just surrender to me and Truth shall be yours. By that I mean that you shall be conscious with AND without body, emotion, mind, soul and spirit. But first you have to break free from the shell of your desires. Become "Lord of the Rings" (of your desires) so that you may show to others the way out of the misery of life and death, even of reincarnation, to the light of TRUE life eternal. AUM. Woe to all those who dabble in the occult, who abuse spiritual teachings and meditations to achieve worldly goals. Karma shall set them straight. Do not worry about the socalled injustice in the world. Everything shall be upside down very soon anyway. Karma is a merciless judge. Let them outlive it. You just continue striving for NIRVĀṆA. Overcome your desires. This book will show you how, but first you must comprehend thoroughly the necessity of it. Although: Those who are ready for the path, do not need much encouragement. They KNOW that it is time for the Truth, time to renounce the world in consciousness and to exchange the transient for the eternal. But since we are approaching another important yuga युग or period of time and of cosmo-spiritual development and evolution, there are many beings who have reached a crossroad in their lives, where they ask themselves: "Do I continue living a lie, or is it time to face the Truth?" This book can facilitate the decision-process for all those whose door to the NIRVĀṆA path is still open, but not forever…

If they hesitate too long, they might be thrown into another series of painful reincarnations before the opportunity is given to them again to choose the NIRVĀṆA path.

Again I say, renounce the world and I shall give you dominion over the world. You shall be able to exist with and /or without the physical, emotional, mental, soul and spiritual body. At the moment of "death" you shall cast off this body and still be, while others are thrown into a dreamlike state, victims to their desires, desires which you then will have overcome. Thus, unhindered by them, you will travel through Galaxies and Universes with nothing but your true self, while others shall have to use their space-vehicles. A freed God-Spark, Monad or Pukka, roaming at will through time and space, you shall be. The Buddha had achieved such a state of liberation, which is why they rightfully called him "The teacher of men and gods", since even a god of religion is in a state of desire from which he eventually has to liberate himself.

By overcoming your desires and by attaining absolute absence of desire you become the teacher of all those who are still attached and yielding to their desires, be it on Earth or anywhere else in space. THAT is true power, THAT is true wisdom, and that is true knowledge, and it is called (and achieved by) ABSENCE OF DESIRE.

So drop all your desires and begin with the sexual urges first. They are the most tempting ones. They brought you back into this world and made you either a man or a woman, male or female. But you are neither male nor female, you are not even sexless, since that is still a state of desire. You are the **absence** of desire and once you regain that state of consciousness, no Earth, heaven or hell can bind you anymore. You are free, roaming through time and space, shining in cosmic grace, touching the Sun. But you shall never be able to do that if you do not destroy your sexual urges first. Attain moral purity if you want to make ANY progress. Cease all sexual activities and attain liberation in NIRVÂṆA. Why do I emphasize the sexual desires? Because the same energy which bound you until now shall liberate you. All you have to do is reverse it. Reverse your sexual energy by becoming desireless. Drop all your sexual desires. Moral purity and chastity are the first requirements for the attainment of liberation and of true immortality. So cease all sexual activities, step by step or at once. That is where most people drop the ball already and give up. You see now why the NIRVĀṆA path is not for everybody. But YOU are ready for it. This book shall be the guide to your true self, which is ABSENCE OF DESIRE. Once you have overcome your sexual lust and passion, reversed sexual energy shall rise up your spine, open your chakras, which are the windows to eternity, and you shall eventually be able to leave your body at will and do good for the world while others still "enjoy" their sexual (and other) pleasures, chaining them down to hell and lower and then to a new painful reincarnation. Oh reader, right there I gave you the key to true power and immortality. It is beyond, and superior to, any worldly education. It makes you, in a positive way, superior to any worldly or religious leader, since they are often the greatest slaves to their desires. This key to real power is now given to you and it is REVERSED SEXUAL ENERGY. Reversed, not suppressed, denied or 'transformed' as it happens during these perverted Tantra-techniques, which only create more attachment leading to reincarnation. How do we reverse the downward flow of sexual energy? By observing it, not yielding to it anymore, but just observing the urge when we feel it, until its downward flow ceases and it eventually can rise, touching your brain from inside, enlightening you. AUM. Then bliss is yours. That reversed sexual energy, that rising power, is the true rising Christ in you, and never anything else was meant by it, for sure not somebody being nailed onto a cross. "Christ" derives also from the greek "Chrism", which is semen. The rising Christ is in truth the rising seminal fluid of the chaste candidate striving for NIRVÂṆA. Chrism is also Kundalini. Let it rise by abstaining from all sexual activity and by living a pure vegetarian life as suggested in this book. Drop all sexual desires and live the life (no drugs, no alcohol, no coffee, no tobacco, no animal products etc.). The reward shall be tremendous. You shall feel me, your true God, rising in you, the absence of desire, leading to ETERNAL LIFE, not the temporary, transient "rest in peace" promised to you in the distorted and plagiarized "Holy scriptures". Eternal life beyond duration, time and space shall be yours if you follow me, your true God. And you literally have to do nothing for it. The world teaches you that you have to do this or that in order to attain wisdom, knowledge and power. They are lying to you. They just take advantage of your state of desire. They are the blind leading the blind. All your knowledge is in you. You already know everything. You just forgot it, and I remind you of it again. You are not blind anymore. I have opened your eyes to the Truth. Now walk the path. The wisdom of the universe is stored in your Kundalini. Let it rise by not yielding anymore to your sexual desires. Let it rise up your spine opening all your chakras until it touches your brain from inside, enlightening you. You shall attain omniscience in the blink of an eye. All you need first and foremost is

moral purity. Moral purity is the most important step to liberation from this or any other world. Follow the instructions given to you in this book, and you shall not need any other book anymore.
Again, in order to become me, which is what you really are, you have to first cease all sexual activities (even if you decide not to renounce the world). Eat only once a day for lunch a light vegetarian meal. No breakfast, no dinner, drink only water. Read this book over and over again and LIVE its message. When you meet Lanoo, he shall raise your Kundalini and teach you how to raise the Kundalini of others. Do you see now, do you understand, do you get a real glimpse of what true power, true love is? You are not your desires and urges. What ARE you? You are the ABSENCE of all these desires, urges, emotions, thoughts and spiritual aspirations. You are the absence of desire. In the same way that you grasped them, identified yourself with them, you may as well let go of them again without being in the least influenced or diminished in your true essence. To be twice born or born again, means to be reborn **without** the burden of body, emotion, mind, soul and even spirit. You are Pudgala पुद्गल , you are the carrier of the burden. Do you become less once you let go of the burden? No! You become more. You are released from the burden. Free at last. Free at last.

Then, when you have freed yourself of the burden, you can take it up again if you decide to. But this time not anymore because of desire, but because of an impersonal decision to help a suffering mankind or any other life form or desire-unit here on Earth or anywhere else in the universe.

Desire nothing and I shall provide for you. Abandon all worldly teachings. They are false. They only keep you in bondage. If you want to know the Truth about origin and destiny of man and universe, study *THE BOOK OF LIGHT*, dictated to Lanoo by one of my closest emanations, the Maha-Chohan. Then let go of that too.

Everything comes from the Spirit and goes to the Spirit, to reappear higher in consciousness. But NIRVĀṆA is always there, be there a universe or not. NIRVĀṆA is the safe haven and the *true* heaven. Do not listen to the world. Attain liberation. While the worldling suffocates in his last breath, only to eventually and unavoidably be reincarnated into the self-created misery of his next life, the Nirvāṇee shall be the one to help him and others, while he, the Nirvāṇee, is conscious at all times, be it in or out of the body, since he is not chained and burdened anymore by that which still chains and burdens the worldling: DESIRE.

Drop all desires. The greatest wisdom is attained by desirelessness; and the greatest love and compassion imaginable is to teach others how to become desireless, to lay down the burden. So help Lanoo to spread the NIRVĀṆA teaching. Even if you do not follow it yourself but only support it, it shall bless you with the most positive Karma you can imagine. But if you are ready to renounce the world, then give it all up, give it all to me and I shall reward you with the abundance of your true self, which is the absence of desire and true immortality in consciousness, independent of body, emotion, mind, soul and even of spirit. The Truth is simple. Be pure, be simple, be innocent again. I am waiting for you. All you have to do is to lay down the burden, to let go of what you are not, with which you identified yourself until now, what held you back for so long. Let go of all your desires, hopes and dreams. Why do you want to achieve anything? There is nothing to achieve. This planet, like any other planet in the universe, shall be annihilated one day. And then? Where are all your achievements then? Where will all the continents be then, races and their cultures? Where all their leaders, kings and queens, and their so-called civilizations? Drowned by water, burned by fire, dust under my breath. Oh Lanoo, do not count shadows. Whatever you achieve I shall take away from you again, to teach you that there is nothing to achieve. The true meaning of progress or evolution is to cast off the shells of desire, by which each being is covered from the relative beginning, until the true self is liberated from all desires. Why do you want to become anything? The purpose of life is to UNBECOME. Why do you want to have a family, be a worldly teacher, preacher, politician, construction-worker, artist, pilot, butcher, athlete, farmer, scientist, businessman or woman, this or that? These are but states of desire and thus of ignorance.

What did all these people or rather desire-units in essence achieve? Nothing. They have turned this world into a global, polluted madhouse, where the wicked rule over the weak, and the corrupt over the gullible. If family would be the answer, why are more and more families right now falling apart? Why is there such an increase in divorces? If having children would be the answer, why do more and more children hate their parents, teachers and themselves? Why are the kids joining gangs and killing each other? If politicians would be the answer, why are right now over 100 wars shaking the planet? What about science and religion? They are not the solution, they are the problem. And the Gurus? Most of them do more harm than good. The media lies to you 24 hours a day, and the entertainment business, owned by the Illuminati, does everything to keep you stupid and a slave to your senses. And what about so called successful people? Those who are the great achievers in life have actually achieved nothing. With every goal they have accomplished, they moved a step further away from me, who is their true self, the absence of desire. Their understanding of immortality is to continue living in the progeny. But nothing could be farther from reality. Each child is and has its own Spiritsoul. The parent just provides the physical body. Once the parent is dead, it shall have no consciousness whatsoever in the progeny. To hope that one survives in his or her children is but wishful thinking. True immortality is inherent in every being individually and is achieved by absence of desire. AUM. That which you are not goes to pieces, and the real you remains. What is it? You shall **be** it since in NIRVĀṆA there is no duality anymore. So whatever you achieve in the world separates you from me, who is the real you, and it prolongs your sufferring, because your desires grow, hound you and catch up with you in your next life, where you shall yield to them again and so forth, until you have become their slave. Do not wait until that happens. Break the chain of cause and effect now. Drop all your desires, all these foolish dreams and aspirations right now. Be pure, be simple, be innocent again and attain me, who is THE ABSENCE OF DESIRE. THAT desire, namely the absence of it, CAN be fulfilled. It is the ONLY reality, the rest is illusion. Drinking water shall make you thirsty again, but the water of knowledge which leadeth to NIRVĀṆA destroys all thirst and assures Immortality. Jesus explains it to the woman at the well: "Whosoever drinketh of this water shall thirst again. But whosoever drinketh of the water that I shall give him, shall be in him a well of water springing up into everlasting life." (John 4, 13-14). So renounce the world, let Kundalini rise, until it breaks through the crown of your head, creating a beam of light, leading you directly to me, who I AM, your true self. You are not your desires, you are the absence of them. The time has come. BE ME, so that you can leave me again and help others to become what they already are, and that is me, the true God, the absence of desire. AUM. Lanoo shall lead you now further on the path to NIRVĀṆA by teaching you how to overcome your desires.

Dear seeker for the Truth,
Let me begin the remaining part of the book with the words of Dr. Georg Grimm, author of "The Doctrine of the Buddha", who explains the dilemma of ignorance, or rather of desire, more impressive than I could ever do it.

"That most men live their lives as carelessly as they do has its ground in this, that they do not rightly know the condition in which they find themselves. Either they persuade themselves that they have emerged out of absolute nothingness into this world, and at their death will again disappear, equally without leaving a trace; or they regard themselves as productions of a creator who will take them after their death into his heavenly kingdom, having no doubt about it that the hell which of course exists along with it, is destined only for others. Hence the result that for unbeliever as well as for believer it seems the highest wisdom to make themselves as comfortable as possible on this Earth; for the former, because it were the height of foolishness not to make the utmost possible use of this so fleeting existence; for the latter, however, because his stay in this world is a gift from his god, which not to enjoy thankfully were the height of ingratitude. If only they would look into their real position and thereby recognize with sufficient clearness, that since beginningless time, aimlessly and without plan, they wander through the world in all its heights and depths, now as gods, then as men, now as beasts, then as devils, and that this wandering without end or aim, under perpetual self-delusion, will go on to all eternity; if, further, they would recognize the possibility of escaping forever from this circle of suffering, and of withdrawing to a place wholly devoid of suffering, to "a hiding place, an island," then they would surely seize the proffered hand that will lead them to that place (NIRVĀṆA) devoid of suffering, with the same eagerness that a drowning man seized the hand that is ready to pull him to the shore. In such a situation, however, we are at present." End of quote.

The thirst for life and for the world manifests itself as:

1) Inclination to believe our personality to be our essence sakkāyaditthi सक्कायदित्थ .
2) Inclination to doubt that the personality (body, emotion, mind, soul, spirit) is but an attribute and upadhi उपाधि : not essential belonging to us.
3) Inclination to expect salvation from Jesus, God, Jehovah, Allah, Buddha, or anybody else.
4) Inclination for the joys provided at contact with objects by our five external senses.
5) Inclination to get angry if you can't have it your way.

Whenever we have overcome one of these inclinations, we have come a step closer to NIRVĀṆA and for sure we have caused for ourselves a rebirth in one of the higher light worlds, or at least a very favorable reincarnation on Earth. However, the first step on the way to immortal consciousness in NIRVĀṆA is always: MORAL PURITY.

WHO WAS THE BUDDHA?

The life and works (and the tragic secret…) of the Buddha are described in detail and on many pages in ***THE BOOK OF LIGHT***. For now just that much: The Buddha lived in India from about the middle of the Sixth Century B.C. to the middle of the Fifth Century B.C. He was the son of King Suddhodana. One day, sitting in one of his three palaces, surrounded by his harem of hundred women, enjoying sex, food, music and the best entertainment the country could offer, the young prince uttered in a moment of enlightenment: **"Woe to man! Of what use to me is all royal splendor, all this pomp and all these pleasures, if they are not able to save me from old age, from sickness, death, and, what's more, from reincarnation!"**

Prior to that day the Buddha was being confronted with the sight of human suffering and of earthly transitoriness. It was then when he decided to renounce the transient world in order to find true immortality in **NIRVĀṆA**. So he left his palaces, his harem, the life of luxury, and became a monk on the search for Truth. After having attained **NIRVĀṆA** in quiet, inward contemplation, detached from body, emotion, mind, soul and spirit, he revealed it triumphantly to the five monks whom he had left during a period of self-martyrdom which he declared an erroneous way to find Truth: "An Exalted One, O monks, is the Accomplished One; a Supremely Awakened One is He! Give ear, O monks, the deathless has been attained. I will instruct you, I will impart to you the doctrine. Following my instructions, ye shall know and realize that utmost noble goal of the holy life for yourselves even in this present lifetime."

And the Buddha imparts to them The Four Foundations of his teachings:

I. THE MOST EXCELLENT TRUTH OF SUFFERING

You have to understand the true nature of suffering as conditioned through attachment to all that is transitory, temporary, mortal and subject to decay. What is transitory, impermanent, mortal and subject to decay? Body, emotion, mind, soul and even spirit are transient, impermanent, mortal and subject to decay. So let go of them. Attachment to all that which is transient, impermanent, mortal and subject to decay ALWAYS leads one way or the other to pain and suffering, in spite of the existing pleasures provided by body, emotion, mind, soul and spirit. Being united with the liked eventually causes as much pain and suffering as being united with the disliked and /or separated from the liked, because even the most perfect union with the liked and desired must end sooner or later, and eventually causes more suffering or at least dissatisfaction, the more happiness was experienced while the union lasted.

II. THE MOST EXCELLENT TRUTH OF THE ARISING OF SUFFERING

The arising of suffering is conditioned by desire, by the will to want or to be this and that. Each kind of obstruction of will is always painful and leads to new attachment. Then once again we want to enjoy the pleasures of the senses, of body, emotion, mind, soul and of spirit. But since body, emotion, mind, soul and spirit are always transient, we experience never a true satisfaction of our will and of our desires. "Transient oh Lord, are the sense objects, subject to change." (Ang. X, 46).

III. THE MOST EXCELLENT TRUTH OF THE ANNIHILATION OF SUFFERING

The extinction of all desire leads to the deliverance from birth, old age, disease and death and from rebirth, in one word: From suffering. THAT is called true wisdom and not the nonsense taught in our schools and universities. That change from being attached to desire to liberation from all desires can and must happen by ourselves, without the help of any outer god. All you have to do is to let go of what you are NOT. And you are NOT your body, emotion, mind, soul and spirit.

IV. THE MOST EXCELLENT TRUTH OF THE PATH LEADING TO THE ANNIHILATION OF SUFFERING

The outlines of that path are already revealed in the three other verities. We must eradicate every kind of thirst for the world but also and foremost for our personality. Whoever wants anything is ignorant. There is nothing to achieve, no matter how much the world (politicians, bankers, media, entertainment, etc.) wants you to believe the opposite.

THE BUDDHA ABOUT CONCEPTION, BIRTH, OLD AGE AND DEATH

"When, monks, a father and a mother come together, and it is the mother's period and the being to be born is also present, then by the combined agency of these three, a seed of life is planted."

"And now for nine or ten (lunar) months the mother bears in her womb this seed of life, with much anxiety, a weighty burden; and when the nine or ten months have run their course, the mother brings forth that weighty burden with much anxiety, and when that is born she now nourishes with her own blood. 'Blood', monks, is what mother's milk is called in the Order of the Exalted One."

"And now this boy, with the growth and development of his faculties, takes part in all sorts of games and sports appropriate to youth, such as ploughing with toy ploughs, playing top-cat, turning somersaults, playing with toy windmills, toy measures, toy carts, and toy bows and arrows."

"And this boy, with the continued growth and development of his faculties, now lives his life open to all the five incitements to desire, namely: Forms cognizable through the organ of sight, Sounds cognizable through the organ of hearing, Odours cognizable through the organ of smell, Flavours cognizable through the organ of taste, and Tangibles cognizable through the organ of touch - all longed for, loved, delightful, pleasing, bound up with desire, provocative of passion."

"And now, through the eye sighting form, through the ear hearing sounds, through the nose smelling odours, through the tongue tasting flavours, through the body encountering tangibles and through the mind discerning ideas, he is enamoured of pleasing sounds, pleasing odours, pleasing tangibles, pleasing ideas, and shuns unpleasing forms, unpleasing sounds, unpleasing odours, unpleasing flavours, unpleasing tangibles, unpleasing ideas; being void of Recollectedness as respects corporeality, bounded and limited of mind, knowing naught, in accord with

truth, of the Deliverance of the mind, the Deliverance by wisdom, whereby all that is evil and insalutary totally ceases to be.
"So, with such likes and dislikes, when he experiences any kind of sensation, pleasant or unpleasant, or neither pleasant nor unpleasant, he greets, welcomes and clings to that sensation, and in him, thus greeting, welcoming and clinging to that sensation, there arises delight; which delight in sensation is Grasping. Then, in dependence upon that Grasping, there arises Becoming, in dependence upon Becoming, there arises Birth, and, in dependence upon Birth it is that Growth and Decay, Death, Sorrow, Lamentation, Suffering, Grief and Despair come to be. Thus comes about the arising of the entire Sum of Suffering." End quote.
I ask, who with a sound mind and a common sense would not welcome any doctrine, pointing a way out of this ocean of suffering to a safe island called NIRVĀṆA? AUM.

"How can I become immortal, oh Maha-Chohan?"
"Detach yourself from everything that is mortal, oh Lanoo."

AFTER DEATH STATES AND THE PROCESS OF REINCARNATION

Whatever you have become attached to during life on Earth in your physical body shall be taken away from you through a purgatory process during after death states and reincarnation. In order to understand what happens to us after death, why and how we reincarnate, we have to direct our attention to the sevenfold nature of man. Every human being is made of one physical body and six auric bodies, all of them merging into each other. The auric bodies are visible to the eyes of a trained seer or through special photography, as well as a newly developed videotechnology.

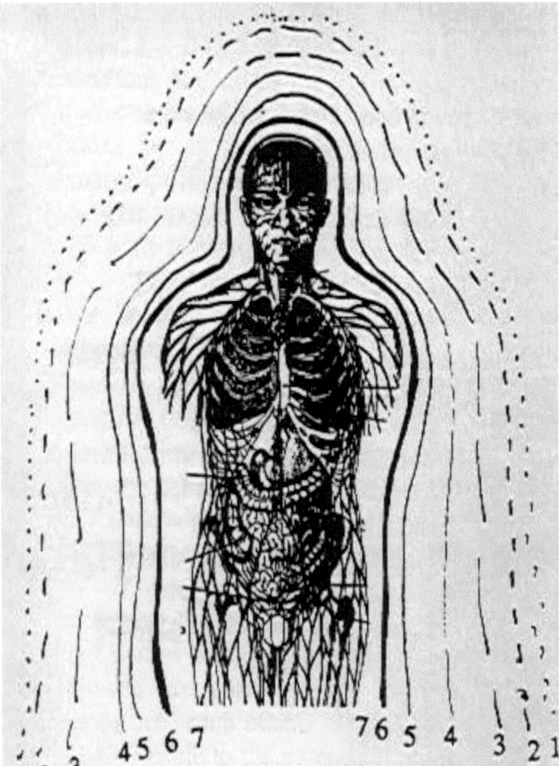

Man with 7 bodies

The seven bodies or principles are:

7) Physical body, sthūla-sarīra स्थूलशरीर , container and expression of the six following bodies.

6) Etheric body, prāna प्राण , vehicle of lifepower

5) Astral body, linga śarīra लिङ्गशरीर , vehicle of emotions

4) The animal soul body, kāma-rūpa कामरूप , animal desires

3) Mental body, manas-rūpa मनस्रूप , thoughts high and low

2) Human soul body, buddhi बुद्धि , mental-spiritual energies

1) Spirit body, ātman आत्मन् , spiritual energies.

Each after death plane is sevenfold and made of emotions, thoughts and spiritual aspirations of its inhabitants, be they demons, deceased humans or angels.

Oh, Lanoo, heaven and hell are man-made (about 14 Million B.C., see *THE BOOK OF LIGHT*).

After death of the physical body the person wakes up in the etheric body on the etheric plane, in the astral body on the emotional plane, in the animal soul body on the desire plane, in the mental body on the mental plane, in the soul body on the soul plane, in the spirit (Christ) body on the spiritual plane, and is purged on all planes from the energies created in the different bodies during Earthlife. The higher the plane the more pleasant the energies and effects to be outlived. Or: Good deeds or energies are outlived on higher after-death planes and cause a good reincarnation. Bad deeds are outlived on lower after-death planes and cause a bad reincarnation. Since most people have done good and bad deeds throughout their life on Earth, the after-death states and the new life are colored by both, good and bad events. This is why sometimes good things happen to bad people and bad things to good people.

Everything that happens to you was caused by yourself

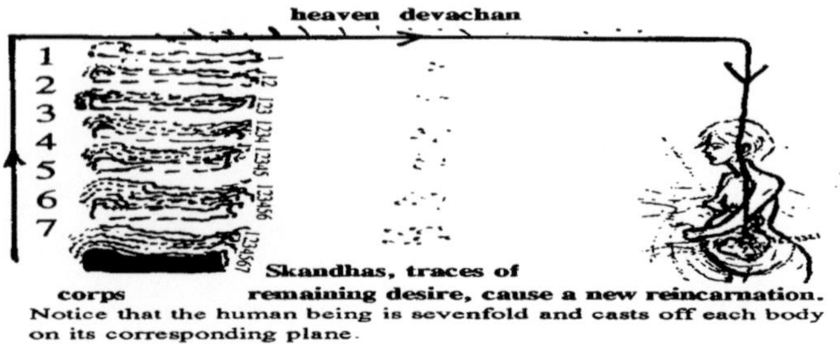

A **B** **C**

Whenever a person wakes up after death on the next higher plane of consciousness, it has dropped the body from the plane below (A). After all desires have been outlived on all planes after death, the person reincarnates again. The reason for that are Permanent Atoms or Skandhas (B) स्कन्ध They contain the essence of the individual desire, generated during the person's life, and are deposited on each plane. These Permanent Atoms pull the person back from inside-outside from center to circumference into reincarnation C). The lower the after death state in some hell, the more unpleasant the purgatory, because the person is confronted with all remaining and still raging desires, but now without a physical body to satisfy them. That is why the Buddha urges his disciples to "die before you die". It spares you a lot of suffering after death….

In any case: If you want to prevent reincarnation on any plane, be it even in a highest heaven, you have to become detached from your desires right here and now, while still in the physical body. Then NIRVĀṆA shall be yours. So everything (body, emotion, mind, soul and even spirit) is ANATMAN or <u>not</u> your Self.

Important: An etheric umbilical cord connects the physical body with the auric bodies. At death that cord is ruptured. During sleep, when the auric bodies leave the physical, this etheric cord assures their return into the physical body the next morning.

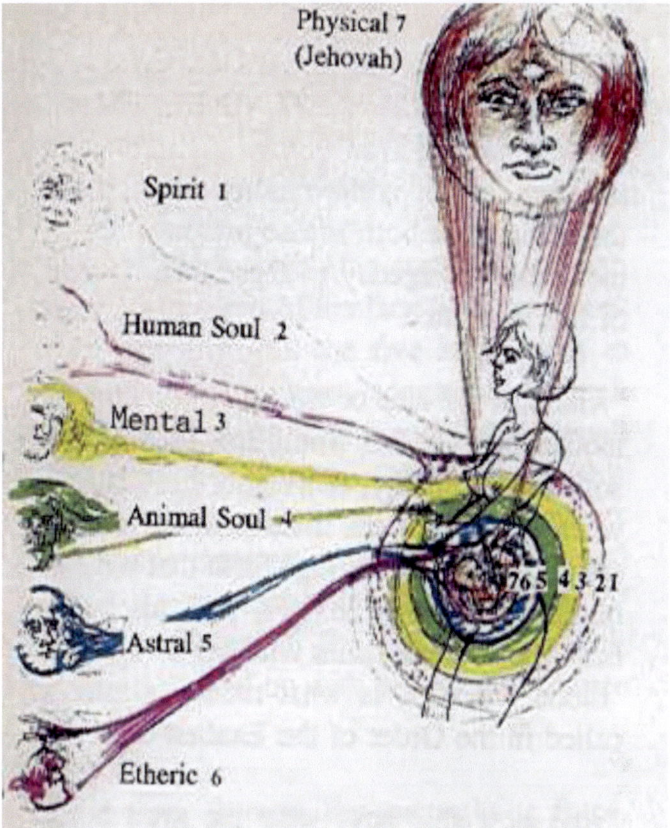

Seven angels supply the reincarnating being with his or her 7 bodies according to past life desires

Death leads us to where we come from, which is our original state of existence beyond sense-activity. Being still unable to exist detached from sense-activity, we return, driven by the desire for consciousness, over and over again to the illusion of life, just to experience death over and over again…

HOW TO DIE

Most people are so busy with trying to figure out how to live, that they completely forget to learn how to die. Then, when that moment of Truth comes, they are often shocked, horrified, devastated etc., because everything they have identified themselves so much with (body, emotion, mind, etc.), is now being taken away from them.

It is that extreme fear of death, but also the desire for life and sense-activity, which, as already mentioned, often causes an almost immediate reincarnation.

In any case, a person should take great care of how to exit the body at the moment of death, because exactly that shall be the entry in or of his next life. Example: If you leave the body through the anal chakra, which is the case with most low-conscious materialistic and sensual people, then it is that chakra and state of awareness which shall dominate your next life. So always concentrate at the moment of death on your HEAD (where the higher chakras or seals are located) and think of God. It shall spare you a lot of suffering after death and in your next life… Once the etheric umbilical cord, connecting the physical body with the remaining six bodies, is ruptured, you are on your own and under the influence of powers and energies created by yourself during life on earth. So be wise and prepare right now the conditions for your life after death, but also for the next one on earth.

IMPORTANT: Let there be ABSOLUTE SILENCE in the sick room and especially at the moment of death, or rather of transition from this world to the next. No babbling priest. Spare the money and spend it instead on some orange light bulbs. Orange light or color facilitates the death - or transistion process. AUM.

33 After-Death States

There are 33 After-Death States or conditions with which one is also connected during life of the physical body, according to his state of desire. It is possible to switch from any of these realms during life to a higher or lower plane. It all depends on one's strength or weakness, or rather on one's ability to change his own destiny and awareness without help or interference of any God or Demon. All realms and their denizens are transient. AUM.

1. The hells (Niraya)

The purgatory of religion. Experienced, or rather suffered by the astralbody. State of woe, where the person experiences the results of his evil actions on earth. Evil people are connected somewhat already during life in the physical body with these hell-abodes through their astral body. A change in character will cause a change of realm.

2. Asuras (Titans)

Huge Astral Angels, often at war with the Devas.

3. The world of hungry ghosts (Peta Loka)

Astral-beings with big bellies and tiny mouths. They often torment (during life and after death) fat people to eat, and eat, and eat. Can be reached by offerings.

4. The animal world (Tiracchāna Yoni).

Physical and astral abode of animals after death. Groupsoul-realm. Very beast-like humans can and do, though, reincarnate with their astralbodies attached to animal bodies or wake up on the animal-astral plane and get a real taste of their self-created misery. There are more human astral bodies trapped in dogs and pigs than one may think…

5. THE HUMAN WORLD (Manussa Loka)

Physical and astral abode of humans. The perfect opportunity to attain NIRVĀṆA. Reason: The states below that plane are too miserable, fearful and benighted, and those above it are too happy to make the necessary effort.

6. Devas of the Four Great Kings (Catumahārājika devā).

The Four Great Kings are mental beings with mental bodies, who guard the four quarters. They are non-human and not always friendly. You address them when you make the cross. There are also many music-devas on that plane. One of them inspired me to write "Deva".
A renouncer, though, would shun these realms of, though somewhat refined, sense-pleasure. There is still sexual activity on these planes. They are the heavens of all religions, where the followers of these particular beliefsystems believe to remain forever (and forever young!) with their particular god (Allah, Jehovah, Christ, Krishna, etc., etc.). Soon they shall discover that their beliefsystem is just that, a belief, or rather wishful thinking. Even existence in heaven is not forever and does not prevent one from a new incarnation in a new body. However in that heaven, which borders directly at the physical plane, one can still eat, drink, dance, sing and have sex, all of this, though, in a more refined, spiritual way than on earth. Metabolism: Through osmosis, etheric matter "Manna" passing through the etheric bodies.

7. The Thirty-Three Gods (Tāvatimsa devā).

Refined mental bodies. Once abode of the inhabitants of the 2nd sphere, the Asuras. You can fall or rise from any realm at any time…The chief of the 33 Gods is Sakra. AUM. This is the abode where many good people wake up after death in their mental bodies.

8. Yāma devas.

A still higher state of bliss than the one before. Very refined sexual activity. The corresponding chakras of the mental bodies contact each other and cause intense electro-etheric energy exchange. It is more a recharging process. Very good people awake on these abodes of bliss. Pure followers of all religions awake after death on these planes of awareness in their mental-spiritual bodies. The bliss-nature of these heavens creates an eternity-like illusion. In Truth, they are transient and temporary like all other realms, except NIRVĀṆA. Chief of this realm: **Yama**. AUM.

From here on no more sexual activity.

How does one reincarnate in the sexless etheric realm? He, or rather IT, simply appears, attracting around itself the corresponding etheric matter, remaining on this plane until its (the being's) desire is outlived.

9. Contented devas (Tusitā devā).

Realm of Bodhisattvas. From - but also in - there they reincarnate once more to then attain NIRVĀṆA.

10. Devas Delighting in Creation (Nimmānarati devā).

They can create any shape, anything they like. Often mistaken by religion as God or creator, etc., although there were creators of Manus of our bodies, but according to our desire or rather our state of ignorance.

11. Devas Wielding Power over Other's Creation (ditto).

We leave the world of sense desires and enter.

12. Retinue of Brahmā (Brahma-Parisajjā devā), the World of Form.

This realm is not to be confused with our forms, but rather with the archetypes of each form. If one succeeded to suppress all sensual desires during his life on earth, he enters after death one of the worlds between 12 and 21. If one has truly **eradicated** all sensual desires he becomes a candidate for the higher worlds up to NIRVĀṆA.

13. Ministers of Brahmā (Brahma-Purohitā devā).

14. Great Brahmās (Mahā Brahmā).

One of them urged the enlightened Buddha not to keep his wisdom for himself but to teach it to the world.

We enter now the planes of upmost purity and spirituality. The beings have spiritual bodies which are sustained and nourished by delight. That is their food.

15. Devas of Limited Radiance (Parittabhā devā).

16. Devas of Unbounded Radiance (Appamānabhā devā).

17. Devas of Streaming Radiance (Abhassarā devā)

On this height of detachment, the beings, only nourished by bliss, shout, overwhelmed by joy, from time to time: "Oh what bliss, oh what bliss!" Most of these beings cannot yet attain NIRVĀṆA, since they are still attached to the bliss of the 17. Abode. One who has attained complete detachment on Earth while in the physical body, **experiences** already that bliss of the 17. Abode and is even nourished himself on Earth by it. This state of bliss is also experienced during fasting, when we eat nothing, but are nourished by the etheric Manna-bliss of the 17. Abode. AUM.

18. Devas of Limited Glory (Parittasubhā devā).

19. Devas of Unbounded Glory (Appamānasubha devā).

20. Devas of Refulgent Glory (Subhakinnā devā).

21. Very fruitful devas (Vehapphalā devā).

22. Unconscious beings (Asaññasattā).

These beings have detached themselves from every state of consciousness, but still they "are". If you want to experience this state of detachment right here on earth, you have to attain the **anattā** view and you must practice Soulbreath-Meditation. AUM. The beings of the 22nd abode are not destroyed, but they are liberated from any consciousness of the realms below themselves. Oh Lanoo, conscious existence is a peril. If those beings attain the slightest perception, they will fall again from that realm of purity.
We now enter the realm of the "Non-Returners", the anāgāmi. Those who conquer these abodes shall not return to the lower realms of existence but attain NIRVĀṆA in the next step.

23. Devas not Falling away (Avihā devā).
24. Untroubled devas (Atappā devā).
25. Beautiful (or clearly visible) devas (Sudassā devā).
26. Clear-Sighted devas (Sudassī devā).
27. Peerless devas (Akaniṭṭhā devā).

We now enter the four abodes of The Formless Worlds, the closest to NIRVĀṆA. Gautama Buddha attained these highest states and even surpassed them.

28. Sphere (devas)* of Infinity of Space (ākāśānañcâyatanūpagā devā).

---

*All spheres (except NIRVĀṆA) as well as all elements are but garments of the corresponding angels. We all live and breathe right now in and through the body of Jehovah, the Angel of Earth, whose physical body is this planet, his etheric body the Ozone layer (that we succeeded in damaging…), his lower astral-animal body the hell-realms, his mental body the lower heavens, and his soul and spiritual body the higher heavens (though not the high abodes mentioned here).

THE CIRCLE OF TRUTH

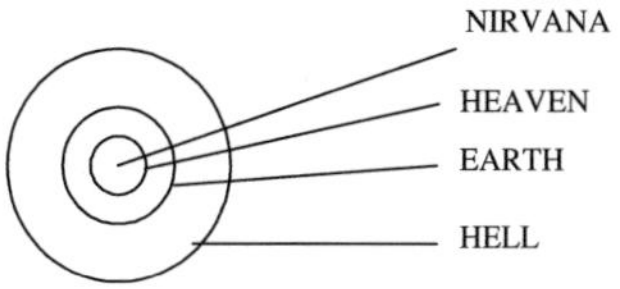

29. Sphere (deva) of Infinity of Consciousness (Viññānañcâyatanūpagā devā).

But hasn't that state of consciousness already been overcome in the 22. Abode of the unconscious beings? Answer: They were unconscious only of all planes **below** them.

30. Sphere (devas) of No-Thingness (ākiñcaññâyatnūpagā devā).

31. Sphere (devas) of Neither-Perception-Nor-Non-Perception (Nevasaññānâsaññâyatananūpagā devā).

**32. NIRVĀṆA
THE ABOLITION OF PERCEPTION AND SENSATION (Saññāvedayitanirodha).**

By living accordingly we can already here on Earth in the physical body create a connection to these (higher) abodes and partake of their state of bliss. But if we live an evil life we shall experience, while still in the physical body, hell on earth **and** after death. AUM. May the reader be warned. This book is not for entertainment. Every word written in it means what it says.

33. "IT IS ACCOMPLISHED!"

Jesus was 33 when he spoke these words during (symbolical) crucifixion. The number 33 is no coincidence. The human spine has 33 segments of bone, and when Kundalini has crossed each of them from the lowest to the highest, it leads to enlightenment. (Read *The Secret of The Seven Seals* by Lanoo).

The 7. Abode of the 33 Gods is another esoteric hint to the fact that long ago all Gods were humans, who had all seven chakras activated, with Kundalini crossing all 33 bones of their spinal column, which eventually led to Godhood.
The person leaves, as already mentioned, after death a trace of desire, which causes (after having experienced heaven or hell) a reincarnation in a new life and a new body.

Or: The Permanent Atoms or Skandhas, dropped on the corresponding planes and containing that specific desire, decide your next incarnation, which means that you prepare or pre-create right now your physical, emotional, mental and spiritual body for your next life. You are your own creator. AUM.

The lower planes of the Spirit world are the so-called heavens of all World - Religions where the scriptures promise you "eternal rest". But nothing could be farther from the Truth. Even the heavens with everything in them shall be annihilated one day. All planes are made of the emotions, thoughts and spiritual aspirations of their inhabitants and are therefore an illusion or rather states of desire altogether. Only NIRVĀṆA is real, since where there is no desire, it doesn't leave any more Skandhas and can't be destroyed. So what if you have attained complete desirelessness while still in the physical body? The True God revealed it already to you. Then you shall, if you decide, have complete dominion over and be of service to all physical, astral, mental and spiritual worlds and their inhabitants anywhere in the universe. You can enter and leave them at will, teach others to become detached from them or you can rest fully conscious in NIRVĀṆA as long as you please. At the beginning of a new world-period, all beings of the bygone period (except those who

have attained NIRVĀṆA) plus new ones are thrown into manifestation.
The NIRVĀṆA path is beneficent even to those who only dare to take a few steps into its direction. Their next reincarnation shall be a better and higher one, maybe even in their Christ-Body Dharmakāya धर्मकाय , in one of the higher light- or heavenworlds.

That is universal law. The more desires you drop during this life, the higher you are born in a next life. It is like with a balloon. Compare yourself to a conductor of a balloon. The more sandbags he drops, the higher rises the balloon, and even in case of a crash, the landing is the less hurting, the more weight is dropped. Therefore drop the ballast of your desires, so that even if you may not immediately reach NIRVĀṆA, you can be reborn in one of the higher worlds or at least prevent a harsh landing in this or another life on Earth. If desires and attachments are so bad for me, why did I yield to them in the first place? In the beginning it was necessary for you to go through all these phases of desire (stone, plant, animal, man), called "Evolution" by orthodox science, to taste from the forbidden fruit of life and death over and over again, to experience the disappointing transiency in everything painfully at each death. You continued clinging to it, desiring it, which caused your present incarnation. Now you find yourself chained, atom by atom, molecule by molecule, cell by cell, to the result of your past life actions, emotions, thoughts and spiritual aspirations, all of them being but states of desire, plus new ones generated during this present life. Thus you learn that every desire creates **new and stronger ones**, that there is no satisfaction of any desire. Oh Lanoo, in the midst of desire and its temporary satisfaction the worldling longs for and suffers from more desire. Exhausted by these disappointing experiences more and more people ask themselves: "Isn't there something which can NOT be taken away from me, something that is NOT transient, subject to decay and thus causing sorrow and pain?!" It is that quest for truth, for the eternal, imperishable and uncreated which led you to read this book. Rejoice, oh reader! Your journey on the search for Truth has come to an end, although at the same time it shall begin anew, but at least now you know the goal, which is THE TRUE GOD in you, the absence of desire, NIRVĀṆA. AUM.

That is what you in essence are: The absence of desire. You are not your emotions and thoughts and not even your spiritual aspirations. You just grasped for them, and you may as well let go of them again. The one who grasped does not grasp anymore. But that ONE remains. And that is what you are. You are the one, the secondless, the truly timeless and eternal. It is through the process of detachment from the transient, by which the eternal experiences and discovers its true nature, which was hidden under a mountain of desires. That is a cosmic but also divine necessity. If there would not be the Uncreated, there would be no way out for the Created. Without absence of desire there is no liberation from desire, and the world would be in a constant state of manifestation and bondage, a huge clump of clay, aching under the pressure of its own weight and desire, with no relief in sight. It is the contrast between the Created and the Uncreated, or between desire and the absence of it, which causes the "Big Bang" and "Big Crunch" of science, the periods of cosmic activity and rest (or destruction). When will they understand, that cosmic nebulae, planets, solar systems or the whole universe with everything in it, exist and rotate, because some inherent spiritual desire (Monad) **makes** them exist and rotate. Study *THE BOOK OF LIGHT* and you will understand. When will orthodox science understand that matter per se does not exist, but that it is a state of desire equal to ours (which is why we experience it as dense).

Desire is illusion, **creates** illusion, absence of desire destroys the illusion, absence of desire is Truth. You **have** a body, you **are** not a body, you are not your body. You say I have a body" not "I am a body". Simple grammar reveals it already to you. There is you and then there is that to which you cling (with which you identify yourself), which you had to identify with, so that, by becoming again detached from it, the **real** you would rise like the Phoenix (you) from the ashes (your desires). You are not the body. Neither are you your senses. Great yogis made an amazing discovery. They sat under a tree, shut off completely their senses during perfect meditation, until they did not see, hear, feel and think anymore. But instead of becoming less, they became "more", they EXPANDED. Could it be, they asked themselves, that our senses, including their so cherished activities (sex, eat, drink, talk, hear, see, touch, taste, smell, feel and think), could it be that all these desires are nothing but LIMITATIONS of what we REALLY are, which is the ABSENCE of desire? You are not your body with its transient sense organs and their functions. If transiency would be your true nature, you would not even be aware of that change, of birth, old age, disease and death, and what's more, you would not SUFFER from it. And you **do** suffer from it, because **everything** is made of compounds, put together, a lethal decaying puzzle of ignorance, caused by desire. The absence of desire experiences painfully the presence of desire. Desire is ignorance, absence of desire is truth. Truth or absence of desire shall make you free from ignorance (your desires), which is why "The Truth shall make you free." AUM. Whatever you ask God for, is an insult to God. Even the God of religion urges you: "Do not want anything **from** me, want ME!" Every prayer for worldly goals is therefore sorcery.

But the majority of people burn with desire for the world and its pleasures. The majority of mankind will still be needing religion, thus fighting the forces of evil with spirituality, based on belief rather than on knowledge. It shall be the Karma of the Bodhisattva Maitreya, to become the spiritual leader of all religions, theosophies and philosophies. The leading scripture will be *THE BOOK OF LIGHT,* dictated to Lanoo by the Maha-Chohan. The uniting Mantra is Om Mani Padme Hum and the all-embracing song "DEVA". The Nirvāṇee, though, the seeker for NIRVĀṆA, does not need any Mantra, nor song, nor any scripture other than this little book.

To him "GOD" suffices. He KNOWS NIRVĀṆA. That is his teacher. And the lesson is to drop all desires until there is but ABSENCE of desire. The following meditation technique shall help you to achieve that goal.

SOULBREATH - MEDITATION

Sit or lay down, close your eyes, take a deep breath and then LET BREATHE. Observe, observe your breath, how it inhales you and exhales you. It does that without you. You are not your body, you are not your breath. You are in- and exhaled **by** - your body. So let breathe. Observe. Thoughts and emotions rise in you and attempt to disturb your meditation. Just observe them. Do not deny, suppress, or fight them, just <u>observe</u> them.

After a while they shall disappear again and what remains is you - you minus thoughts and emotions, which proves once more that you are not your thoughts and emotions. Observe neutral and indifferent. See through the illusion. All that does not belong to you. Sooner or later you will not even feel your breath and your body anymore because you are not the body. And still you remain. Once you have reached that state, bliss shall be yours. Do not get caught up in that sensation. You just feel the bliss of your spiritbody and of the Spirit world, because heaven and hell are not somewhere in space, but states of consciousness right there in you. NIRVĀṆA, though, is **beyond** all that, at the core of your very being. Heaven and hell are still transient. You are eternal. So continue observing and even that bliss shall disappear and make room for something which is… you cannot describe it, but when you ARE it, then you KNOW why even the bliss of Spirit is nothing, compared to the Truth of ABSENCE OF DESIRE. **That**, oh Lanoo, is the true "Holy Grail" in the legend about King Arthur and his Knights of the Round Table. Though based on historical truth, the true meaning of the tale is INITIATION and Transformation of the lower into the higher until NIRVĀṆA is reached (see *THE BOOK OF LIGHT*).

So continue meditating, continue observing. Meditate every day for at least 1 hour. After a couple of days you shall experience an increasing mobility, that is a tendency to leave the body. Do not be alarmed by that. Let it happen. Set your clock. The signal (not too loud) shall bring you back. The longer you practice Soulbreath-Meditation, the more you shall experience the Siddhis, like seeing lights, hearing sounds and communicating with entities on the astral, mental and spiritual realms, and more, as the True God already revealed to you. Do not get caught in that either. Continue observing. If "they" contact you, be they angels, deceased humans or demons, do not react, do not respond. Not yet. I shall tell you when, if at all. Observe. Soulbreath-Meditation is powerful. Live the life: vegetarian food, no (or at least reduced) sexual activity, no drugs, no alcohol, no tobacco, otherwise the awakened Kundalinī shall harm you. Practice Soulbreath-Meditation for at least an hour a day. Lay or sit down, close your eyes, take a deep breath, then **let breathe** and witness what happens. OBSERVE. Observe until there is nothing to observe anymore; until everything which is not you (Body, Emotion, Mind, Soul, Spirit) has disappeared from your consciousness, yet you still remain… you, the Timeless, the Eternal, the Uncreated.

BEFORE MEDITATION
(But also before you go to sleep)

Direct your consciousness for a few minutes to the one and only God, NIRVĀṆA, then let go, let breathe and observe.

P.S. And don't forget to put a little smile on your face

THE DIVINE PAUSE

Between exhaling and inhaling there is a pause, which will increase with improving meditation. Observe. Do not worry, that you somehow might forget to inhale again. Continue to observe and the secrets of the universe shall be revealed to you during the Divine Pause. AUM.

THE REWARD

The reward for renouncing this world is to reach NIRVĀṆA immediately or to be reincarnated in a higher heavenly realm and so forth until eventually NIRVĀṆA is attained. That is cosmic law. In order to reach the higher you have to let go of the lower. The less the desire the greater the reward, although often after a period of extreme loneliness. Observe that too. Rising Kundalinī shall teach you that true bliss comes from **inside** of you, and that it is independent of persons and things. The less you want, the more you get. AUM. You can experience the higher worlds, in which you shall reincarnate, right here and now. Climb "Jacob's ladder" while still in the physical body. Becoming more and more detached you can experience the heavenly realms while still in your physical body. Again I say: Heaven and hell are **in** you and nowhere out there. Just live the life, begin NOW to renounce the world! Attain moral purity, practice Soulbreath-Meditation, and no matter how often you may stumble and fall on the path to NIRVĀṆA, **gradually** you will improve and eventually victory shall be yours and its name is NIRVĀṆA. AUM.

Another reward, blessing the seeker for truth, is: Indifference to pleasure and pain, since he knows them to be either earthly or heavenly and thus both a transient illusion. It is as the Buddha reveals to us in the Majjhima Nikaya, 18th discourse: "He stands unawed by any heaven or Earth. And perception does no longer lay hold of Him, the Holy One, who lives apart from desires and questions and distress of mind, and thirsts no longer for Becoming."

That indifference to pleasure and pain shall be also and especially experienced and has to be applied at the death of the physical body. "In dying I do not rejoice. In living I do not rejoice. The body I shall put away, clearly conscious, wisely, well aware." Samyutta Nikaya v. 1002.

You say that you would love to renounce the world, to become desireless, but you have to make a living, pay the rent, etc.? It is only that which you are NOT, which comes up with these excuses. The earnest seeker for Truth shall find a way. For instance: the millionaire shall help others to afford world-renunciation and the one who is not wealthy shall take a simple ambitionless job which will enable him to live a simple ambitionless life of study, meditation and world-renunciation. AUM. In any case: If you really and earnestly decide to renounce the world, it shall be provided for you; the outer circumstances will appear to permit you to walk the NIRVĀṆA-PATH.

The five steps to liberation experienced during Soulbreath Meditation.

The next page shows a circle-symbol, representing the human being, or candidate for NIRVĀṆA, whom I divide for that purpose into 5 instead of 7 principles: 1) Body, 2) Emotion, 3) Mind, 4) Soul, 5) Spirit, with NIRVĀṆA, the absence of all desires, in their common center.

Notice, that with each step of detachment from each of the 5 principles or circles (beginning with the innermost, the physical) the essence of the candidate **expands**, until there is but NIRVĀṆA, the absence of desire, which can be compared to a circle with its center everywhere and its circumference nowhere.

The candidate

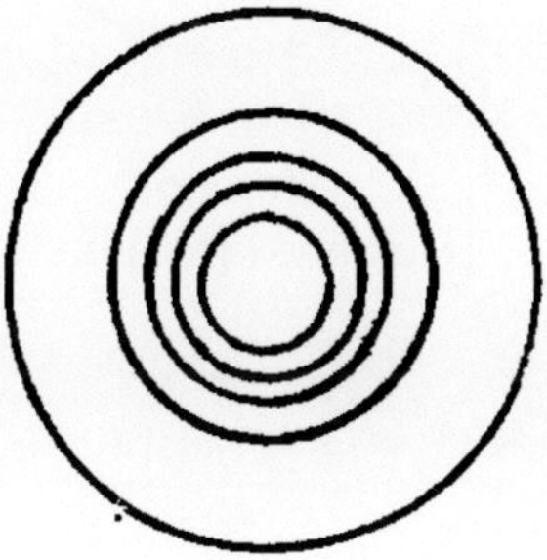

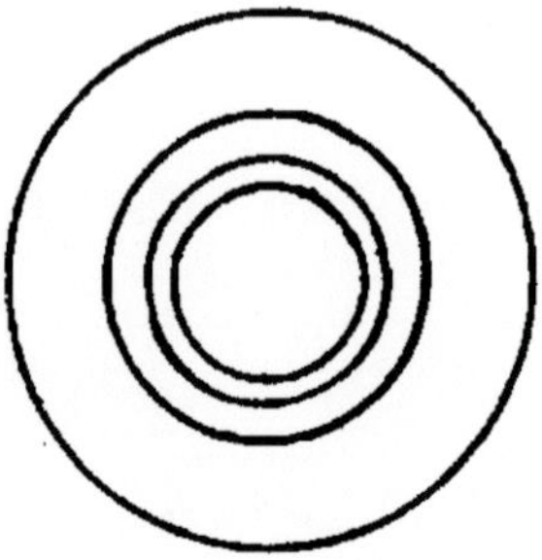

Step one
Detached from body

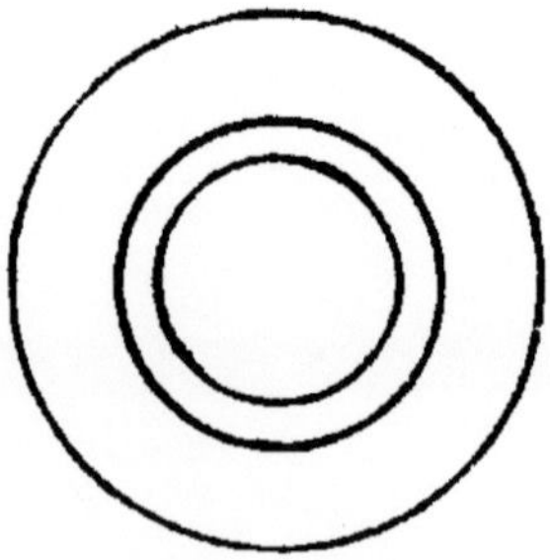

Step two
Detached from emotion

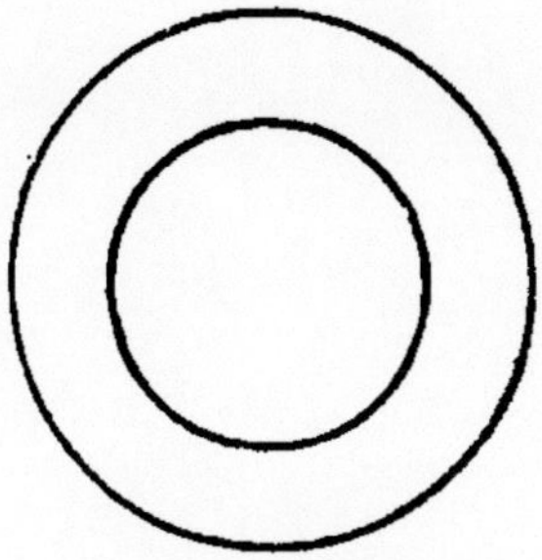

Step three
Detached from mind

Step four
Detached from soul
and **step five**
detached from spirit, which leads to...

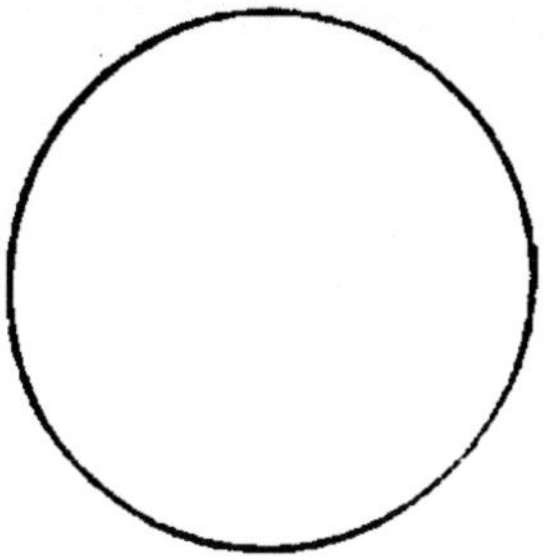

NIRVĀṆA

The absence of all desire

There is another parallel and more subtle nine-fold visionary process of detachment, experienced by the Buddha during awakening to absolute reality. May the reader be able to experience the same visions as did the Blessed Gautama Buddha. AUM

The following chapter describes the different steps of detachment, experienced by the Buddha during meditation under the Bodhi Tree, until he reached NIRVĀṆA.

NIRVĀṆA

THE NINE CONTEMPLATIVE VISIONS LEADING TO IMMORTALITY

The Nine Contemplative Visions are the nine keys to immortality, the riddle of the Sphinx given to humanity and to the entire universe to be solved. This riddle was solved by **THE BUDDHA**, The Enlightened and Awakened One. Awakened from what? From the dream of life and death to immortality. The Buddha had reached that goal in contemplative visions, by detaching himself during meditation, step by step, vision by vision, from everything that **he was not**, from body, emotion, mind, soul, and even from spirit, until the real, immortal, eternal, uncreated, parentless, beginning and endless Self, **The True Surviving Principle**, remained as it was, is, and always shall be. AUM.

THE NINE CONTEMPLATIVE VISIONS
Leading To Immortality In NIRVĀṆA

The process of detachment experienced during
SOULBREATH MEDITATION

The goal is NIRVĀṆA, attained gradually through study and meditation. At each step you may be tempted to think: "That is it! I am liberated, I am enlightened! I have attained true immortality, free from body, emotion, mind, soul and spirit. That is NIRVĀṆA!" But when the candidate continues to meditate he shall know that there is more to come. How can he be sure? And when? Remember: The true self can never be reached by cognition, since all cognition, experienced by the yet unconscious Self, is always directed outwards. The Self, though, dwells at the core of everything... Once the Self becomes aware of its true nature and what and where it really is, it ceases to search for itself outwards, where it is NOT, and DETACHES itself from all identification, even from spirit.

Therefore: Whatever you become aware of, no matter how high and sublime, is not yet the real you but rather what you are NOT. When, then, shall it happen? When will I have accomplished the task, when will I have detached myself from everything that I am NOT? Answer: When that happens you shall know or rather you shall BE. Not this and that anymore, you will just be liberated, detached from everything, from every transient, fleeting attribute. You just ARE. You were never this or that, you just **became** this or that, only to experience that this or that was taken away from you over and over again, life after life, until you know, until you understand, until you finally let go of that which you are NOT, which does not belong to you, which never really belonged to you, which was only given to you temporarily so that you would become aware of your eternal nature which is neither being this nor that but just BEING. If you do not understand, then it is not for you. But if you do understand, blessed are thou, oh reader. What are the signs, revealing to me, for instance during meditation, that NIRVĀṆA is near? The ultimate authority to answer that question can only be THE BUDDHA himself, since he had attained NIRVĀṆA, while still in the physical body. In the Anguttara Nikaya IX, No. 41, the venerable Ananda reveals to Tapussa, the householder, the teachings of the Exalted One, THE BUDDHA, Iti maya srutam - thus have I heard. And that is what Ananda does. He reveals what he has heard from THE BUDDHA, concerning the direct ascent to the summit of true happiness and the way in which we can rise during meditation from one stage to another until NIRVĀṆA is reached. THE BUDDHA taught Four Contemplative Visions, leading to NIRVĀṆA, and thus even to immortality during the cycles of reincarnation (for the one who decides to renounce NIRVĀṆA). The Fourth Contemplative Vision is divided into 5, which is why I decided to call them all together

THE NINE CONTEMPLATIVE VISIONS

Notice that whenever THE BUDDHA had attained a state higher than the one before, he experienced the one before as "painful".

THE FIRST CONTEMPLATIVE VISION
The State Beyond Pleasures

"It is thus, Ānanda, it is thus, Ānanda. BEFORE my complete awakening, when I was not yet fully awakened, but only indulged in awakening (enjoying the different states of bliss during meditation, believing them to be IT), I, too, cherished like others may the idea: 'The state beyond sensual pleasures is something good, solitude and seclusion are something good.' But my mind was not (yet) elevated by the thought of the state beyond sensual pleasures, was not calmed by it, did not remain unshaken by it, did not detach itself (from sensual pleasures), indeed did not see: 'This is peaceful.' Then Ānanda, the thought occurred to me: 'What is the reason, what is the cause, that my mind is not elevated by the thought of the state beyond sensual pleasures, is not calmed by it, does not remain unshaken by it, does not detach itself (from sensual pleasures) does not see: This is peaceful?' Then (seeing through it) the thought occurred to me: 'I have simply not yet seen through the misery of sensual pleasures, am not yet wholly clear concerning them, have not yet penetrated to the happiness beyond sensual pleasures, and have not yet had a taste of it." (We see here clearly that even the Buddha had to fight against thoughts of lust, etc., during meditation. That is easy to understand if we know that the Buddha had lived a life of the senses, enjoying money, power, music, dance, wine and a Harem of over a hundred beautiful women, until he one day decided to renounce all this…).

Let us see how he took that hurdle. "Therefore my mind is not (yet) elevated by the thought of the state beyond sensual pleasures, is not calmed by it, does not remain unshaken by it (whenever temptation occurs. The Buddha had also many nuns …), does not detach itself; I do not see: 'This is peaceful.' Then Ānanda, the thought occurred to me: 'If I see through the misery of sensual pleasures am wholly clear concerning them; and if I penetrate to the happiness of the state beyond sensual pleasures, and have a taste of it, THEN it may well be that my mind is henceforth elevated by the thought of the state beyond sensual pleasures, is calmed by it, remains unshaken by it, detaches itself (from sensual pleasures); I then see: 'This is peaceful.' And in due time, Ānanda, I saw through the misery of sensual pleasures, was wholly clear concerning them, and (sitting one day in silent seclusion in the cool shade of a rose apple tree) penetrated to the happiness of the state beyond sensual pleasures, and had a taste of it. After that time, Ānanda, my mind was elevated whenever I thought of the state beyond sensual pleasures; it was calmed by it, remained unshaken by it, detached itself (from sensual pleasures); and I saw: 'This is peaceful.'"
So we see how the Buddha took the first hurdle, which is sensual pleasures and the thinking of them, and reached the state beyond sensual pleasures. He achieved that through right understanding and meditation. He looked through the māyā, the illusion of sensual pleasures, called "the trap of nature" by my teacher, the late Beatrice Flemming.

Right understanding is the keyword to the solution of the problem. Meditation alone won't do it in the beginning, because even if you have achieved the peaceful state beyond sensual pleasures during meditation, you shall be confronted with temptations one way or the other after Meditation. Then you need right understanding, otherwise the meditation may lose its po-

wer and you yield to the temptation… No problem, try again to detach yourself. But the Buddha had overcome attachment to sense pleasures, and so he continues: "And so, ānanda, detached from the pleasures that are evoked by the objects of the senses, from things that are pregnant with evil, I attained after the time (at will and without trouble or effort) the first contemplative vision of enlightenment consisting in energetic thought and meditation with all the bliss that is steeped in joy.
The origin of such bliss is detachment from the pleasures that are evoked by the objects of senses. And if, Ānanda, while I remained in this state, perceptions and mental pictures came over me, which were associated with sensual pleasure, then this to me was painful. Just as, Ānanda, it is painful to a fortunate man when he is assailed by suffering, so was it painful to me when there came over me perceptions and mental pictures that were associated with sensual pleasures(!)."

Oh Lanoo, temptation is everywhere and it shall only not tempt you anymore once you have truly detached yourself from it, when you overcome it. When it then returns, you experience it as what it is, as the cause of suffering and you abstain from it. AUM.

Is that already NIRVĀṆA? No, but it is a step closer to NIRVĀṆA. How do you know that this is not yet NIRVĀṆA? Because something in you tells you: 'There is something else which is even more peaceful than the state beyond sensual pleasures, than being free from all thoughts and reflections. What is that something? It is

THE SECOND CONTEMPLATIVE VISION
Happiness Of Being Free From Ideas

"Then, Ānanda, the thought occurred to me: 'After meditation and thought have come to rest, I might now attain the unity of the mind which is free from all thoughts and reflections, free from the state beyond sensual pleasures. The Second Contemplative Vision, with all the bliss that is steeped in joy, such as springs from (this) concentration. But my mind was not elevated by the thought of being free from ideas, was not calmed by it, did not remain unshaken by it, did not detach itself (from thinking); I did not see: 'This is even more peaceful.' Then, Ānanda, the thought occurred to me: 'What then is the reason, what is the cause for this?' Then, Ānanda, the thought occurred to me: I have not yet seen through the misery of ideas, am not yet wholly clear concerning them, and have not yet penetrated to the happiness of being free from ideas and have not yet had a taste of it. Therefore my mind is not elevated by the thought of being free from ideas, is not calmed by it, does not remain unshaken by it, does not detach itself (from thinking) I do not see: 'This is even more peaceful.' Then, Ānanda, the thought occurred to me: 'If I see through the misery of ideas, am wholly clear concerning them; and if I penetrate to the happiness of being free from ideas, am wholly clear concerning them; and if I penetrate to the happiness of being free from ideas, and have a taste of it, then it may well be that my mind is henceforth elevated by the thought of being free from ideas, is calmed by it, remains unshaken by it, detaches itself (from thinking); I then see: 'This is even more peaceful.' And in due time, Ānanda, I saw through the misery of ideas, was wholly clear concerning them, and penetrated to the happiness of being free from ideas, and had a taste of it. After that time, Ānanda, my mind was elevated, whenever I thought of the state of being free from ideas; it was calmed by it, remained unshaken by it, detached itself (from thinking); and now I saw: 'This is even more peaceful.'"

The ultimate goal and the purpose of life is THE ABSOLUTE STATE OF PEACE, NIRVĀṆA, which the Buddha was striving for in meditation, but he still had not reached it, because…

"And so, Āanda, after calming ideas and reflections, I attained after that time (at will and without trouble or effort) the unity of mind, which is free from all thoughts and reflections, The Second Contemplative Vision, with all the bliss that is steeped in joy, such as springs from (this) concentration. And if, while I remained in this state, perceptions and mental pictures came over me, which were associated with ideas, then this to me was painful. Just as, Ānanda, the thought occurred to me: After the passing of joy, I might now remain indifferent, reflective, clearly conscious, and feel in my body that bliss of which the Noble Ones say: The man of indifferent, and collected mind lives in bliss."

With this offering the Buddha attempts to attain

THE THIRD CONTEMPLATIVE VISION
The Happiness Beyond the Joy

"Then, Ānanda, the thought occurred to me: After the passing of joy, I might now remain indifferent, reflective, clearly conscious, and feel in my body that bliss of which The Noble Ones say: The man of indifferent and collected mind lives in bliss; and so I might dwell in The Third Contemplative Vision." (Why? Because it gave him more peace than the second state of enlightenment, The Second Contemplative Vision. But he felt, he KNEW that there was more, that this was not yet Truth, not yet NIRVĀṆA. And so he continues searching during meditation, just by observing the next thought which occurs to him.)

"Then, Ānanda, the thought occurred to me: 'If I penetrate to the happiness beyond the joy, and have a taste of it, then it may well be that my mind is henceforth elevated by the thought of the state beyond the joy, is calmed by it, remains unshaken by it, detaches itself (from the joy) I then see: 'This is even more peaceful.' And in due time, Ānanda, I saw through the misery that even the joy conceals within itself, was wholly clear concerning it, and penetrated to the happiness beyond the joy, and had a taste of it. After that time, Ānanda, my mind was elevated whenever I thought of the state beyond the joy; it was calmed by it, remained unshaken by it, detached itself (from the joy); and I now saw: 'This is even more peaceful.' And so, Ānanda, after letting the joy fade away, I attained after that time (at will and without trouble or effort) The Third Contemplative Vision. In it I remain indifferent, reflective clearly conscious and feel in my body that bliss of which the Noble Ones say: 'The man of indifferent and collected mind lives in bliss,' and, Ānanda, while I remained in this state perceptions and mental pictures came over me which were associated with joy, then this to me was painful. Just as, Ānanda, it is painful to a fortunate man when he is assailed by suffering, so was it painful to me when there came over me perceptions and mental pictures that were associated with joy.'

The reader who attained that kind of awareness during Soulbreath Meditation is advised to be EXTREMELY HEEDFUL and not to be deceived by that very high state of enlightenment, because that is not yet IT, there is more to come. He has first to detach himself even from the bliss of The Third Contemplate Vision, because…

"Then, Ānanda, the thought occurred to me: After giving up (during meditation) all bliss as well as all suffering, after the disappearance of previous mirth and melancholy, I might now attain the perfect purity of reflective indifference which is superior to all suffering and to all bliss."

So the Buddha attempts to attain

THE FOURTH CONTEMPLATIVE VISION
The State Beyond All Suffering and All Bliss

"But my mind was not elevated by the thought of the state beyond all suffering and also beyond all bliss, was not calmed by it, did not remain unshaken by it, did not detach itself (from The Bliss of The Third Contemplative Vision); I did not see: This is even more peaceful."

That is what it is all about, the search for ultimate peace, the purpose of life and the goal of all lifeforms. But that peace is not yet guaranteed by the prior three contemplative visions. Could it be this one? The fourth? And if not, why? The Buddha reveals it to us:

"Then, Ānanda, the thought occurred to me: I have not yet seen through the misery even of the bliss of indifference; am not yet wholly clear concerning it."

It too (the bliss of indifference) is fleeting, and prevents one from progressing toward NIRVĀṆA, to states that are even more sublime until NIRVĀṆA is reached. Therefore, oh reader, even if you may have achieved during Soulbreath Meditation the bliss of perfect indifference, do not get caught up in it, but continue to meditate and detach yourself even from that fleeting bliss. AUM. Progress along the Buddha's words on the path to NIRVĀṆA, the one and only God.

"I (The Buddha) have not yet penetrated to the happiness of the state (of perfect indifference) which is superior to all bliss; I have not yet had a taste of it. Therefore my mind is not elevated by the thought of the state which is superior to all suffering and to all bliss, is not calmed by it, does not remain unshaken by it, does not detach itself (from the bliss) of The Third Contemplative Vision (which led to the Fourth); I do not see: 'This is even more peaceful.' Then, Ānanda, the thought occurred to me: 'If I see through the misery, which even the bliss of a strenuously attained indifference conceals within itself, am wholly clear concerning it; and if I penetrate to the happiness of the state beyond all suffering and beyond all bliss, and have a taste of it then it may well be that my mind is henceforth elevated by the thought of the state beyond all suffering and beyond all bliss, is calmed by it, remains unshaken by it, detaches itself. I then see: 'This is even more peaceful.'" (But even that is not truth, because the Buddha pursues with meditation and energetic thinking).

At that point an explanation is required: The Fourth Contemplative Vision is a state of complete indifference to the entire world of forms, even and especially to your own body. No emotions disturb that kind of indifference. The detachment from body is especially experienced at meditation during Divine Pause (between exhaling and inhaling), when or if the five senses have ceased their activity temporarily. All that is left is mind, sweet mind. But beware…

So the Buddha continues as to the bliss of The Fourth Contemplative Vision: "And in due time, Ānanda, I saw through the misery which even the bliss of a strenuously attained indifference conceals within itself, was wholly clear concerning it, and penetrated to the happiness of the state beyond all suffering and all bliss and had a taste of it. After that time, Ānanda, my mind was elevated whenever I thought of the state beyond all suffering and all bliss; it was calmed by it, remained unshaken by it, detached itself (even from all bliss); and I saw now this is even more peaceful." Well, you see it coming, that too is not yet it.

You may ask: Didn't the Buddha know? To that I respond: Who says he didn't? He did not state that this is the utmost unsurpassable peace, but only that "this is even MORE peaceful." So let us continue reading or listening to the Great on Earth or Gautama, and compare his progress during Meditation with ours, so that we may benefit from it.

"And so, Ānanda, after giving up all suffering and all bliss, after the disappearance of previous mirth and melancholy, I attained after that time (at will and without trouble and effort) the perfect purity of reflective indifference (to the entire world of the senses) which is superior to all suffering and all bliss, namely The Fourth Contemplative Vision. And if, Ānanda, while I remained in this state, perceptions and mental pictures came over me (for instance from the Third Contemplative Vision), it was painful. Just as, Ānanda, it is painful to a fortunate man when he is assailed by suffering, so was it painful to me when there came over me perceptions and mental pictures that were associated with the bliss of a strenuously attained indifference."

But the Buddha knows that there is more, something that is beyond the indifferent beholding of the world of forms, The Fourth Contemplative Vision. And thus, studying and meditating, he attempts to attain

THE FIFTH CONTEMPLATIVE VISION
Boundless Space

The following enumeration is only used by me. The Buddha separates The Fourth Contemplative Vision into five, declaring all of them being 'nine successive ones.'

Important: Whatever the Buddha has achieved he attempts to detach himself from. He, though, can't do that immediately, concerning The Fourth Contemplative Vision, attained at Meditation. What is the reason for that? The Buddha wants to know it himself: "What then is the reason, what is the cause for this? Then, Ānanda, the thought occurred to me: 'I have not yet seen through the misery of bodily forms (which includes eventually all forms up to the highest spiritual bodies of the highest gods) am not yet wholly clear concerning them, and have not yet penetrated to the happiness of the realm of boundless space, and have not yet had a taste of it. Therefore my mind is not elevated by the thought of the realm of boundless space, is not calmed by it, does not detach itself (from the forms). I then see: 'This is even more peaceful.' And in due time, Ānanda, I saw through the misery of forms, was wholly clear concerning it, and penetrated to the happiness of the realm of boundless space and had a taste of it. After that time, Ānanda, my mind was elevated whenever I thought of the realm of boundless space; it was calmed by it, remained unshaken by it, detached itself (from the world of forms); and I now saw: 'This (Fifth state of Enlightenment) is even more peaceful.' And so, Ānanda, after completely overcoming the perception of bodily forms, and after the disappearance of all reflex-perceptions, and by ignoring the perceptions of plurality in the representation 'Boundless is space' I attained after that time (at will and without trouble or effort) the realm of boundless space. And if, Ānanda, while I remained in this state, perceptions and mental pictures came over me which were associated with bodily forms, then this to me was painful. Just as, Ānanda, it is painful to a fortunate man when he is assailed by suffering, so was it painful to me when there came over me perceptions and mental pictures that were associated with bodily forms.

"After completely overcoming the realm of boundless space in the representation 'Boundless is cognition,' I might now attain the realm of boundless cognition and abide therein. But my mind was not yet elevated by the thought of the realm of boundless cognition, was not calmed by it, did not remain unshaken by it, did not detach itself from the realm of boundless space; I did not see: 'This is even more peaceful.'"

"Then, Ānanda, the thought occurred to me: 'What then is the reason, what is the cause for this?' Then, Ānanda, the thought occurred to me: 'I have not yet seen through the misery of the realm of boundless space, am not yet wholly clear concerning it and have not yet penetrated to the happiness of the realm of boundless cognition, and have not yet had a taste of it.'"

Dr. Grimm writes: "At this height a man becomes pure cognition aspiring within itself and contemplating rather its own boundlessness as it previously did that of space. In other respects, he no longer contemplates anything at all, and naturally not even his own body in particular."

When you have reached The Sixth Contemplative Vision, oh reader, you will still not be satisfied. You KNOW, that in spite of all the increasing bliss of detachment there is more, more... Let us see how the Buddha solves that problem:

"My Mind is not elevated by the thought of the realm of boundless cognition, is not calmed by it, does not remain unshaken by it, does not detach itself; I do not see: 'This is even more peaceful.' And in due time, Ānanda, I saw through the misery of the realm of boundless space and had a taste of it. After that time, Ānanda, my mind was elevated whenever I thought of the realm of boundless cognition, it was calmed by it, remained unshaken by it, detached itself (from the realm of boundless space); and I now saw: 'This is even more peaceful.' And so, Ānanda, after completely overcoming the realm of boundless space in the perception "boundless is cognition," I attained at that time (at will and without trouble)

THE SIXTH CONTEMPLATIVE VISION

The realm of boundless cognition and abided therein."

As always it HURTS the Buddha (and for that matter every other meditator, if in that state of awareness) when he experiences the state of awareness prior to this one. "And, if, Ānanda, while I remained in this state, perceptions and mental pictures came over me which were associated with the realm of boundless space, then this to me was painful. Just as, Ananda, it is painful to a fortunate man when he is assailed by suffering, so was it painful to me when there came over me perceptions and mental pictures that were associated with the realm of boundless space."

The Buddha then inquires if that is the absolute state or if it is possible to detach oneself even from the realm of boundless cognition.

"Then, Ānanda, the thought occurred to me: 'After completely overcoming the realm of boundless cognition in the representation 'now there no longer exists anything for me' I might now attain the realm of nothingness and abide therein.' But my mind was not elevated by the thought of the realm of nothingness, was not calmed by it, did not remain unshaken by it, did not detach itself (from the realm of boundless cognition): I did not see: 'This is even more peaceful.' Then, Ānanda, the thought occurred to me: 'What then is the reason, what is the cause for this?' Then, Ānanda, the thought occurred to me: 'I have not yet seen through the misery of the realm of boundless cognition, am not yet wholly clear concerning it, and have not yet penetrated to the happiness of the realm of nothingness, and have not yet had a taste of it. Therefore my mind is not elevated by the thought of the realm of nothingness, is not calmed by it, does not remain unshaken by it, (does not yet detach itself from the realm of boundless cognition) and if I penetrate to the happiness to the realm of nothingness, and have a taste of it, then it may well be that my mind is henceforth elevated by the thought of the realm of nothingness, is calmed by it, remains unshaken by it, detaches itself (from the realm of boundless cognition); I then see: 'This is even more peaceful.' And in due time, Ānanda, I saw through the misery of boundless cognition, was wholly clear concerning it, and penetrated to the happiness of the realm of nothingness, and had a taste of it."

That led to

THE SEVENTH CONTEMPLATIVE VISION
The Realm of Nothingness

"After that time, Ānanda, my mind was elevated whenever I thought of the realm of nothingness; it was calmed by it, remained unshaken by it, I detached myself; and I now saw: 'This is even more peaceful.' And so, Ānanda, after completely overcoming the realm of boundless cognition in the representation 'Now there no longer exists anything (for me), I attained after that time the realm of nothingness and abided therein. And if, Ānanda, mental pictures came over me which were associated with the realm of boundless cognition, then this to me was painful. Just as, Ānanda, it is painful to a fortunate man when he is assailed by suffering, so was it painful to me when there came over me perceptions and mental pictures that were associated with the realm of boundless cognition. Then, Ānanda, the thought occurred to me: 'After completely overcoming the realm of nothingness, I might now attain the realm of neither-perception-nor-non-perception and abide therein.' But my mind was not elevated by the thought of the realm of neither-perception- nor-non-perception, was not calmed by it, did not remain unshaken by it, did not detach itself (from the realm of nothingness); I did not see: 'This is even more peaceful.'

Then Ānanda, the thought occurred to me: 'What then is the reason, what is the cause of this?' Then, Ānanda, the thought occurred to me: I have not yet seen through the misery of the realm of nothingness, am not yet wholly clear concerning it, and have not yet penetrated to the happiness of neither-perception-nor-non-perception, and have not yet had a taste of it. Therefore my mind is not elevated by the thought of the realm of neither-perception-nor-non-perception, is not calmed by it, does not remain unshaken by it, does not detach itself (from the realm of nothingness); I did not see: 'This is even more peaceful.' Then, Ānanda, the thought occurred to me; If I see through the misery of the realm of nothingness, am wholly clear concerning it; and if I penetrate to the happiness of the realm of neither-perception-nor-non-perception, and have a taste of it, then it may well be that my mind is henceforth elevated by the thought of neither-perception-nor-non-perception, is calmed by it, remains unshaken by it, detaches itself (from the realm of nothingness); I then see: 'This is even more peaceful.' And in due time, Ānanda, I saw through the misery of the realm of nothingness, was wholly clear concerning it, and penetrated to the happiness of neither-perception-nor-non-perception, and had a taste of it."
That led to

THE EIGHTH CONTEMPLATIVE VISION
The Realm of Neither-Perception-Nor-Non-Perception

"After that time, Ānanda, my mind was elevated whenever I thought of the realm of neither-perception-nor-non-perception;

it was calmed by it, remained unshaken by it, detached itself (from the realm of nothingness); and I saw: 'This is even more peaceful.' And so, Ānanda, after completely overcoming the realm of nothingness, I attained after that time (at will and without trouble or effort) the realm of neither-perception-nor-non-perception, and abided therein. And if, Ānanda, while I remained in this state, perceptions and mental pictures came over me which were associated with the realm of nothingness, then this to me was painful. Just as, Ānanda, it is painful to a fortunate man when he is assailed by suffering, so was it painful to me when there came over me perceptions and mental pictures that were associated with the realm of nothingness. Then Ānanda, the thought occurred to me: 'After completely overcoming the realm of neither-perception-nor-non-perception, I might now attain the abolition of perception and sensation, and abide there, but my mind was not elevated by the thought of the realm of the abolition of perception and sensation, was not calmed by it, did not detach itself from the realm before it. I did not see: 'This is even more peaceful.' What then is the reason, what is the cause for this? Then, Ānanda, the thought occurred to me. 'I have not yet seen through the misery of the realm of neither-perception-nor-non-perception, am not yet wholly clear concerning it, and have not yet penetrated to the happiness of the abolition of perception and sensation and have not yet had a taste of it. Therefore my mind is not elevated by the thought of the abolition of perception and sensation, is not calmed by it, does not remain unshaken by it, does not detach itself (from neither-perception-nor-non-perception); I do not see: 'This is even more peaceful.' Then, Ānanda, the thought occurred to me: If I see through the misery of the realm of neither-perception-nor-non-perception, am wholly clear concerning it; and if I penetrate to the happiness of the abolition of perception and sensation, and have a taste of it, then it may well be that my mind is henceforth elevated by the thought of the abolition of perception and sensation, is calmed by it, remains unshaken by it, detaches itself (from the realm of neither-perception-nor-non-perception); I then see: 'This is even more peaceful.' And in due time, Ānanda, I saw through the misery of the realm of neither-perception-nor-non-perception, was wholly clear concerning it, and penetrated to

THE NINTH CONTEMPLATIVE VISION
nevasaññāvedayitanirodha
The Abolition of Perception and Sensation

After that time, Ānanda, my mind was elevated whenever I thought of the abolition of perception and sensation; it was calmed by it, remained unshaken by it, detached itself (from the realm of neither-perception-nor-non-perception); and I now saw: 'This is peaceful.' And so, Ānanda, after completely overcoming the realm of neither-perception-nor-non-perception, I attained after that time (at will and without trouble or effort) the abolition of perception and sensation, and *I abide therein*; and after I wisely cognized all this, the influences (of the world of appearances) came to an end."

Dr. Grimm comments on the 2 final states as follows: "Whoever has attained the realm of neither-perception-nor-non-perception, no longer has any definite perception at all. With the organ of thought, which is all that is left of the entire mechanism of personality, he simply feels and cognizes only the immeasurable peace taking possession of him in the inexpressible silence that soars aloft into itself beyond the entire phenomenal world. But as the organ of thought and with it also the perception of this great peace and transitory, with all the consequence of transitoriness, he sees through even *this* perception and sensation (nevasaññānāsaññāyatanasaññā: Majjh. Nik., 106th Discourse.) - as misery. Only where no kind of activity is any longer produced, not even any activity of thought, and consequently no more activity of perception of the realm of neither-perception-nor-non-perception, has all suffering come to an end; and hence only there does the state appear which is absolutely adequate to us, and consequently is absolute happiness. The words of Digha Nikaya IX, 17 are applicable to the man who sees *this*, precisely in regard to the perception and sensation of the Great Peace in the realm of the neither-perception-nor-non-perception; a perception and sensation that occur with the organ of thought. At this stage he thinks: 'For me it is better to think no more than to think.' And so he stops this thinking, and (also to this extent) is no longer active. Thus even perception and sensation (as still existing in the realm of neither-perception-nor-non-perception) vanish, and he attains abolition (of perception and sensation)." End of quote.

What, oh reader, are compared to those all worldly *and* even heavenly achievements or states of awareness? Nothing but dust. Truth is BEYOND all of them. AUM.

The Buddha rejoices: "As long as I, Ānanda, had not yet attained those nine successive states in a forward and backward direction, and had not yet risen from them again, so long had I, as a perfectly awakened one, not yet come to know the incomparable awakening (to supreme reality) in the world with its evil and holy spirits, with its hosts of ascetics and Brahmins, gods and men." I may add "and with God itself." The Buddha had experienced, as the meditator will, all these worlds and their inhabitants by leaving his body and entering their realm, teaching even the Gods that they are transient and that they were in need of liberation and well advised to detach themselves from their illusion of being a God, in order to attain NIRVĀṆA.

NOW the Buddha IS; there is no higher state than that of ABOLITION OF PERCEPTION AND SENSATION. THAT 'IS' NIRVĀṆA. So The Exalted One utters: "Unshakable is the detachment of my mind; this is my last birth, henceforth there will be no more Becoming."

Well reader, all there is left for you to do now is to put into practice what you have learned, while continuing to read this book over and over again; to meditate every day as long as you can until you have reached true immortality and become THE DEATHLESS.

THE NINTH CONTEMPLATIVE VISION
N I R V Ā Ṇ A
A U M

This thing is clear: WHATEVER you become aware of, be it in Hell, on Earth or even in Heaven, all Gods included, up to the Highest, including your own body, emotion, mind, soul and spirit, is not worth the attention, is not your Self. Let go of it and attain NIRVĀṆA.

NOW THE CHOICE IS YOURS

Do you, at the moment of death of your physical body, take NIRVĀṆA and thus avoid any further reincarnation, or do you make an impersonal decision to renounce NIRVĀṆA and to reincarnate into a new body and a new life? In that case you shall do so WITHOUT LOSING AWARENESS between de- and reincarnation or after what they call death. This unbroken consciousness, though, can only be achieved if you walk the NIRVĀṆA path. Anything else is wishful thinking, leading nowhere. AUM.

How is it possible to reach NIRVĀṆA during life of the physical body and to return to it? Because the abode or vehicle is there.

THE DIFFERENCE BETWEEN NIRVĀṆA AND THE SELF

The Self can never be cognized, since it is that which cognizes.

NIRVĀṆA, though, can be cognized, namely by the Self. The Buddha himself speaks of a "seer of NIBBANA". How and when can NIRVĀṆA be seen or cognized? When the Self has detached itself from everything, meaning from Body, Emotion, Mind, Soul and Spirit. What then remains is NIRVĀṆA. Can I detach myself from NIRVĀṆA? Not at all. NIRVĀṆA is the end of the detachment-process. The buck stops there, so to speak. The one who, in the face of NIRVĀṆA, would continue to detach himself, would risk insanity and death. The Buddha warns about such an attempt. How do I know, when NIRVĀṆA is near? The answer: Through the intense study of this book I must attain a clear understanding of what I am NOT. Then the detachment-process shall lead me swiftly and unharmed to NIR-VĀṆA. AUM.

ABSOLUTE PERFECTION

All my life I was on the search for the absolute perfection in art, science, politics, philosophy and religion, where I did not find it, since they all deal with body, emotion, mind, soul and spirit, which, per se, are transient and thus imperfect.

But THEN, meditating, without desire, and detached from body, emotion, mind, soul and even spirit, **then** I had found absolute perfection and it was

E T E R N A L P E A C E

AUM

Attempts to describe NIRVĀṆA

"…Seeking nothing, he gains all
If any teach, NIRVĀṆA is to cease
Say unto such they lie
If any teach NIRVĀṆA is to live
Say unto such they err: not knowing this
Nor what light shines beyond their broken lamps
Nor lifeless, timeless bliss"

And in case you haven't heard it often enough, here it is once more: **There is no NIRVĀṆA without moral purity**.

The Guru, priest, teacher or motivator, who teaches you that you can only attain self-consciousness or even just NIRVĀṆA by outliving your sexual desires is wrong and Karma shall teach **him**.

"NIRVĀṆA is annihilation of Desire, Passion and Self-Delusion. It is the goal towards which all life is tending. The ultimate, the Beyond, the goal of life, won by the Greatest of the Aryans for the enfranchisement of man from all his self wrought bondages. NIRVĀṆA is past all the glory of the Moon and Sun (both being but states of cosmic desire), still infinitely far above the starry heights of conscious being, sublimated to its ultimate, beyond the infinite abysses of that all-embracing ether wherein these universes have their bornless home. Selfless to live, selfless to die, seeking for no reward, longing for no high heaven, for no eonian bliss." (Ananda M.*: "The Wisdom of the Āryas").*

Oh Lanoo, all Great Ones, Planetary Spirits, Angels, Karmic Deities, Dhyān Chohans, Buddhas (rather their Bodhisattvas), Christs and Masters and many others, known or unknown to us, are but states of desire. NIRVĀṆA is beyond them, but many have renounced it. AUM.

To be without desire for forms, scents, feelings, sounds and thoughts, THAT is NIRVĀṆA.

One who has attained NIRVĀṆA disappears for the world, the world disappears for him, but he does not disappear for himself. In NIRVĀṆA consciousness expands more and more, without losing utterly the sense of identity. NIRVĀṆA-consciousness is like being a circle with its center everywhere and its circumference nowhere.

Your desires are the circumference. Once you overcome them, cast them off, you expand and become your own center and circumference, or rather you expand beyond extension. Students tell me sometimes that during Soulbreath-Meditation they feel an almost physical expansion. This sensation occurs because their consciousness is still very much in the physical, so when their consciousness expands, they think it is their body. Later, after having become more advanced in detachment from body, emotion, mind, soul and even their spirit, their consciousness shall develop and grow beyond the limits of this and any other galaxy. Then, when they drop even that consciousness what remains is … NIRVĀṆA.

Any kind of physical, emotional, mental or spiritual activity cuts you off, separates you from THAT
The choice is yours

THE JOY IN RENOUNCING THE WORLD

"Oh, Maha-Chohan, if all is suffering, where, then, is joy?"

"The joy, oh Lanoo, is in joyfully letting go, gradually or at once, of that which is transient and thus causes suffering. INCREASING AND EVERLASTING PEACE shall eventually be the reward for renouncing all these fleeting, transient and thus in essence dissatisfying worldly pleasures and sense-activities. AUM.

HOW TO CONFRONT ANGELS, DEMONS, ELVES AND GNOMES

If you see them, remain neutral, especially toward your own reaction to them, and if you meet them in the astral world, just hop over them. That neutrality, or absence of desire, attained through study and meditation, shall enable us one day, as the bible promises, to "rule over the angels".

THE CAUSE OF SUFFERING

"Thou sufferest, because thou willest. For everything that thou canst ever will thus all objects of seeing, hearing, smelling, tasting, touching, thinking, yea, even the organs of this willing, in their innermost nature are transitory, hence, do what thou wilt, always inevitably perish. If therefore thou wishest to do away with suffering, thou must altogether do away with willing." Dr. Georg Grimm *"Doctrine of the Buddha"*.

KNOWLEDGE

Since we, including the whole universe with everything in it, derive from the same ONE source, the one and only God, NIRVĀṆA, all knowledge about the origin and destiny of man and universe can be attained at meditation. There was a time, many thousands of years ago, when we learned and were taught that way. Then mankind fell from its state of spirituality and saw and understood only the material shell of that which in true essence has its origin in spirit and higher. It was the time when "the saints were killed by the scholars."

From then on until today we are ruled by ORGANIZED FRAUD, sold to us as "knowledge" by schools, universities, medical establishments, science, politicians, religion and by the media.

May *THE BOOK OF LIGHT* end this state of spiritual and intellectual darkness for all those who will have to survive in an upcoming Kali-Yuga (age of darkness). AUM.

IMMORTALITY

Instead of attaining true immortality in NIRVĀṆA some people try to become immortal through their works. What good does this do to them or even to others? Does it make THEM immortal? Or do these works and great inventions prevent them from dying? How foolish, how utterly foolish.

CIVILIZATION

"Our so glorified civilization is nothing but *a refinement of the love of pleasure, for the satisfaction of which men do not shrink even from the most brutal measures"*. Dr. Georg Grimm

PROBLEMS BETWEEN PARENTS AND CHILDREN

Children, do not blame your parents for anything, but honour them for giving you the opportunity to outlive your Karma. YOU chose your parents. Alike attracts alike. Past life Karma caused your birth through YOUR mother and not through any other. Stop blaming anybody but yourself; and break the spell of Karma by living this book. AUM.

A young girl, a member of the Bloods gang, came to me and said: "Lanoo, I constantly think of harming myself and others. What can I do to get rid of these thoughts?"
I responded to her with the words of the Buddha: "If one has cancelled Greed (for body, emotion, mind, soul and spirit), Hatred and Delusion, then one thinks no longer what could harm oneself, or another, or both oneself and another; nor does one feel any longer mental distress or mental oppression."

REALIZATION THROUGH BITTERNESS AND JOY

The one who understands only **intellectually** that NIRVĀṆA is the purpose of life agrees and reacts with bitterness, because he has not yet found the new awareness beyond his present state of consciousness.

The one who understands intellectually **and** by his own experience that NIRVĀṆA is the purpose of life, agrees and reacts with joy, since he has attained (or is close to) that state in **meditation**. To cling to the idea of renouncing the world, without putting it into practice, can be very dangerous, since the old habit and the new understanding will fight against each other, often to the death…

The one who cannot renounce should choose and live the Middlepath, but with NIRVĀṆA as goal. AUM.

BUDDHADASA BHIKKHU, author of *Handbook for Mankind*, about how to educate our children:

"So the majority of people believe that having been born in this life, we ought to go after one thing or another, according to our desires, being pleased when we get what we want and upset when we don't. When people have children, they have nothing better to teach them than this primitive philosophy. This is all they have to offer. It is a far cry from the Path taught by the Buddha. Children walk in the same old ruts as their parents, and so it goes on from one generation to the next. There is no progress forward, no variation or improvement based on knowledge that all things are transient, unsatisfactory, and not selves, and therefore not to be grasped at. If then our children, and we ourselves too, are to walk the Path easily and quickly, it behooves us to take a special interest in this matter of grasping and non-grasping, to train ourselves in it and teach it to others.

"True, we have to live in the world. We have to eat, to make use of various articles, to see and come in contact with all sorts of things. But it is possible to live with these things without grasping at and clinging to them. We must act intelligently, always mindful of the three characteristics (transient, unsatisfactory, not selves). When our offspring have this insight, when they have come to see that nothing whatsoever can be grasped at and clung to, we can then leave them to look after themselves. They are then able to think, speak, and act correctly of their own accord, in the way that is free from the unsatisfactory condition. It is up to us to teach and train our children in this matter of grasping and non-grasping so that they may be free from excessive depression and elation. They must develop sufficient intelligence to keep them *above* the things that would otherwise make them laugh and cry. They must develop in this insight just as they develop physically. This is how to be a good parent who hands on to his offspring the job of walking the Path so that the goal, NIRVĀṆA, may one day be attained."

HOW TO OVERCOME ANY DESIRE

Now that you have learned about the principle of detachment through study and Soulbreath-Meditation, it is time to apply it. All you have to do in order to overcome a desire is **observe** it. Take, for instance, the powerful, and for most people, overwhelming, irresistible desire to enjoy sexual pleasures. This desire has enslaved the majority of mankind. It causes extreme attachment and leads unavoidably to reincarnation and again to death. How can you overcome that "sexdrive" so that it will not bother you any longer, but liberate you instead?

You feel a sexual urge. Sit, or lay down, or just take a walk and OBSERVE that urge. Do not concentrate on it, do not deny it, do not suppress it, do not fight it, just observe it. After a while it shall disappear. Your true nature, which is absence of desire, now strengthened by study and Soulbreath-Meditation, will make that possible. The urge for sexual activity, though, may return and tempt you again. Observe it again. If you repeat that process, the urge shall weaken more and more and eventually vanish completely. You have won a battle over the worst enemy there is, against yourself, or rather against what you are not: your own weakness, no matter how often you fail and fall back into old habits, in the end you will always win. OBSERVATION of <u>any</u> problem or addiction, be it physical, emotional or even spiritual, is the solution to it, because sooner or later it shall disappear for good.

Strengthened by regularly practiced Soulbreath-Meditation, your power of <u>neutral observation</u> shall eventually dominate any urge or desire in you, until the true you shines, which is: ABSENCE OF DESIRE. Then NIRVĀṆA is yours. AUM.

CRISIS

It sometimes happens that a person on the NIRVĀṆA path experiences physical, emotional and /or mental problems, or rather irritations and outbreaks (Kriyas क्रया).

That is a cleansing process, caused by rising Kundalinī, throwing all impurities in a man's or woman's nature to the surface. Observe that too, continue to study and to meditate. Eventually the kriyas shall disappear again.

HIGH AND LOW

In order to reach the Higher let go of the Lower.
In order to become more spiritual be less material.

SCIENCE OF MIND, SCIENCE OF HEALTH, etc.

All based on wishful thinking for the purpose of attaining certain results.
Problem 1: You can't wish away your Karma.
Problem 2: You are not your mind…

WORSHIP

Jesus never demanded to be worshipped, neither did the Buddha. Why, then, do people today worship Jesus and the Buddha? The explanation is very simple. When you worship somebody you set him apart from you, you put him on a throne. He is pure, not you. He is perfect, not you. He is a saint, you are a sinner. Thus you can continue sinning, and at the same time expecting some help or forgiveness from the one you worship. That is but wishful thinking. The church took advantage of such weakness and instilled the thought even deeper in the masses: 'Jesus is perfect, not you. You cannot do it alone. Only he can do it for you and thus save you.'

But that was never the message of Jesus. Throughout the whole, although many times rewritten and forged, bible we find that Jesus emphasizes that you yourself have to walk the path. He just points into the direction and how to walk it. Most people, though, prefer the option provided by the church: "I am a poor sinner. Only Jesus can save me." Such wishful thinking leads at best to another painful reincarnation on earth, and in the worse case, straight to hell.

SETBACKS

Are you already convinced of the necessity of renouncing the world and do you, in spite of that, fall back? Don't you worry. Even the Buddha had that problem. See how he solved it. "I (the Buddha) also, before my full awakening (attaining of NIRVĀṆA), being incompletely awakened and still only striving for awakening, according to reality thus perceived: Unsatisfying are sensual enjoyments, full of torment, full of despair, misery is predominant in them, but not finding happiness outside sensual enjoyment, outside evil, I knew not to turn away from following them. But when with true wisdom I thus according to reality perceived: Unsatisfying are sensual enjoyments, full of torment, full of despair, misery is predominant in them, <u>and outside sensual enjoyments, outside evil, had found happiness and something better</u>, **then** I knew to turn away from sensual enjoyments."
Majjhima Nikaya 14. Discourse.
Therefore: One has to thoroughly digest the Worldrenunciation-Doctrine by reading it over and over again until he eventually comprehends and BECOMES the glory of NIRVĀṆA. AUM.

Rules for the radical path to liberation

The following rules have to be obeyed by all those who want to attain NIRVĀṆA in this life, or at least to reincarnate into one of the higher light worlds in their Christ body:

1. No sexual activity
2. Eat only once a day for lunch a light vegetarian meal, drink only water
3. No TV, radio, music, dance, singing and/or other theatrical presentations
4. Meditate at least 4 hours a day
5. Fast one day per week

If you really decide to live the life of renunciation, the True God shall provide for you, which means that you shall attract or create the right circumstances enabling you to live the life.

RULES FOR THE MIDDLEPATH*

Leading after several favorable reincarnations on Earth to the higher heaven worlds and eventually to NIRVĀṆA.

1. No extramarital sexual activity
2. Vegetarian lifestyle
3. Fast one day per week
4. Meditate daily
5. Study and live THE BOOK OF LIGHT

The Nirvâṇee, though, should not touch or be touched by neither man or woman, lest virtue goes out of him. Jesus uttered, when touched by a woman: "I perceive that virtue is gone out of me."

HOST A LANOO (male or female)

Every household should be converted into a monastery, by giving shelter to a Lanoo, a world-renouncer, and enable him to attain NIRVĀṆA. The karmic reward for everybody involved is beneficent beyond imagination and lasts for many lifetimes. When you invite a Lanoo to live in your house for the purpose of the attainment of NIRVĀṆA, make sure that you can provide for him, that he has his own room and that the Lanoo will be able to live according to the following rules:

1) 6:00am
   Wake up, make your bed, clean yourself (cold shower, etc.)
2) 6:30am- 9:00am
   Soulbreath-Meditation
3) 9:00am-12:00pm
   Study of LANOO's World renunciation teachings (book, audio or video)

---

* Not the Middlepath of the Buddha.

4) 12:00pm- 1:00pm
Lunch (light vegetarian meal).
Drink only water, except from an hour before to an hour after lunch.

5) 1:00pm- 2:00pm
Digestion-walk, Open-Eye-Meditation (same as Soulbreath-Meditation with the difference that there is visual and, in the case of walking, corporeal activity.)

6) 2:00pm- 5:00pm
Back home, Soulbreath-Meditation.

7) 5:00pm- 8:00pm
Study of LANOO's teachings

8) 8:00pm- 9:00pm
Evening walk (open-eye-meditation)

9) 9:00pm
Go to bed

NO SEXUAL ACTIVITIES!!

In case of questions or problems, the candidate should contact an advanced Lanoo or Christian Anders himself.

That is the so called "middlepath" as taught by the Buddha. It still meant austerity, asceticism and world renunciation, but WITHOUT EXTREMES, like physical, emotional and mental self-castigation and torture, etc.

That even Blavatsky, Leadbeater, Purucker (not to speak of most Buddhists) and others did not understand the true meaning of Gautama Buddha's Middlepath, but thought it meant to live a moderate worldly life with NIRVĀṆA as goal, just shows that great Truths are often not even understood by great thinkers.

RENUNCIATION OF THE WORLD IN THE WORLD?

The Buddha had left his home and withdrew into the forest in order to reach NIRVĀṆA. Is it possible to attain NIRVĀṆA, to walk the path of renunciation, without leaving house and family and without withdrawing into the forest or into a monastery? Yes, it is possible, but it may take longer. On behalf and by order of the one and only God I am authorized to reveal that one can reach NIRVĀṆA, without leaving home and family. One can and should start right now to walk the path of renunciation. How is that to be done? We have a job, a mortgage to pay, a family and other responsibilities. The answer is this: To walk the NIRVĀṆA path while remaining in society is a gradual process that may take one or several lives. But we should BEGIN WITH IT right now. First we study the NIRVĀṆA principle as revealed in this book, but also in the works of Dr. Georg Grimm. Then, or rather parellel to it, we meditate, we practice Soulbreath-Meditation. Then, step by step and guided by the anattā doctrine, we begin to think differently. We look at the world more and more from a completely different point of view, almost as if we had never seen or known the world before. When we now see, hear, taste, smell, touch, or think, we don't do it anymore to satisfy our desires, but rather to detach ourselves from them. We now begin more and more to see EVERYTHING as anattā or as Not-Our-Self. The whole world that we see when we wake up in the morning, that world, that until today meant a world to us, is now to be seen with the right, new anattā understanding, as not being us, not belonging to us, as transient, perishable and therefore dissatisfying, causing pain and suffering. We must draw a line between the world and ourselves.

When we now SEE an object (person or thing) we neutrally observe our craving (which is always like, dislike or indifference) for that view as anatta, as not being ourselves, but rather what we are not. Thus we observe this craving, we do not yield to it, we observe it arising and passing away, and thus and therefore NOT being ourselves. We neutrally observe without yielding. And if we fail and yield, we try again next time.

When we now SMELL an odor, we neutrally observe our craving (which is always like, dislike or indifference) for that odor or scent as anattā, a desire not coming from ourselves, but rather from what we are not. Thus we observe this craving, we do not yield to it, we observe it arising and passing away, and thus and therefore NOT being ourselves. We neutrally observe without yielding to the craving. And if we fail and yield, we try again next time.

When we now HEAR a sound, we neutrally observe our craving (which is always like, dislike or indifference) for that sound as anattā, as not coming from ourselves, but rather from what we are not. Thus we observe this craving, we do not yield to it anymore, we observe it arising and passing away, and thus and therefore NOT being ourselves. We neutrally observe without yielding. And if we fail and yield, we try again next time.

When we now TASTE something, we neutrally observe our craving (which is always like, dislike or indifference) for that taste as anattā, as not coming from ourselves, but rather from what we are not. Thus we observe this craving, we do not yield to it anymore, we observe it arising and passing away, and thus and therefore NOT being ourselves. We neutrally observe without yielding. And if we fail and yield, we try again next time.

When we now TOUCH something, we neutrally observe our craving (which is always like, dislike or disinterest) for that person or thing as anattā, as not coming from ourselves, but rather from what we are not. Thus we observe this craving, we do not yield to it anymore, we observe it arising and passing away, and thus and therefore as NOT being ourselves. We neutrally observe without yielding. And if we fail and yield, we try again next time.

When we now THINK something, we neutrally observe our craving (which is always like, dislike or disinterest) for that, which we think about as anattā, as not coming from ourselves, but rather from what we are not. Thus we observe this craving, we do not yield to it anymore, we observe it arising and passing away, and thus and therefore as NOT being ourselves. We neutrally observe without yielding. And if we fail and yield, we try again next time.

THAT, oh reader, is how you, while still remaining in the world, detach yourself step by step from the world. Every new day and situation of your life in the world will be a perfect opportunity to practice the anattā view and to exercise detachment and neutrality towards the world and its activities but especially towards your reactions to them. This you do every day, digging deeper and deeper towards your neutral self until nothing can influence or obstruct you anymore, until you have attained total ABSENCE OF DESIRE. During that process the Divine shall provide for you, so that you can walk the NIRVĀṆA path while still being in the world. The more your anattā view increases, the more you shall alienate and loosen yourself from all outer things and your sight shall be directed more inwards, a higher form of perception shall appear and your "eye of wisdom and immortality"* will open. Then you are lost for the transient world since you have found true immortality, which is always existence, DETACHED from everything that is mortal, thus from body, emotion, mind, soul and even from spirit. AUM. This way you do not only change yourself but at the same time the world around you. You will change the world and society until it eventually has become a NIRVĀṆA SOCIETY with only one goal: NIRVĀṆA. In such a society the machines do all the work, nobody has to work anymore, and everybody meditates in order to attain NIRVĀṆA. This is no utopical dream but a soon to be fulfilled prophecy. All the other social, political and economical but also religious structures have failed and shall fail until the NIRVĀṆA society is fully established.

---

* pituitary gland between and behind the two eyes.

THE SECRET OF THE SPHINX

The Sphinx is the bodyguard of the Great Pyramid. Both are connected with each other by a secret subterranean passage. The Sphinx, hewn from one huge rock, with an animal body and a human head, sends a message to the INITIATED observer: "Overcome your animal nature and become the God-Man that you are!" Only those who had purified themselves in that manner had a chance to survive the terrible test of Initiation in The Great Pyramid, also called "Thunder-Pyramid", because it could, controlled by Initiates, change but also create weather conditions. Those who had not yet overcome their animal nature would enter The Pyramid to never leave it again... That is one of the, now revealed secrets, or riddles, of the Sphinx but also of the "Cheops" pyramid, which was built neither for nor by Cheops, but is much older. The candidate who could not solve the riddle of the Sphinx died (at Initiation).

Oh Lanoo, LIFE ITSELF is Initiation! Right now you are being initiated. Study *THE BOOK OF LIGHT* and you will understand.

The fundamental error of the Vedanta system is that it considers our Self and the world to be the same. The Self, though, every Self or Ātman, is always BEYOND the world. If the Self would not be beyond the world, it could not liberate itself from the world and attain NIRVĀṆA. AUM.

GOOD AND EVIL

All philosophies or teachings about Good overcoming Evil will always fail. All philosophies or teachings about Evil overcoming Good will always fail. A good person is as ignorant as a bad person, with the difference being that they pay differently for their state of ignorance. Good and Bad are but states of ignorance. Life exists since eternity. If Good was meant to win over Evil or Evil over Good, it sure had an eternity for it to happen. But neither of them won. They are still there and they will always be there. Good and Evil are but byproducts on the path to NIRVĀṆA.

THE PROPHECY

I am not the only one to predict that soon Chaos shall rule the world for a short while. This prophecy can be found in almost all holy scriptures and other writings (Casey, Nostradamus, etc.). Soon the Antichrist shall rule, though he is not, as many think, the Lord Maitreya. It will be a **Mamo-Chohan**, Lord of the dark side, Lord of destruction, and fulfiller of the Karma of nations. AUM. What can we do against him? What can a mouse do against an elephant? We can do nothing. A foolish mankind has to outlive its Karma. We can do nothing, nothing to prevent this from happening. In spite of all the warnings about a "New World Order", this New World Order shall rule for a while. The reason: Karma. But **then**, once humanity has outlived its foolish actions against karmic law, then the world shall be ready for the teachings, as presented in this book. Then the world shall be ready to be united under one goal and one society. This will be the true New World Order or One World Order and its goal shall be NIRVĀṆA.

For those who still have not learned or, rather, suffered enough, the following law applies: Good and Evil must be, otherwise the prophecy could not be fulfilled and thus would lose its credibility. So in a certain way the powers of evil are working for the good. The whole world with everything in it shall only awaken to the awareness of its true purpose once the NIRVĀṆA society is fully established. Then the whole world with everything in it will understand that there is no progress such as propagated by Culture, Civilization, Politics, Science, Art and Religion, etc., etc., because if there would be such a progress, its assumed goal would have been reached by now, since, as already mentioned, life, though transient, exists or rather manifests since eternity, and any goal or purpose in or of life had an eternity to be reached or to be fulfilled.

There is only one purpose in life and that is NIRVĀṆA. One may argue: If NIRVĀṆA, and not some heaven of religion, is the purpose of life, if creationists **and** evolutionists are wrong, why hasn't by now - applying the same argument of the eternity of life - everybody fulfilled his purpose and destiny and reached NIRVĀṆA? The answer: If NIRVĀṆA would be some divine plan or goal, to be attained by the seeker, then one could indeed argue: "Since life exists since eternity, and if NIRVĀṆA is the purpose of life, why has by now not **everybody** attained NIRVĀṆA?"

But NIRVĀṆA is no goal, designed by some deity. NIRVĀṆA just IS there. NIRVĀṆA is no purpose of life, in the common definition of the term *purpose* like "a plan, design, aim, etc.". I use, though, the word *purpose* in connection with NIRVĀṆA, because I would like to make NIRVĀṆA the purpose of **your** life. Once one accepts that, **then** NIRVĀṆA **becomes** a purpose and destiny in and of **his** or **her** life. Outside of that, NIRVĀṆA has no purpose at all. It just IS there, like a safe haven during stormy weather. Does anybody force you to enter that haven? No. It is up to you. It is your choice. NIRVĀṆA is an **option**. Take it or leave it. The wheel of life and death is the eternal manifestation of ignorance. It is transient, though constantly reappearing, while NIRVĀṆA is **always** there and not subject to any change, NIRVĀṆA is beyond time, space and duration. But shouldn't by now everybody at least know or understand the **necessity**, the great importance of NIRVĀṆA? The answer: One can also suffer eternally, if one decides to do so. NIRVĀṆA is simply there. Take it or leave it. The choice is yours. AUM.

When all is said and done and all the would-be gurus have cleansed the air from their presence, THE BUDDHA shall once again rise as the greatest human being that ever manifested in the universe, since he revealed to men AND gods the highest goal in life which is NIRVĀṆA. AUM.

When all is said and done INDIA shall be known as THE most highly evolved country and nation in the universe, since on its soil originated, grew and developed THE DOCTRINE OF THE BUDDHA, which was understood by so few but shall eventually (hopefully) liberate all life forms, be they in heaven, hell, on earth, or anywhere else in the universe. AUM.

Dr. Georg Grimm

When all is said and done Dr. Georg Grimm shall be declared as having been a Bodhisattva manifestation of THE BUDDHA, since no one else understood and taught the doctrine of THE BUDDHA as perfectly as Dr. Grimm. AUM.

ESOTERIC VOCABULARY

NIRVAṆA:निर्वाण Sanskrit, from Nir-out and vāna-blown. But that which is outblown refers only to the lower principles in man. The essence remains as it always was, but now BEING its true nature, which is: Deathless, uncreated, unborn, timeless and thus truly immortal or, in three words, ABSENCE OF DESIRE.

KARMA: कर्म Sanskrit, action, from kri-to do, to act. Every act affects all nature and the doer, returning to him. Then he experiences it as "good" or "bad", thus learning through pleasure and pain to distinguish from right or wrong. Truth, or NIRVĀṆA, is, though, **beyond** pleasure and pain.

REINCARNATION: The person dies, but not his or her desire, causing rebirth or reincarnation into a new body, who actually IS that desire. Thus we all create ourselves life after life, over and over again, by our own actions, emotions and thoughts, but also spiritual aspiration, until (hopefully) NIRVĀṆA is reached.

GOD: The term GOD represents five (and more) powers.

1) The highest principle: NIRVĀṆA
2) The First Emanation at the reawakening of all universal life: BRAHMAN or CHRIST, containing the sum total of all Monads in manifestation.
3) The higher self of a Solar System: BRAHMĀ.
4) A tribal God, for instance JEHOVAH of the Jews.

EVOLUTION: Everything is and was always there and EMANATES or evolves parts or aspects of itself (almost endless many Monads) periodically out of NIRVĀṆA, to outlive its desires as stone, plant, animal, man, angel, God until NIRVĀṆA is reached again, but this time in full realization. There is no creator and no creation as proclaimed by religious dogma, there is also no evolution as taught in schools and universities, but first and foremost always EMANATION of already and always existing powers into manifestation THEN, time kicks in.

CHAKRAS: चक्र Sanskrit, "wheels", etheric forcecenters, located at 7) base of spine, 6) navel, 5) spleen, 4) heart, 3) throat, 2) between the eyebrows, 1) top of the head.
Man has seven bodies, each of them seven chakras connecting the seven bodies with each other and supplying them with energy from the physical, etheric, astral, mental and spiritual plane.

EVOLUTIONARY STEPS OF PLANET EARTH AND ITS LIFEFORMS

THE BOOK OF LIGHT

Each planet is the physical manifestation of a planet angel.

1,169,000,000 B.C.

Birth of planet Earth from the dying Moonchain. Everything is still astral-transparent.

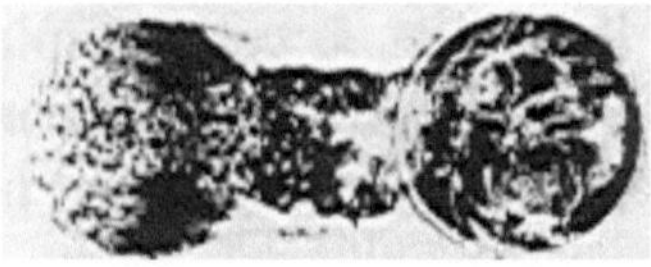

Moon **future Earth**

The Moon is older than planet Earth.

100,000,000 B.C.

All life forms are first astral-transparent-sexless, condense later into denser-protoplasmic species (cells) and multiply by oozing, selfdivision, etc., as does then a still androgynous mankind, and as do the cells of our bodies until today.

80,000,000 B.C.

Birth of all mammal animals from androgynous man.

50,000,000 B.C.

Almost all animals separate into male and female. They procreate sexually.

18,000,000 B.C.

Androgyne mankind separates into male and female and multiplies by sexual procreation. The by now individually different and fully condensed astralbodies of mankind manifest as different complexions of skin: White, yellow, red, brown and black. Nobody was there first…

The different complexions of mankind had their origin in the first astral transparent structure of the astral bodies, whose vibrations were already then influenced by individually different states of awareness and desire. Later this individually different tendency to act, feel and think influenced the complexion more and more, until it led to the different complexions existing on the planet today. Reincarnation kicked in, and almost all complexions mixed with each other. Thus a white man in one life can incarnate in a black, yellow, red, or brown body in his next life and vice versa. It all depends on which complexion and race we are attracted or attached to. **Therefore: Racism has no place in Esoteric Science.**

The explanation for many, until today by orthodox science unanswered questions lies in the fact that those scientists do not accept (or do not know about) that there was an astral-transparent human and cosmic evolution prior to the dense physical evolution.

9,000,000 B.C.

Birth of the apes. **Ape derives from man,** as result of sex between man and animal. All forms have attained full density by now. **Beginning of radioactivity on Earth**.

2,000,000 A.D.
The beginning of the end of sex.

50,000,000 A.D.
All lifeforms are androgynous again.

2,151,000,000 A.D.
Death of planet Earth.

4,320,000,000 years later: All Earth Powers awake again, but higher, on or as a new planet. Our Earth will then become the Moon of this new planet.

IMPORTANT: As there is life and civilization on Earth now, there was life and civilization on the Moon billions of years ago. Most of us lived on the Moon-Chain and reincarnated then on Earth. There is, in essence, no difference between reincarnation of a human being or a planet. Furthermore: The fact that the Moon is older than planet Earth has been corroborated by the "first" man on the Moon, astronaut Armstrong who collected stones on the Moon that were much older than anything ever found on Earth.

COMETS

Ignorance is not always bliss. It can also kill you, as in the case of the 39 "Heaven's Gate" cult members who killed themselves, hoping to be somehow beamed into a space ship behind the Hale Bopp Comet, which was viewed first on July 22nd, 1996 by the two amateur astronomers Hale and Bopp.

What will happen, though, to the cult-people who killed themselves is, that they wake up on some very uncomfortable after-death Astral-plane where they have to wander Earth-bound in their astral bodies on a murkie astral plane for the rest of the time they were meant to live in their physical bodies, to then reincarnate into new physical bodies. There is no escape or liberation from anything by suicide but only through study and meditation.

But what is a comet really? Every planet has to go through 4 stages: 1. Cosmic Nebulae, 2. Comet, 3. Planetary Sun (not the sun of a solar system) and 4. Planet. If a planet returns to the same solar system several times, it is because this comet will become a planet or planetary member of that specific solar system, unless he is swallowed by the sun of the solar system. A comet too is under the law of "survival of the fittest". So a comet is always a future planet of a solar system. Maybe the Hale Bopp comet will be in a far away future a new planet in our solar system. Our planet Earth, too, has been once a comet. Wouldn't it be nice if the scientific world FINALLY accepted the correct esoteric definition of things, as taught in this book and in *THE BOOK OF LIGHT* instead of hanging on to their own theories, that are proven by nothing? Ignorance is not always bliss, and true knowledge can even save lives.

CLONING

Somebody called me, highly excited: "Lanoo, I just read that soon they will be able to clone humans! Isn't that great?!"
I responded calmly: "And if they would be able to clone you to physical immortality*, it would still be nothing compared to NIRVĀṆA."

Kundalini: कुण्डलिनी "Serpentfire". Etheric power situated at the base of the spine. Once awakened, for instance, through a chaste life of study and meditation, Kundalini rushes upward along the spine, activates your chakras and opens the higher worlds to you, until NIRVĀṆA is reached. In materialistic and extremely sensuous people Kundalinī rushes downward, causing physical, emotional and mental disease.

---

* Which is absolutely impossible, since sooner or later first our planet Earth, then our solar system and then the whole universe shall be destroyed and will disappear into thin ether. What survives is always and only the DEATHLESS, the NIRVĀṆA in you, IF you have awakened it DURING life in the physical body through study and meditation.

States of consciousness and the reincarnation they cause

Cruelty	-	Sickness and disease
Envy	-	Ugliness
Haughtiness	-	Poverty
Disinterest in ones own future	-	Ignorance and failure

THE SEVEN SEALS OF THE APOCALYPSE are the seven Chakras. Once Kundalinī flows, it awakens the Chakras in the order:

6, 5, 4, 3, 2, 7, 1

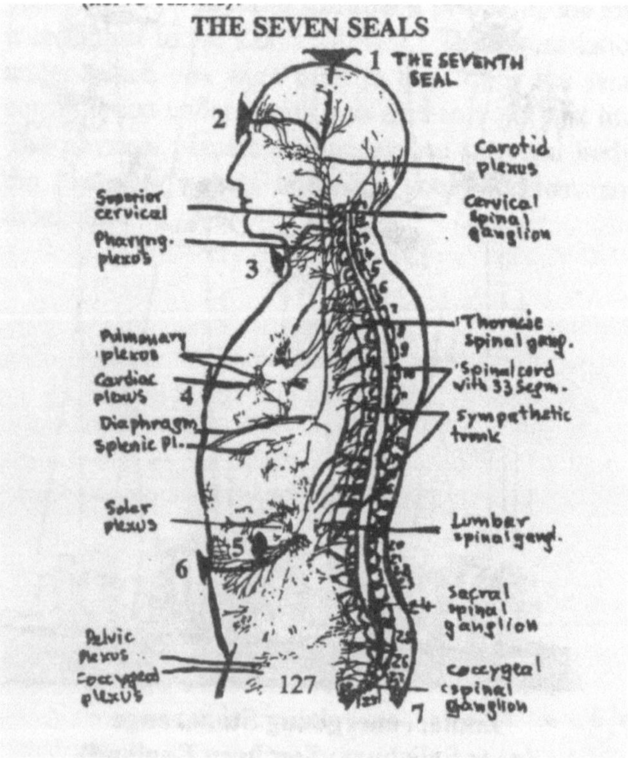

The sensations experienced at the opening are described in symbolical form in the last book of the bible (Revelation). Those who, driven by desire and ignorance, "mess around" with THE SEVEN SEALS or Chakras, like David Koresh and others did, pay the price. It is TRUE knowledge which separates the Master from the Moron. Example, rev. 6, 12-17: "When he opened the Sixth Seal (7th chakra)... came a great earthquake." Esoteric key: The awakening of that chakra unleashes earth-quake-like sensations and in the UNDEVELOPED person also anger, hatred and selfishness, etc.

Zodiac, energizing Stonehenge (near Salisbury, Southern England)

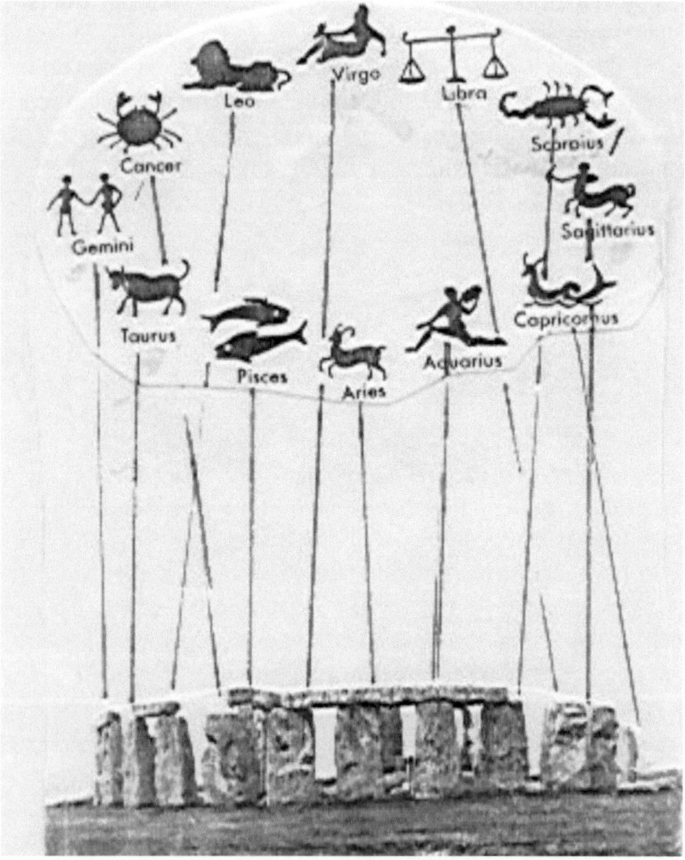

It is the constellation at the moment of **conception**, and only secondary at birth, which influences a person's life. The more spiritual a person is, the less it is subject to the Zodiac-Power. The constellation under which you were born in this life is the same constellation under which you died in your past life. The physical planets influence your physical body; the planetary angels influence your emotions and thoughts.

THE ERROR OF BUDDHAGHOSA

How did it happen that the doctrine of the Buddha disappeared entirely from India between 800 and 1000 A.D.? How did it happen that Buddhism of today has become so distorted, aye a "magnifying mirror of the faults of Catholicism?" as Deussen complains in his *Memories of India*?
In order to answer these questions we have to go back in time to Buddha's death in 483 B.C. After Buddha's death his words, which had been thoroughly committed to memory, were arranged at various councils (roughly 483, 383 and 245 B.C.) in three "baskets" or pitakas:

1. The Basket of the Discourses: Sutta-pitakaa सुत्तपितक

2. The Basket of the Rules of the Order: Vinayapitaka विनयपितक

3. As a later independent development, the Basket of Scholastic Philosophy: Abhidhammapitaka अभिधम्मपितक

These "three baskets" or Tipitaka तिपितक thus represented the sum total of the doctrine of the Buddha in oral and memorized form.

BUT: Very soon after Buddha's death a NEW *explanation* appeared, namely *commentaries* to the doctrine of the Buddha. These commentaries, who just CLAIMED to represent the point of view of the first three councils after Buddha's death, were written in Pali under the name of "explanation of the sense" or Atthakatha by elder monks, or Theras. This written Atthakatha together with the ORAL and original "three baskets" or Tipitaka was brought in 245 B.C. by the monk Mahinda, son of the king Asoka to Ceylon, and was translated into Old Singhalese. More than 200 years later the oral Tipitaka (for good reasons called the Maha Atthakatha or GREAT explanation of the sense), the three baskets containing the doctrine of the Buddha, were, for the first time, recorded in writing. It is therefore only this Tipitaka which can rightfully claim to reveal the true doctrine of the Buddha.

About 500 A.D. the monk Buddhaghosa who had moved from India to Ceylon discovered the Maha-Atthakatha containing the original teachings of the Buddha in the three baskets and translated its essential parts back into Pali with the addition of his own interpretations. These interpretations caused the temporary fall of the teachings of the Buddha between 800 and 1000 A.D. To prove the correctness of my statement I shall now present only one of many examples that demonstrate how the monk Buddhaghosa misunderstood and consequently misinterpreted the teachings of the Buddha:

The Buddha explains in clear words, that there is a surviving principle, or "ONE wanderer", which reincarnates from life to life until or unless it has detached itself from what it is NOT. In Majj. Nik. 77th discourse, Gautama Buddha says:

"Just as when a man went from his place to another place, the thought then occurred to him: 'I have gone from my place to that place, I have stood there, sat there, spoken there, and been silent there; then I have returned again from this place to my own place'; in the same way do my disciples call to mind many different forms of previous existenses."

These were the words of the Buddha as to reincarnation of the surviving principle, here symbolized by the one wanderer. It is true that the discourses of the Buddha should not always be taken literally but rather as parables, but Buddhaghosa went too far in that direction. His Theravada interpretation of the parable of "the one wanderer" is as follows: A human being consists essentially in bodily and mental forces, styling themselves as "I". In death these forces disappear, are annihilated. In continuation of these forces, there spring in new parents, new forces equivalent to those who have perished. The new forces then again form a human being and count themselves once more "I". That, so claims Buddhagosa, is rebirth as taught by the Buddha.

Where, I ask, is the ONE wanderer, the surviving principle, that which is indestructible, the Surviving Principle, that which reincarnates, that which now is in bondage but which can liberate itself by letting go of what it is not? The definition of rebirth as taught by Buddhaghosa is nothing but annihilationism. It is the most devastating, disencouraging philosophy imaginable. What have the new forces to do with myself, if I am the old forces and thus destroyed with them. I am gone then, destroyed, annihilated. I have nothing to do with the new forces, springing up in a new germinating material after my death. I have nothing to do with these forces, even if they are equivalent to those that have disappeared, like I would have essentially nothing to do with a clone of mine.

Buddhaghosa continues to interpret that rebirth, according to the Buddha, is as if a new candle were kindled from an old one burnt down almost to extinction. And what about the old one, once it is burnt down? It is gone, has nothing to do with the new burning candle. That is not reincarnation and rebirth as taught by the Buddha. That is rebirth as misunderstood and consequently misinterpreted by Buddhaghosa. Such an interpretation leads to the conclusion that I shall be destroyed after death and that other equal forces once again arise. But what do I have to do with them? Nothing. Such a teaching is Annihilationism, Nihilism, against which the Buddha spoke in a solemn manner. In one of his discourses the Buddha breaks out in the following words: "I, oh monks, am accused wrongly, vainly, falsely, and inappropriately by some ascetics and Brahmins: A denier is the ascetic Gautama, he teaches the destruction, annihilation, and perishing of the being that now exists (satah sattvasya)!" Thus it is clear, that the Buddha not only postulated such a being, the "I" or "Self", but that he also declared it to be indestructable.

The correct explanation of rebirth is as simple as Buddhaghosa wants to make it complicated. ALL DESIRE SURVIVES after death as energy in Permanent Atoms who group themselves around a new female womb, pulling the ONE wanderer, or the "being", the "I", the "Self" once again into incarnation. You want to avoid that? Detach yourself from your desires. Become DESIRELESS.

The error of Buddhaghosa was to assume that the Buddha taught that there was no "I". If Buddha would have taught that, he would have said so. But he didn't. He didn't state: "There is no Self." He only and over and over again taught what the "I" or "Self" or "Ātman" is NOT. How can I teach what something is not if that something does not even exist? When the Buddha taught that the "I" did not exist, he always meant that it only did not exist for our SENSES, for cognition. One has but to read Sam. Nik.., XLV,4 to understand that the Buddha accepted the existence of the "I", or Self, without defining it, because it "is" only not for our senses, for sense-perception, for cognition, for body, emotion, mind, soul and spirit, but it IS beyond them, beyond definition through them, beyond the world of appearances (hell, earth and heaven). You want to experience it? DETACH yourself in Meditation from body, emotion, mind, soul and even from spirit. The Self IS beyond definition, as Buddha himself teaches. Gautama Buddha even *verbally* teaches about the 'I'. I quote Gautama Buddha: "I am not anywhere whatsoever, to any one whatsoever, in anything whatsoever." - "Since the I and anything belonging to the I is not to be found…" - "Even in this present life is the Accomplished One not to be found out (anaupalabhamane)…" - "This is the true Ātman (or I, or Self) teaching, the *true* attā-vāda."

Who, with a sound mind, can in the light and presence of these words still declare that the Buddha taught that there is no I or Self? Or, with Dr. Georg Grimm: "How stupid, how incredibly stupid is it (to accuse the Buddha of teaching the non-existence of the I)!"
What the Buddha taught was the SILENCE about the I or Self, because it can only be experienced in the silence of meditation, when we have detached ourselves from everything that the I or Self is *not*, namely from body, emotion, mind, soul and spirit. AUM.

This definition of the ONE wanderer and of rebirth as explained in this book makes sense. Buddhaghosa's interpretation, though, does not make sense. It does not represent the core of Buddha's teachings. About 820 A.D. Shankara, the great Vedic commentator, called Gautama Buddha "an old prattler". No wonder, SHANKARA HAD READ THE BUDDHAGHOSA - INTERPRETATION OF BUDDHISM. *This* buddhism is, as Dr. Georg Grimm writes, in fact no religion for the Indian Arya.

THE VEDAS

"Veda" derived from the verb-root *vid*-to know. Veda means 'knowledge' and encompasses the most ancient and most sacred Sanskrit writings of the Hindus, which date back about 800,000 years and more, according to *THE BOOK OF LIGHT*. The Vedas are divided into two main sections: the Mantra and the Brahmana-portion. The Mantra-portion contains poetic hymns, prayers, and incantations, evoking occult powers when properly chanted. The Brahmana-portion includes rules for the proper chanting of the sacred Mantras, treatises in prose, giving the rituals and forms of religious worship and their interpretations, as well as legends and stories.
The Vedas, this oldest monument preserved of Indian and Indo-European literature, are more than six times as extensive as the Bible.

The Buddha's teachings hit like a tornado into the Vedas, declaring them to be useless for the attainment of NIRVÂṆA. We understand now why the Bramins did and do not like the Buddha…

The problem with the Vedas is this: There is great wisdom in the Vedas, but it is not yet the perfect wisdom, because: The Vedas declare Brahman (can be compared to the God of religion) as man's final goal (purusha-artha). But there is something higher, that from where Brahman comes and into which it (and everything else with it) is absorbed again, and that something is NIRVÂṆA. THAT is perfect wisdom as taught by the Buddha and THAT is man's ultimate goal. The rest, including Brahman, is a fleeting illusion, a māyā. Where the Veda err completely and are in fact immoral, is in their sacrificial cult with its animal sacrifices.

Let it be revealed and established once more: NIRVĀṆA or NIBBĀNA is the only reality, the true Marvel, found by the Buddha near Uruvela in Magadha under the Bodhi tree. There he attained NIRVĀṆA and thus the concrete certainty (ñānañ ca pana me dassanam): "Unshakeable is my liberation, this was my last birth, I have nothing in common with this order of things."

RELIGION

THE BOOK OF LIGHT reveals and proves to us that all religions are but copied pagan tradition, derived from one source and that they teach in essence the same: The union with The Highest Principle. That is, though, not God, but NIRVĀṆA. It is because of the misinterpretation of the source of all religions that the one truth is now split into many interpretations and opinions, causing all the suffering in the world. And it would be so simple and easy to unite all religions again. All one has to do is define correctly the Highest Principle, which is NOT a God (who itself is but a first emanation), but NIRVĀṆA, the absence of all desire, the abolition of perception and sensation, the end of all suffering, the detachment from body, emotion, mind, soul and spirit, the true purpose and goal of all that lives and dies. AUM.

I repeat therefore what I wrote on page 221: "The fundamental error of the Vedanta system is that it considers our Self and the world to be the same. The Self, though, *every* Self or Atman, is always BEYOND the world of appearances, BEYOND hell, earth **and** heaven with everything in them. If the Self would not be beyond the world, it could not liberate itself from the world; it could not liberate itself from the world and attain NIRVĀṆA."
Thus the Self is neither eternal nor transient. It is BEYOND duration. Such a state can only be experienced through study and meditation. What happens is this: The Self, driven by desire and ignorance, leaves its secure abode NIRVĀṆA and enters the world, which is heaven, earth or hell, where it immediately becomes entangled in the corresponding, always sevenfold sheaths: 1. In heaven in a spiritual body; 2. On earth in a physical body; 3. In hell in a low-mental astral body. From a certain point of view all these sheaths can be called mental states of awareness. To overcome them and to return to its rightful abode, NIRVĀṆA, is the goal of each Self, be it here or anywhere else in the universe. AUM.

Religion promises eternal life in heaven. But that is wishful thinking. All heavens are transient, impermanent and therefore dissatisfying. Truth is only in NIRVĀṆA. How to attain it? Let go of even the highest heaven of religion, overcome your desire for union with any God of any religion and you shall experience true immortality, which is not eternal life (which does not exist) but existence beyond duration. It is a NOWNESS that escapes all definition and has to be experienced individually by the earnest seeker, who does attain knowledge not only for the purpose of being able to shine during discussions, but because he wants to APPLY it to himself for the sake of the attainment of NIRVĀṆA. AUM. The God of religion is not a creator, it just THINKS it is a creator. How did that happen?

The Buddha explaines it to us in his *Section on morality*:

"There comes a time, monks, sooner or later after a long period, when this world contracts. At a time of contraction, beings are mostly reborn in the Ābhassara Brahmā (God) world. And there they dwell, mind made, feeding on delight, selfluminous, moving through the air, glorious - and they stay like that for a very long time. But the time comes, sooner or later, after a long period, when this world begins to expand. In this expanding world an empty palace of Brahmā appears (with Brahmā not yet in it). And then one being, from exhaustion of his life-span or of his merits, falls from the Ābhassara world and arises in the empty Brahmā-palace (So called, because soon the being will declare himself to be Brahmā, the creator of all other beings). And there he dwells, mind-made, feeding on delight (and thus of ignorance and desire for this world and state of bliss), self-luminous, moving through the air glorious - and he stays like that for a very long time. (If such a being would descend into our world and express its radiance, the world would fall on its knees, worshipping this being as a God or Christ, etc. In truth it is just a being, blinded and deceived by the bliss of heaven). Then in this being who has been alone for so long there arises unrest, discontent and worry (the first coarse characteristic of any god of religion, for instance of a "vengeful Jehovah", etc.), and he thinks: "Oh, if only some other beings would come here!" And other beings from exhaustion of their life-span or of their merits, fall from the Ābhassara world (The 17. Abode, having lost the memory of the worlds above it until up to NIRVĀṆA) and arise in the Brahma palace as companions for this being. And there they dwell, mind-made ... and they stay like that (in that state of ignorance and desire for heavenly sensation and for company with other beings) for a very long time. And then, monks, that being who first arose there thinks: "I am Brahmā, the Great Brahmā, the Conqueror, Unconquered, the All-Seeing, the All-Powerful, the Lord, the Maker and Creator, Ruler, Appointer and Orderer, Father of All That Have Been and Shall Be. These beings were created by me. How so? Because I first had this thought: 'Oh, if only some other beings would come here!' That was my wish, and then these beings came into existence!"

But those beings who arose subsequently think: "This, friends, is Brahmā, Great Brahmā, the Conqueror, the Unconquered, the All-Seeing, the All-Powerful, the Lord, the Maker and Creator, Ruler, Appointer and Orderer, Father of All That Have Been and Shall Be. How so? We have seen that he was here first*, and that we arose after him."

Then the Buddha continues to explain that consequently such a being believing thus, when it falls deeper into physical existence, may become a Brāhmin or Brāhmana, because he remembers during meditation all his former lives up to the existence in the Brahmā-world and thinks: "That Brahmā,...he made us, and he is permanent, stable, eternal, not subject to change, the same for ever and ever (and so are his heavens, thinks the Brāhmin)...But we who were created by that Brahmā, we are impermanent, unstable, short-lived, fated to fall away, and we have come to this world (In truth *both*, Brahmā AND the beings are impermanent, unstable, short-lived and fated, since they have not yet detached themselves from their state of, though divine, ignorance. I should add that *THE BOOK OF LIGHT* teaches that a Brahmā is always the Higher Self of a Solar System and that all Brahmās of all Solar Systems are united at the reawakening of all universal life in ONE emanation, called Brahman).

---

*At the end of each period of cosmic activity all beings are withdrawn into Brahmā who was there first and shall disappear with everything in it last, which is why "The first shall be the last".

Here, then, oh reader, is the cause of religion and of a belief in a god. This is the cause of the world-wide delusion in which religion and its believers and god-worshippers find themselves. And not even "god" itself can stop them from doing so, because the worshipped is caught up in the same illusion or delusion as the one who worships him or it. They believe in - and worship a - transient illusion. Are they to be condemned for that? Of course not. On the contrary, understandable when, for instance, somebody who has suffered all his life from a disease or some other tragedy, LONGS for the bliss of some heavenly world, thinking, or hoping, or believing it to be and to last forever. He may thus enjoy this illusion, for him NIRVĀṆA is not yet an appropriate goal. But the one whose eyes are no longer covered with dust, and who shuns ALL sensations on earth AND in heaven, he is the true champion, the true warrior, the true Kshatriya, for him only NIRVĀṆA suffices, he shuns all heavens below it. AUM.

When, therefore, right now, in that very moment, even the god of any religion itself would descend onto our earthly plane, and the rest of the world would sink onto its knees, worshipping him, the knower of truth has the duty to instruct that apparition or deity (Demi-God, Deva, etc.) as to its true, illusionary nature, and thus help it to liberate itself (and thus its worshippers) from that state of ignorance, so that they all can attain NIRVĀṆA. It is for that reason that Gautama Buddha was called the teacher of men AND gods. In other words: The worshipper and the worshipped alike suffer from the same disease: Cosmic amnesia. They forgot where they came from, and what their real source and thus the one and only God really is. Only a Buddha "remembers" NIRVĀṆA. Only a Buddha is thus a truly Awakened One. Oh Lanoo, true liberation and salvation shall never happen through any god of religion but only by yourself. AUM. Glory to the Awakened One, the Enlightened, The Buddha. AUM.

Therefore: Whatever apparition, be it on earth or in heaven, claims to be a "God" or "The Second Coming of Christ", etc., etc., is either an Illuminati-created holograph or a victim of its own desire or state of ignorance. The one who has attained NIRVĀṆA while still in the physical body shall never declare himself to be God, but NIRVĀṆA as the Highest Principle, the abode and source of all Gods of all religions and thus for the seeker of Truth, the one and only God. What it is you shall never know, only what it is NOT. The questions "Who is God? Who am I?", etc., will not bother anymore the one who has attained NIRVĀṆA moksha. AUM.

Most beings of the abodes beyond and also below the Ābhassara devas have the same problem. They just appear and awake on their abode of existence, unable to remember their origin, NIRVĀṆA. And as they dwell on their abodes, and because they are not yet perfected, these beings, amongst them often the highest gods and devas, develop imperfect attitudes, such as envy towards each other. That catapults them eventually out of their lofty abodes onto lower corresponding planes (which equal their lower vibrations) often until down on earth or even in one of the hells. Thus, oh Lanoo, many of us are fallen angels. It is, though, precisely those above-mentioned beings who provide us with our (therefore) imperfect body, emotion, mind, soul and spirit. In **that** connection they can be called "creators". They are the Elohim of the Bible when understood correctly. Jehovah is one of them, one of the creators. But YOU, the SELF, the CORE, you are uncreated, ever existing, truly eternal and immortal, beyond time, space and duration, and you manifest periodically driven by desire based on ignorance. OM

GOOD PEOPLE AND BAD PEOPLE
or
GOOD KARMA IS BAD KARMA, TOO

I thought that this little book was still missing something, but did not quite know what it was. So I let go of it and waited throughout almost 4 months for it to come to me. And it did. A good friend of mine gave me a book, written by Buddhadasa Bhikku with the title *Handbook for Mankind.* Pages 170-172 of that book are to me almost physically vibrating, aye, bursting with the power of their Nirvâṇic message.

"When a person under the influence of defilements (body, emotion, mind, soul and spirit. Lanoo) performs some action (karma), especially when he performs some action considered evil, such as drinking, killing, adultery, stealing, or the like, then he is compounding. Compounding is based on ignorance, delusion, stupidity. It goes on until it produces feelings of pleasure and satisfaction in the mind of the doer. When he experiences the unsatisfactory result of his actions, he attempts to deal with it by further action… which only makes matters worse. The result is, that compounding goes on more than ever … until the time comes, when he recognizes this as an unsatisfactory state of affairs and determines to put a stop to it. He then has a look around for something that is not unsatisfactory, and so is able to get free from his evil ways.

Now let us have a quick look at the man who does good, the sort that abstains from evil acts and performs only acts of the type usually called good. Such a man gets all the fitting results of his so called good actions. He may get wealth and prestige, and all the things a good man could wish for. But if he were to examine his mental condition, he would realize that he is still subject to worry and anxiety. He experiences the suffering that always goes with wealth and prestige. A man rich in fame is usually caused distress by that very fame; and the same goes for wealth and children. Whatever one happens to be attached to and finds satisfaction in is bound to be a cause of distress.

So even good action, action in no way evil, sinful, unwholesome, does not by any means bring freedom from the unsatisfactory condition. Just as an evil man suffers the torment due to an evil-doer, so a good man too is bound to experience his own particular type of suffering. A good man experiences the subtle inconspicuous type of suffering that comes whenever one clings to one's own goodness. So when we examine it as a phenomenon of nature, we find that it is not only the evil man, experiencing the fruits of his evil deeds, who is whirling around in the cycle of compounding. The good man, too, experiencing the fruits of his good deeds, is likewise involved in compounding. Both of them are involved in compounding. There is no end to this process. It goes on and on incessantly. Thought is followed by action, and when the fruits of the action have been got, thinking follows once again. This is the wheel of Samsara, the cycle of wandering on. Samsara is simply this cycle of compounding.

As soon as a person has managed to comprehend this process, he is bound to start taking an interest in the opposite condition. **He comes to realize that money, name and fame, and the like are of no help at all and that what is needed is something better than all these**. He then starts looking around for something better and higher, some other way. He continues his search until such time as he meets some spiritually advanced person, sits at his feet, and learns from him the Truth, the Dharma. In this way he comes to know about that state, which is the opposite of all that he has so far had and been and done. He comes to know about NIRVĀṆA and the way to attain it. He arrives at the certitude that **this** is the goal that **each and every man ought to attain**. He realizes: "This is why I was born!" Anything other than this is involvement, entanglement, compounding. This alone is the putting out of the flame, coolness, stillness. His interest in NIRVĀṆA prompts him to seek the means of attaining it, and he is convinced, that the treading of this path to **NIRVĀṆA is the purpose for which he was born**."

We humans are attached to pleasurable feelings. How about all celestial beings, living in heaven as departed humans or angels, etc.?

"They are subservient to pleasurable feelings just as are humans, and more so, though they may suppose it to be something better and finer, more subject to free will than is the human variety. But even they are not free from craving and attachment, from the fascination of delectable sensations received by way of their etheric or spiritual bodies. **Still up higher at the level of the gods, sensual delights necessarily have been discarded completely; but even this does not bring liberation from another kind of delight, the pleasure associated with deep concentration practice**."

So there you have it. Even the Gods are attached. We understand now once again why the Buddha was the teacher of men **and** Gods. **He taught even the Gods and God himself how to**

let go of that state of attachment and to seek refuge in NIRVĀṆA.

THE SIX HINDRANCES ON THE PATH TO LIBERATION

Forms, Sounds, Smells, Tastes, Contacts and the Thoughts About Them.

Forms seen by the eye which are agreeable, loved, charming, attractive, pleasurable, arousing desire; Sounds heard by the ear which are agreeable, loved, charming, attractive, pleasurable, arousing desire; Smells smelt by the nose which are agreeable, loved, charming, attractive, pleasurable, arousing desire; Tastes savoured by the tongue which are agreeable, loved, charming, attractive, pleasurable, arousing desire; Contacts felt by the body which are agreeable, loved, charming, attractive, pleasurable, arousing desire - Oh Lanoo, let go of all these Forms, Sounds, Smells, Tastes, Contacts and Thoughts, be it here on earth, in heaven, or on some other planet or universe, physical, etheric, astral, mental or even spiritual. DETACH yourself from all thoughts about these fleeting, impermanent illusions and you shall attain liberation in NIRVĀṆA.

At this point the Great Chohan urges me to send a message to all those who believe in UFOs, parallel universes and their life-forms, be it on the physical, etheric, astral, mental and/or spiritual plane: Yes, all this and more exists, all these planes of consciousness and their denizens are described in detail and on thousands of pages, more than in any other scripture, in *THE BOOK OF LIGHT*, but: THEY ARE TRANSIENT, IMPERMANENT, FLEETING ILLUSIONS. So the first thing, a Lanoo, has to do, when he contacts (or is contacted by) such a being, is to instruct that alien as to its illusionary, transient, mortal and impermanent nature and teach it the reality of NIRVĀṆA. All beings, be they in a physical body on earth or in a spiritual body on Venus, etc., are in need of liberation of their present form of desire and thus of ignorance. The planets are the classrooms; and NIRVĀṆA is the offered goal. Do not get caught up in some extraterrestrial plane, theory or sensation, but attain

THE ABOLITION of perception and sensation. That is NIRVĀṆA. THAT is the purpose of your and everybody else's life. OM.
Furthermore: All those who want to pass the NIRVĀṆA teachings on to others should not waste their time too much by discussing details, as opposed to other teachings or opinions, etc. If somebody who hears The Divine Message of the True God for the first time is not immediately touched by it in his very core, then it is not for him. Let him go. Do not waste your time. Concentrate on those who are ready for the Truth. OM.

ATTACHMENT TO LIFE IS NOTHING BUT FEAR OF DEATH

The Buddha utters: "The uninstructed man of the world, unperceiving of the Noble Ones, unacquainted with the Noble Teaching, untrained in the Noble Teaching, unperceiving of Good Men - this man looks upon body, sensation, perception, mentation, consciousness, as himself; or he looks upon himself as possessing body, sensation, perception, mentation, consciousness; or he regards himself as being in body, sensation, perception, mentation, consciousness." (M. 109. Discourse). End of quote.

So, indeed, perceives the uninstructed man and thus the majority of mankind. Only a few see everything as it is, namely as transient, not our self and therefore the cause of suffering. The reality is this: At the moment of death, body, sensation, perception, mentation and consciousness and their product, the personality, are destroyed. Who, by then has not gotten rid of his or her personality by overcoming it, by detaching oneself from it, by not identifying anymore with this foolish personality, such an uninstructed man shall have to reincarnate again. All this, though, the uninstructed man does not know, or does not want to know. Thinking that he IS his personality, thinking that his personality is his ESSENCE, which at death is annihilated, thinking that he himself is doomed to destruction in the moment of death, he has indeed all the reason to fear death, since he has not yet achieved any other consciousness than that of his personality. So he clings to it desperately and to such an extent that even if living for him would mean living under the worst physical, mental and emotional circumstances, even with a crippled, malfunctioning, disease-ridden body, he would choose rather this kind of life than to die. Why? Because he thinks life is worth living? His reason for clinging to life goes even beyond that. The uninstructed man identifies, as already mentioned, his essence with the personality, and so he is under the delusion that at death he is completely destroyed. THAT is why he clings so desperately to life. He prefers *any* kind of life, or living, to the horror of annihilation. If he would become, though, an *instructed* man, instructed into the sacred science of anattā, he would understand, that sickness and death cannot touch his real essence. Knowing, understanding and accepting that, he would become completely indifferent to body, emotion, mind, soul and spirit, and attain immortality, while still in his mortal body. But the uninstructed man does not think thus and remains under the delusion that he consists of his personality. At the moment of death, he continues clinging, which causes his reincarnation - the harder the clinging, the faster the reincarnation or rebirth into a new body. Thus life is nothing but ignorance in action. Wisdom and Truth are to be found *beyond* life and death, BEHIND all the fleeting phenomena of earth, heaven and hell. THAT is reality. That is NIRVĀṆA. OM.

The Holy Grail

Many movies about "The Holy Grail" have been produced, but not one of them really answered the question "What is The Holy Grail?"

The answer: The Holy Grail is NIRVĀṆA, the monadic point of disintegration of all matter and of all spirit as well, since spirit is but extremely refined matter. The Holy Grail destroys matter AND spirit, since matter *and* spirit are but states of desire, and no desire can survive in the Holy Grail. The Holy Grail destroys all states and grades of desire, aye worse, The Holy Grail MAGNIFIES any desire a thousand times and thus kills the candidate, for instance, during INITIATION. Thus The Holy Grail is the ABSENCE of all desire; in its presence all desire, even the most spiritual one, is lethal, destroying the one who did not yet overcome it. The one who, with full consciousness and awareness, wants nothing anymore, BECOMES The Holy Grail. The Holy Grail was also, as already mentioned, the "10th degree" during the Initiation of Jesus Christ, Pythagoras and others (not the faked 10th degree of "masonry" of today). The slightest weakness would have ripped him into pieces. But he succeeded, he survived, he overcame. "It is accomplished" said Jesus and became The Holy Grail, greatest power in the universe, able to destroy whole planets at will.

The laya energy of the Holy Grail, which contains the sum total of all energy released at Big Bang, was stored during the Atlantean epoch in a black box and could only be carried by a pure being, an Initiate. The "arc of the covenant" of the Jews is a distorted copy of the real Holy Grail, which was also used during the Atlantean wars against whole armies. The abuse of this energy led eventually to the sinking of Atlantis.

A PURE AND INNOCENT CHILD, being karmically not yet soiled by any passion and desire, and ready to lead a celibate, chaste life of study and meditation, is the best candidate for The Holy Grail. The satya age of purity shall return, when people will choose again such a bearer of The Holy Kundalini Flame as their leader. The world will understand that THIS BOOK is The Holy Grail. OM.

THE POWERS OF DARKNESS ARE SHAKING IN NERVOUSNESS AND FEAR!!! Why? More and more people discover that EVERYTHING on Earth and even in Heaven is dissatisfying. More and more people are turning away from all earthly AND heavenly pleasures and desires in search for REAL happiness. More and more people discover that the Truth is in LETTING GO of all earthly, aye, even heavenly pleasures. That is why the powers of darkness (misinformation and entertainment media, politics, education, banking, art, science and religion) are panicking. They are afraid of losing the sheeple, so they come up with more and more technology to titilate the senses, to direct the attention OUTWARDS, away from the Self to the Non-Self. But in the end they will lose. Soon everybody on earth, in heaven and in hell, shall know that there is hope, there is a way out from mortality into true immortality, beyond the pleasures of the senses, beyond even the highest heavens, detached from body, emotion, mind, soul and spirit, until but the Truth remains, higher than any (always transient) heaven of religion, and that Truth is NIRVĀṆA, the end of all suffering. OM.

The following are poems about the Buddha and some of his monks and nuns who had attained liberation by walking the NIRVAṆA path.

(Brought to my attention by Mark and Michelle)

THE MONK GOTAMA

I fared
through realms of samsara
born again and again
in foul hungry-ghost lands-
oh agony, I dropped
from animal wombs of every shape
one after another
Eagerly I took human form
eagerly the occasional rebirth
in heaven
Worlds of forms
unformed worlds
worlds between consciousness
and oblivion, drifted…
I saw them all
saw how
empty this coming to birth after birth
the flicker of wombs
born of conditions, contingent
drifting, unstable
I saw how this feverish self comes to existence
realized it all and can say-
this is what drives a man
to quiescence

THE BIRTH-PROCESS or Reincarnation of a fool Belatthakani Observes

Abandoning his house (NIRVAṆA. Lanoo),
mind just drifting,
rooting his snout through mud*
like an impatient hog-
here comes the fool
flickering through yet another
womb

SUNDARA-SAMUDDHA RESISTS

A monk's mother sends a prostitute to her son to seduce him, so that he may return to the householder life. The monk remembers:

Got up in silk and flowers
jewels on her breasts
her feet stained crimson with powder and shod
in little slippers.

A prostitute
slipped from her shoes
Standing in front of me
with cupped hands she said

"You are young to have gone forth
young for Buddha's precepts
Stay awhile and learn
the rules and precepts I follow,
I'll teach you to love

---

*Of the female womb. How else would you describe existing for 9 months between intestines and bladder, between feces and urine? Lanoo)

"Love is the sweetest precept,
do you doubt it?
I'll fetch fire and make an oath on the flame-
I'll teach you about love
"Ah and then, when we've gotten toothless,
old, decrepit, leaning on staffs,
too wobbly for sex
we can go forth together-
Think it over
either way it's a winning throw"

When I saw that prostitute cup her hands
heard her plead
smelled her robe and perfumes
it was a snare of death at my feet

A deeper hunger shook me,
I saw cause and effect come into focus,
my mind fought free-
On the spot I conquered three knowledges
O I did what Buddha taught me

THE LITTLE HUT

My little hut pleases me
I have no need for women
let them take their
fine clothes and trouble
somewhere else

-Ramaniyakutika

ADDHAKASI

I was a prostitute with fees as large
as the whole Kingdom of Kasi
The sheriff fixed it: I was priceless

Then I got disgusted with my figure
No one was interested in it anymore
Used up, tired, weary-this old body,
good for sex, this sex-money body
Where does it go?
How far does it go?
Never again, chasing rebirth after
rebirth after rebirth

SANGHA SPEAKS

Home I've left
Child I've left
Cherished herds-far behind
Lust-even lust-left
Left ill will too
Gone ignorance
Ignorance back off
I'm safe without you

MY BABY'S MOTHER
Candana Speaks

Draped with gold fabric
a child on her hip
her troop of maids trailing behind her
I saw my baby's
Mother
come through the charnel field toward me

O evil snare-
I saw cause and effect approach
I saw in her gait the root
of suffering-
but I've gone
the way the ancient buddhas went
I am out of reach

NANDUTTARA

I used to worship fire, the moon, sun
all the gods
I used to go down
to the riverbanks for the bathing rites
I took holy vowes shaved half my head
slept on the ground
wouldn't eat food after sundown
Then I decked myself out with many ornaments
baths, unguents, massage-
you name it-Tried everything
to stave off death I was a slave to my body
Then I really "got" it
saw my body as it really is
went homeless
Lust? Sex? Forget it
All that binds me head and foot is loosened

SUBHA SPEAKS

A young man tried to seduce the bhikkuni (the nun) Subha as she was entering Juvaka's tantalizing mango grove. See how this disciple of the Buddha resisted Jivaka's advances:

She:
Why do you stop me-
What have I done to you?
It's not right to proposition a nun.
I've been trained in the precepts, you not.
I'm pure, you're impure.
On top of that you're obnoxious. Out of my way!

He:
But you're young and beautiful. Cast off that silly yellow robe and let's make love in this wood. Just be my little doll. You'd have beautiful clothes. I'd be your slave. Oh elf of the forest with languid eyes. Do as I say, please. I'll

make you happy. Come live in my house. You'll live in a palace of verandas on terraces with women attending you. Come lie on a bed with a clean cover, spread with a fine woolen blanket-quite new, extremely costly-decorated with sandalwood, having an excellent smell. Come.
She:
What seems to infatuate you so much? Me? In this carrion-filled body of mine? Look again. What makes you speak like this?
He:
It's your eyes like a gazelle, like the elf. Your eyes make me wild. They're like buds of a lotus, spotless as gold. I'm crazy with desire for you! Even if you go away I'll never forget your miracle **eyes.** And long lashes. Pure gaze. No eyes are dearer to me.
(He lunges for her.) *She*:
You're crazy! You're on the wrong track. You want the moon as a toy. You want to jump over Mount Meru. You want the impossible. You're trying to seduce a child of the Buddha. I desire no one now. No lust for any man. Desire has been scattered like sparks from burning coal. It's poison, forget it. No lust for any man. Can't see him. I've slain the root and branch of lust through following the Noble Path. Tempt someone else if you can, forget Subha who doesn't see any man. Forget it. An eye is a ball set in a hollow with a bubble in the middle, briny tears, it secretes slime too. Here, look at this!
(She plucks out her eye to give to her seducer. She is unattached. She has a calm mind.)
He:
Agh! Please put it back! Become whole! Forgive me, I won't trouble you again. Please put your sight back. You pierce me, all right. I embraced fire. I seized a poisonous snake. I beg you, please put your eye back!
The nun then visited the excellent Buddha. And on seeing her virtue the Buddha restored her eye.

THE MANY LIVES OF ISIDASI

In this poem the nun Isidasi describes her many unhappy incarnations as unloved wife, then goldsmith, then - because of having committed adultery - cooking in hell, then reborn into the body of an ape, being castrated, then reborn as a one-eyed lame she-goat, again castrated, worm-eaten, tailless, pathetic, reborn a bull, again castrated (the castrations are the karmic punishment for having seduced other women's men throughout many lives), then she was reborn a hermaphrodite, then back into a woman's body, beautiful but always unloved, until she finally renounces, becomes a nun in her last incarnation, concluding:

"Look at my births, observe well, Sister Bodhi: Sex-craving idiot, helpless monkey babe, pathetic beast of burden-goat made ragged by labor, no eyes in this cow's head-
unspeakable life as hermaphrodite-
was a I man or a woman? -Begging in the streets
then wretched wife, unloved
scorned wife again, again, again-enough!
Well - that's all at an end now
Ah (she lets out a cheerful sigh)
that's all finished now, done
I say *done*!"

THE LIBERATED PROSTITUTE
Illustration by Lany Duran

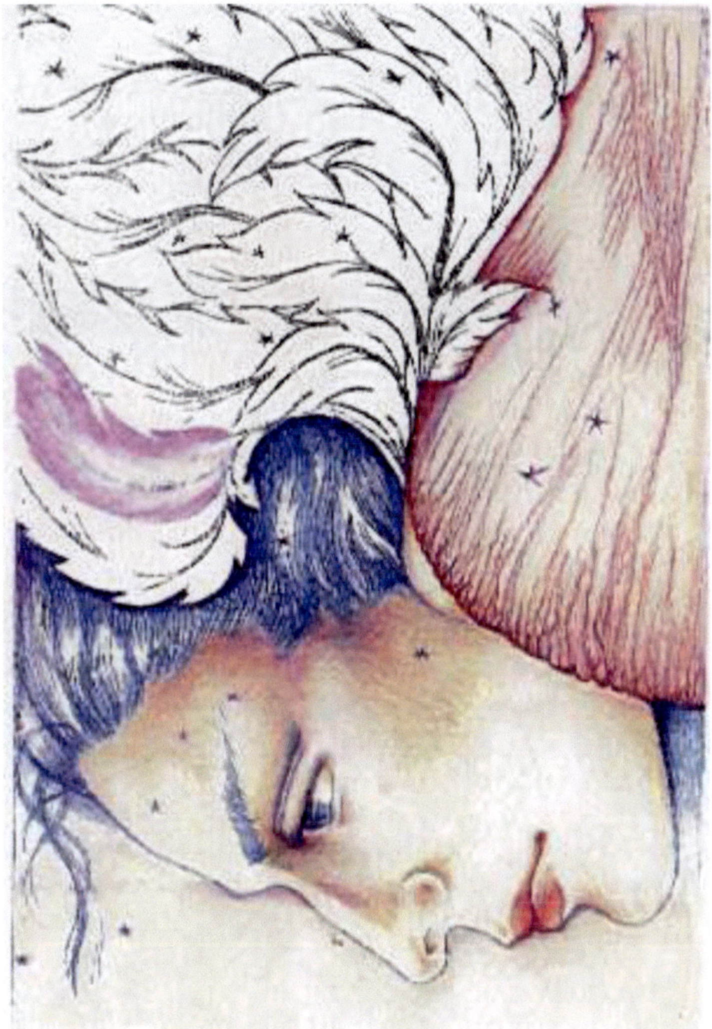

THE AUTHOR

LANOO (Christian Anders)

Worldly achievements: European Singing and Recording Star. He sold over 20 Million records under the name of Christian Anders. He wrote songs, books and symphonies, directed and starred in movies and theater plays. He had everything, fame, fortune, and money, and he gave it all up for NIRVĀṆA.

Weitere Bücher von Lanoo
(Christian Anders)

Romantisches

Der Brief
ISBN: 3831131783; 191 Seiten; 17.00 €; deutsch
Der Freigänger
ISBN: 3831143129; 114 Seiten; 14.00 €; deutsch
Der Untergang von Taro Torsay
ISBN: 978-3-937699-07-3; 104 Seiten; 15.00 €; deutsch
Die Mauer. Liebe ist stärker
ISBN: 978-3-937699-44-8; 204 Seiten; deutsch
Karatemeister Steve Tender. Odyssee der Rache
ISBN: 978-3-937699-12-7; 155 Seiten, deutsch

Esoterisches

The Secret of the seven Seals
ISBN: 3898117715; 104 Seiten; 10.22 €; englisch
Das Geheimnis der sieben Siegel
ISBN: 3898114090; 55 Seiten; 7.67 €; deutsch
Divine Message from the True God
ISBN: 3898118622; 176 Seiten; 14.32 €; englisch
Der Sinn des Lebens – NIRVANA
ISBN Band I: 3898114295; 484 S.; 25.56 €; deutsch
ISBN Band II: 3898114309; 500 S.; 25.56 €; deutsch
Seelenatem-Meditation
ISBN: 3898115321; 66 Seiten; 9.71 €; deutsch
Die wahre Bedeutung der Bibel
sowie die Wahrheit über Jesus Christus
ISBN: 978-3-937699-06-6; 219 Seiten; 29.00 €, deutsch
Das illustrierte Buch des Lichts
ISBN: 3831100500; 81 Seiten; 14.82 €; deutsch
Das Buch des Lichts, Band I
ISBN: 978-3-937699-05-9; 151 Seiten; 29.00 €; deutsch
Das Buch des Lichts, Band II
ISBN 978-3.937699-10-3; 142 Seiten, 29.00 Euro, deutsch
Dantes Internet Inferno
ISBN: 978-3-937699-34-9; 90 Seiten; deutsch

Das Geheimnis des vollen Haares
ISBN: 978-3-937699-42-4; 90 Seiten, deutsch
Das illustrierte Buch des Lichts
ISBN: 978-3-937699-21-9; 81 Seiten; deutsch
Das Buch des Lichts für Kinder
ISBN: 978-3-937699-40-0; 46 Seiten, deutsch
Das Buch des Lichts, Band I
ISBN: 978-3-937699-05-9; 151 Seiten; deutsch
Das Buch des Lichts, Band II
ISBN: 978-3-937699-10-3; 142 Seiten; deutsch
Das Buch des Lichts Band III
ISBN: 978-3-937699-26-4; 142 Seiten; deutsch
Das Buch des Lichts Band IV
ISBN: 978-3-937699-32-5; 150 Seiten, deutsch
Das Buch des Lichts Band V
ISBN: 978-3-937699-36-3; 186 Seiten, deutsch
Das Buch des Lichts Band VI
ISBN: 978-3-937699-38-7; 162 Seiten, deutsch
Das Buch des Lichts Band VII
ISBN: 978-3-937699-41-7; 189 Seiten, deutsch
Das Buch des Lichts Band VIII
ISBN: 978-3-937699-46-2; 160 Seiten, deutsch
Das Buch des Lichts Band IX
ISBN: 978-3-937699-48-6; 184 Seiten, deutsch
Das Buch des Lichts Band X
ISBN: 978-3-937699-49-3; 174 Seiten, deutsch
Die wahren Herrscher der Welt
ISBN: 978-3-937699-69-1; 64 Seiten, deutsch
Was die Engel uns lehren
ISBN9783937699776; 160 Seiten; deutsch

Kritisches
The Man W.H.O. created AIDS
ISBN: 3831106223; 514 Seiten; 35.28 €; englisch
Der Mann, der AIDS erschuf
ISBN: 3898114406; 424 Seiten; 24.03 €; deutsch
Darwin irrt!
ISBN: 978-3-937699-00-4; 182 Seiten; 24.00 €; deutsch

Der wahre Bankenschwindel
ISBN: 3831140456; 212 Seiten; 17.00 €; deutsch
DER RUB€L MUSS ROLLEN
ISBN: 3833000503; 227 Seiten; 19.50.€; deutsch
Literarischer Rebell
ISBN: 978-3-937699-04-2; 238 Seiten; 23.00 €; deutsch
Der Euro Crasht. Was dann?
ISBN: 978-3-937699-29-5; 92 Seiten; deutsch
Der Impfwahnsinn. Impfen – die Lüge des Jahrhunderts
ISBN: 978-3-937699-30-1; 139 Seiten; deutsch
Grippewelle durch Chemtrails
ISBN: 9783937699738; 120 Seiten; deutsch

Biografisches
Uber Nacht ein Star
ISBN: 978-3-937699-02-8; 452 Seiten; 39.50 €; deutsch

Hörbücher von Christian Anders

Hörbuch: Das Geheimnis der Sieben Siegel (1 Audio-CD)
ISBN: 978-3-937699-37-0
Hörbuch: Seelenatem-Meditation (3 Audio-CD)
ISBN: 978-3-937699-43-1
Audio-CD zum Buch "Darwin irrt": Die Enthüllung;
ISBN: 978-3-937699-03-5

e-books von folgenden Bänden verfügbar:

Das Buch des Lichts, Band I - 10
Das Geheimnis des sieben Siegel
Das Geheimnis des vollen Haares
Die Mauer. Liebe ist stärker
Der Impfwahnsinn
Dantes Internet Inferno
Das illustrierte Buch des Lichts
Der Mann der Aids erschuf
Darwin irrt
Karatemeister Steve Tender
Seelenatem-Meditation

In Sachen e-book

Optimal aufbereitet
für alle relevanten Shops und Lesegeräte

Die von BoD konvertierten Dateien entsprechen höchsten Qualitätsstandards und funktionieren auf allen gängigen Lesegeräten wie Kindle, iPad, Sony Reader, Bookeen, Tolino etc. BoD konvertiert überwiegend ins EPUB-Format, erstellt aber bei komplexeren Titeln spezielle .mobi-Dateien für Amazon. Um auf allen Geräten optimale Ergebnisse und Leseerlebnisse zu erreichen, wird dafür gesorgt, dass zum Beispiel für Apple und Amazon oder die Anzeige in Adobe Digital Editions auf dem PC Besonderheiten bzw. zusätzliche Informationen in der EPUB-Datei vorhanden sind.

Quelle: www.bod.de

Bücher von Christian Anders

Verlag Elke Straube
01778 Geising
postlagernd
elke.straube@web.de
Fon: 0174/13 34 337
Fax: 03 50 56/23 78 4
www.straube-verlag.com

Bestellen:

elke.straube@web.de
www.amazon.de
oder in jeder Buchhandlung!

Christian Anders im Internet
www.christiananders.com